◎ 中国金融投资管理智库丛书

网络金融实践研究
——以阿里巴巴公司为例

钱水土 姚耀军 王去非 等 著

PUTTING NETWORK FINANCE INTO PRACTICE:
A CASE STUDY OF ALIBABA GROUP HOLDING LTD

全方位展示阿里金融发展历程

浙江金融改革发展研究院互联网金融研究团队研究成果

力促中国网络金融健康发展

浙江工商大学出版社
ZHEJIANG GONGSHANG UNIVERSITY PRESS

图书在版编目(CIP)数据

网络金融实践研究：以阿里巴巴公司为例 / 钱水土
等著. —杭州：浙江工商大学出版社，2018.7

ISBN 978-7-5178-2848-8

Ⅰ.①网… Ⅱ.①钱… Ⅲ.①金融网络－研究－中国
Ⅳ.①F832.29

中国版本图书馆 CIP 数据核字(2018)第 153883 号

网络金融实践研究
——以阿里巴巴公司为例

钱水土　姚耀军　王去非 等 著

责任编辑	唐慧慧　谭娟娟	
封面设计	林朦朦	
责任印制	包建辉	
出版发行	浙江工商大学出版社	
	(杭州市教工路 198 号　邮政编码 310012)	
	(E-mail：zjgsupress@163.com)	
	(网址：http://www.zjgsupress.com)	
	电话：0571－88904980,88831806(传真)	
排　　版	杭州朝曦图文设计有限公司	
印　　刷	杭州恒力通印务有限公司	
开　　本	710mm×1000mm　1/16	
印　　张	13.75	
字　　数	204 千	
版 印 次	2018 年 7 月第 1 版　2018 年 7 月第 1 次印刷	
书　　号	ISBN 978-7-5178-2848-8	
定　　价	45.00 元	

内容简介

从 2002 年推出"诚信通"试水金融业务至 2014 年成立蚂蚁金服对旗下业务进行全面整合，阿里巴巴网络金融强势崛起。 通过推行同心多元化战略，依托支付宝打造金融业务联盟体，阿里金融在支付、基金、保险、银行、征信、互联网理财、股权众筹、金融 IT 系统等多个领域取得卓越成就。 阿里金融正加速向海外市场扩张，国际化之路越走越宽。 孕育于浙江热土，担当中国网络金融发展的排头兵，助推中国金融发展"弯道超车"，阿里金融的精彩故事在中国与全球延续。 本书以阿里金融为例，介绍网络金融的相关概念、主要模式与特点，分析中国网络金融发展的动因、经济金融影响及其发展趋势，并提出促进网络金融健康发展的政策建议。

第一章基于浙商模式、金融功能与交易成本三重视角剖析了阿里金融故事所蕴含的丰富寓意。 本章表明，作为浙商模式结出的硕果，阿里金融凸显了网络金融对中国经济金融发展的助推作用以及信息技术给金融服务模式带来的深刻改变。 阿里金融引领中国网络金融跨越式发展，为中国金融实现"弯道超车"提供了重大的历史契机。

第二章在介绍网络金融的概念、主要特点与模式的基础上分析了网络金融发展对中国经济金融的影响。 本章表明，网络金融践行"创新、协调、绿色、开放、共享"五大发展理念，将成为全面推进供给侧结构性改革的有力举措，驱动国民经济稳步进入"新常态"。

第三章基于全球视角分析中国网络金融的典型特征，并分别从需求与供给侧两个角度分析中国网络金融快速发展的原因。本章表明，由于现代信息技术广泛渗透、传统金融模式低效运作、金融监管政策宽松包容等多重因素，网络金融近年来在中国呈跨越式发展态势，增速领先全球。但竞争性不足、监管滞后等问题也制约了网络金融的健康发展。

第四章分析了网络金融在浙江领先发展的现象。本章指出，炽烈的企业家精神、一流的软硬环境、领先的信息经济发展与长期活跃的民间金融，构成网络金融发展之"浙江现象"背后的四大深层因素，形成独特的"浙江经验"，推动浙江成为网络金融发展的先行区和创新的沃土。

第五章分析了阿里巴巴网络金融的崛起之路。大致经历了投石问路、多方探索和全面起航 3 个阶段，阿里金融强势崛起，并加速向海外市场扩张。本章表明，电子商务与"生态系统＋开放平台"商业模式是阿里金融成功的两大法宝。

第六至第八章分别对银行信托类、证券保险类与金融基础设施类三大网络金融形态进行了详细介绍。其中银行信托类以阿里小贷（蚂蚁小贷）、网商银行、招财宝、娱乐宝为例；证券保险类以余额宝、众安保险、蚂蚁达客为例；金融基础设施类以支付宝、芝麻信用、阿里云为例。

第九章提出政策建议。为进一步营造网络金融良好发展氛围，构建有利的政策环境，防范网络金融风险，本章从加强市场环境建设、多措并举完善政府服务、科学构建监管体系 3 个层面出发提出政策建议。

本书是浙江金融改革发展研究院互联网金融研究团队的集体研究成果。第一章、第四章由姚耀军撰写；第二章由吕凯波撰写；第三章由马丹撰写；第五章由傅利福与姚耀军撰写；第六至第八章由中国人民银行杭州中心支行研究处王去非牵头撰写；第九章由于蔚与姚耀军撰写。全书由钱水土与姚耀军统筹校订。本研究得到 2015 年度国家社会科学基金特别委托项目（15@ZH065）、马克思主义理论研究和建设工程 2015 年度重大实践经验总结课题与浙江省人文社科重点研究基地（浙江工商大学应用经济学）的资助。

目录
Content

第三章　全球视角下的中国网络金融

第四章　网络金融——"浙江经验"发掘

第七章　网络金融的主要形态（中）——证券保险类

第一章
导 论

从 2002 年推出"诚信通"试水金融业务，到 2004 年上线支付宝搭建第三方支付平台，2007 年"联姻"商业银行开展小额贷款业务并于 2010 年成立小额贷款公司，再到 2013 年携手腾讯与中国平安进军保险业，联袂天弘基金推出余额宝涉足财富管理，直至 2014 年成立浙江蚂蚁小微金融服务集团有限公司（简称"蚂蚁金服"）全面整合旗下业务，阿里金融版图在诸多板块渐次铺开。阿里金融依托支付宝打造金融业务联盟体，实施同心多元化战略，目前其业务已深入支付、基金、保险、银行、征信、互联网理财、股权众筹、金融 IT 系统八大领域，布局渐趋明朗。

阿里金融（尽管金融板块业务已从阿里巴巴集团剥离出来，但是阿里巴巴集团与蚂蚁金融服务集团依然存在千丝万缕的关系，以下均称"阿里金融"）孕育于浙江热土，担当中国网络金融发展的排头兵，取得了卓越成就：支付宝是网络支付领域当之无愧的王者；余额宝一度成为中国规模最大的货币基金；招财宝是中国最大的网络理财平台；蚂蚁达客获得中国首张股权众筹营业执照；众安保险是中国首家互联网保险公司；数米基金网是中国首批第三方基金销售机构；网金社是中国首家互联网金融资产交易中心；网商银行入列中国首批民营银行试点，也是中国首批的 2 家互联网银行之一；芝麻信用是中国首批 8 家试运行的个人征信机构之一，推出了中国首个个人信用评分——芝麻信用分。

阿里金融正加速向海外市场扩张。截至 2014 年，蚂蚁金服的相关分支机构已在美、英、澳等 6 个国家登陆。蚂蚁金服国际化之路又在 2015 年"连下两城"：联手韩国电信等公司发起设立 K Bank，摘得韩国政府时隔 23 年发放的首张银行牌照；投资印度支付公司 Paytm，摘得全印度首张支付银行牌照。2016 年，蚂蚁金服与 Uber 达成合作，将支付宝的服务拓展到全球 68 个国家的 400 多个城市。

阿里金融既是中国金融业的最大"搅局者"，也是全球范围内网络金融发展的典范。阿里金融的精彩故事在中国与全球延续。本章基于浙江模式、金融功能与交易成本 3 种视角，发掘阿里金融故事的多重寓意。3 种视角下的剖析依次表明，阿里金融揭示了网络金融发展的浙江经验，凸显了网络金融对中国经济金融发展的助推作用以及信息技术深刻改变金融服务模式的全球趋势。本章最后以阿里金融追逐金融"中国梦"作为总结。

一、浙商模式视角

创新是企业家精神的灵魂。网络金融是关于金融服务的革命性商业模式创新。作为中国网络金融的引领者，阿里金融是蕴含充沛企业家精神的浙商模式所结下的硕果。浙商模式视角下的企业家精神就是浙商精神，具体包括勤奋务实的创业精神、勇于开拓的开放精神、敢于自我纠正的包容精神、捕捉市场优势的思变精神和恪守承诺的诚信精神。作为浙商符号性人物，马云不仅一手缔造了阿里巴巴电商"帝国"，而且凭着对中国金融市场机会的敏锐把握，挟雄厚电商实力跨界挺进金融业，在网络金融领域开疆拓土、独领风骚，对浙商精神进行了完美的诠释。"干在实处永无止境，走在前列要谋新篇"，阿里金融再一次表明，浙商精神是浙商用汗水和智慧淬炼出的实实在在的精神财富。

浙商模式是"有效市场＋有为政府"模式。阿里金融能够兴起于浙江热土，离不开浙江政府在打造信息产业基础上展现出的前瞻性视野。 浙江牢牢把握新一轮信息技术革命在诸多领域引发变革的战略契机，在全国首倡发展信息经济，并成功将信息产业打造为先导性、基础性和支柱性产业。 网络金融在中国的兴起与电子商务等信息产业的发展息息相关。 通过出台《浙江省电子商务产业“十二五”发展规划》，浙江在全国率先提出发展电子商务，已成为中国电子商务起步最早、发展最快、业态最全的省份。 今日浙江正着眼新兴市场需求，着力核心关键技术，依托“数字浙江”建设“智慧浙江”，打造“云上浙江、数据强省”，进一步夯实在信息产业上的领先优势。 阿里金融能够兴起于浙江热土，也离不开浙江政府对软硬环境的全力打造。 市场经济是创新的机器，作为市场化改革的先行区，浙江在全国率先探索信用与法治建设之路，并通过实施“八八战略”进一步释放民营经济活力。 力推简政放权，厘清政府与市场的治理边界，已融入浙江政府的施政理念。 随着全国首张省级政府权力与责任清单的“晒出”以及“四张清单一张网”改革荣膺全国行政服务大厅“十佳”案例的展示，浙江牢固树立起中国地方政府深化行政体制改革的标杆。 以打造产业集聚区为主要抓手，浙江软硬环境建设齐头并进；以打造产业集聚区为主要抓手，全国首座网络金融大厦于 2015 年 2 月落成于杭州，以此为标志，浙江网络金融硬环境建设再上台阶。

浙商模式是具有浓厚乡土底色的模式。 一方面，“富于冒险、开拓进取”的浙江海派文化传统在以马云为代表的浙商身上薪火相传；另一方面，浙江源远流长的民间金融传统也为以阿里金融为代表的网络金融业提供了丰富的养分。 中小微企业能够支撑起浙江经济的半壁江山，民间金融作为重要融资渠道功不可没。 民间金融和中小微企业互哺，可以释放巨大的财富效应，积淀雄厚的民间资本，进而为民间金融市场提供充裕的流动性。 以全国首部地方性金融法规《温州市民间融资管理条例》出台为标志，浙江民间金融的阳光化开始迈出实质性步伐。 互联网为民间金融阳光化搭建了一个重要平台。 方兴未艾的网络金融不仅可以分享传统民间金融广泛厚实的群众基础，而且延续并拓展其功能，为寻求保值增值的民间资本以及资金需求旺盛的中小微企业提供了一种新型的投融资渠道。

习近平总书记于 2006 年主政浙江时强调："我们要坚持和发展'自强不息、坚韧不拔、勇于创新、讲求实效'的浙江精神，与时俱进地培育和弘扬'求真务实、诚信和谐、开放图强'的新时代'浙江精神'，以此激励全省人民'干在实处、走在前列'。"①从电商跨界进入金融，阿里金融成为浙商模式与时俱进的典范，其成就同时也令全世界为之侧目。英国《金融时报》2016 年 3 月 14 日刊发的评论认为，蚂蚁金服在最新一轮融资中估值高达 600 亿美元，仅次于美国 Uber，是中国有记录以来最大的私人公司。资本"寒冬"蔓延全球之际，蚂蚁金服的惊艳表现堪称奇迹。这也表明，借助社会经济和互联网技术飞速发展的双重风口，浙商正跨步迈向国际经济舞台的中心，成为西方商业世界观察中国经济走势的风向标。

二、金融功能视角

网络金融让金融的理念、思维、流程及业务借助互联网技术获得延伸、升级与创新，但网络金融并未脱离金融的本质。金融功能是金融本质的表征，网络金融实际上是互联网与金融功能的耦合，抑或说互联网的技术特性与金融功能的匹配。基于功能视角，金融在 5 个方面发挥着重要的作用：动员储蓄、优化资源配置、分散风险、促进交易、监督公司管理者并形成公司治理机制。那么，我们如何通过阿里金融，观察到金融功能这 5 个不同的方面？

第一，余额宝取得巨大成功，表明阿里金融具有强劲的动员储蓄功能。余额宝上线仅 18 天就吸引 250 万用户、吸储规模超过 66 亿元。截至 2015 年，余额宝突破 7000 亿元规模，成为全球第二大货币基金。除了余额宝，蚂蚁金服还在 2014 年 4 月推出中国最大的网络理财平台——招财

---

① 习近平:《推进浙江精神与时俱进　增强浙江发展强劲功力》,《今日浙江》,2006年第 4 期第 6 页。

宝。 2014年8月，招财宝宣布交易规模破百亿元。 截至2015年5月，招财宝交易规模已超过1072亿元。

第二，积极响应来自高成长、创新型小微企业的碎片化资金需求，表明阿里金融具有显著的优化资源配置功能。 截至2016年3月底，蚂蚁小贷已累计为260余万家小微企业和个体创业者提供融资支持，累计投放贷款6000多亿元。 通过"大学生回乡回村创业扶持计划"，网商银行开业8个月以来已为1.4万名有志青年提供4亿元信贷资金。 截至2016年3月，网商银行已服务小微企业80余万家，累计投放贷款450亿元。 旨在为创业者提供股权众筹融资服务的蚂蚁达客于2015年11月上线测试版，首批上线4个项目，共募集资金超过1.05亿元。

第三，阿里金融作为最大的单一股东发起成立众安保险，表明其开始涉足保险业，由此发挥风险分散功能。 2013年初，中国首家互联网保险公司——众安在线财险公司诞生。 2015年7月，众安保险首轮融资估值高达500亿元。 截至2016年4月，众安保险已推出9条产品线，上线保险产品近300款，保单累计数量达43.69亿份，服务客户数达4.02亿人。

第四，支付宝搭建庞大支付网络，表明阿里金融具有强大的促进交易功能。 为让全球用户在2015年"双11"期间顺畅、简便地进行交易，支付宝携手30多家国际金融合作伙伴提供全方位支付服务。 随后数据显示，支付宝用户遍及全球超过90%的国家和地区。 这些用户使用15种主要货币进行结算，平均每分钟完成近2.3万笔国际交易，交易总量达到3204万笔；高峰处理速度达到8.59万笔/秒，远超过VISA1.4万笔/秒的处理速度，交易资损率仅为十万分之一级别，远低于PayPal（千分之一级别）、VISA（百分之一级别）等国际机构水平。

第五，蚂蚁金服在多个领域频频落子布局，表明阿里金融将在公司治理功能上大有作为。 蚂蚁金服的资本触角正伸向金融、餐饮、媒体等诸多行业。 最新的进展是，蚂蚁金服于2016年3月斥资3000万美元，成为浙商银行的基石投资者；同年4月联手阿里巴巴，向网上订餐平台"饿了么"注资12.5亿美元，刷新外卖平台单笔融资金额的全球纪录。 可以预见，在打造大金融生态圈的过程中，蚂蚁金服必将发挥越来越广泛、重要的公司治理功能。

强调金融功能而非金融组织的稳定性，成为金融功能视角与金融机构视角的分野。中国金融体系建设长期囿于金融机构视角。然而，追求稳定发展的金融机构无法适应变动不定的外部经济环境，很难有效满足从经济发展进程中内生出的对金融功能的多样化需求，而这恰好成为中国网络金融大发展的一个关键触发点。正如马云所言，"如果银行不改变，我们就改变银行"，余额宝、蚂蚁小贷与支付宝对传统银行业务"存贷汇"产生了强大的冲击。竞争压力倒逼多年来依赖存贷利差生存的银行业提升创新能力、转变营利模式，因此，开启网络金融"宝宝时代"的余额宝上线，成为中国传统银行业发展过程中的一个重要转折点。

网络金融对金融功能的高效率发挥，给传统金融机构带来极大的竞争压力，然而两者间的关系是竞合而非纯粹的竞争。蚂蚁金服于 2015 年 9 月宣布启动"互联网推进器"计划，表示将在渠道、技术、数据、征信与资本等诸多方面与金融机构加大合作，并计划在 5 年内助推 1000 余家金融机构向新金融转型升级。作为"互联网推进器"计划的重要一环，2015 年 10 月蚂蚁金服专门面向金融行业推出蚂蚁金融云计算服务。所有金融机构由此可以摆脱传统 IT 架构的束缚，低成本搭建一套适应互联网时代金融需求的系统。部分中小银行、基金公司与保险公司开始使用阿里金融云计算服务，并初尝甜头。蚂蚁金服还基于个人网络行为轨迹数据和云计算技术，推出芝麻信用，客观呈现个人信用状况。作为一个面向全社会的信用服务体系，芝麻信用对现行征信系统形成重要补充。

概而言之，阿里金融表明，网络金融既能通过金融功能的高效发挥，成为经济发展的新引擎，也能通过"鲶鱼效应"的产生，成为传统金融机构效率改善的促进者，亦能通过金融基础设施现代化水平的提升，成为整个金融体系转型升级的重要推手。从金融功能视角看，网络金融拓宽了金融服务的边界，丰富了金融服务的内容，与传统金融一起构成多层次金融体系的有机组织部分。

三、交易成本视角

网络金融为什么能够高效发挥金融功能？ 答案是，信息技术发展日新月异，正深刻改变信息产生、传播、加工利用的方式，大幅减少信息获取和处理的成本，从而让网络金融降低金融交易成本成为可能。 阿里金融已彰显网络金融依靠信息技术降低金融交易成本的巨大潜力。 例如在支付方面，支付宝的发展成为信息技术推动支付体系朝着支付媒介去现钞化、支付终端去 PC 化、支付机构去银行化、支付环节去时点化 4 个方向发展，以致金融交易成本被大幅节约的经典案例。 在信贷方面，银行贷款单笔操作成本动辄上千元，而借助网络数据分析模型、在线视频资信调查和云计算技术，蚂蚁小贷将成本降至 2.3 元，并能做到平均不超过 10 秒就可发放一笔贷款，信贷服务全年无休。

信息技术降低金融交易成本的重要前提在于，互联网时代的金融产品本质上都是各种数据的组合，而具有"开放、平等、协作、分享"特征的互联网平台为数据积累创造了绝佳的条件，蓬勃发展的数据挖掘技术为数据分析提供了有力的工具。 阿里金融以"数据为第一生产力"，将数据作为核心资产。 以信贷服务为例，在"平台＋数据＋金融"三位一体的架构下，阿里金融的运行逻辑是，通过深度挖掘阿里电商平台所汇聚的高频信息流、资金流与商品流的金融属性，及早识别客户的资金需求，精确判断信用资质，快速推出信贷产品，实时监控信贷风险，由此形成一条批量化"生产"贷款的信贷流水线。

信息技术降低金融交易成本，推动金融服务下沉，扩大服务惠及面，同时也让商品交易摆脱物理距离的制约，金融工具对用户变得更为友好。结合阿里金融案例，具体而言，信息技术降低金融交易成本所产生的重要影响包括 4 个方面：

第一，"长尾"用户的金融需求被低成本地满足。"长尾"用户既包括缺乏正规抵押品的小微企业，也包括被传统金融机构所忽略的低净值人群。 阿里金融不仅瞄准小微企业，开发小额信贷产品，而且也竭力发掘低净值人群对金融服务的潜在需求。 例如，具有低门槛、高流动、高收益等特征的余额宝就极大满足了普通群众的投资理财需求。 消费金融产品蚂蚁花呗为用户提供从1千元至3万元不等的个人消费信贷额度，对"草根"群体的消费需求起到了显著的释放作用——2015年"双11"开场仅仅半个小时，蚂蚁花呗的交易额就冲至45亿元。 全天交易6048万笔，其中2288万笔交易在开场1个小时之内完成。

第二，普惠金融得以从一个公益概念演变为真正的商业机会。 在支付方面，2015年移动支付笔数占比名列全国前五的地区依次是西藏、贵州、甘肃、陕西和青海等5个西部地区，由支付宝引领的移动支付浪潮开始席卷西部县级小城。 在理财方面，2015年余额宝农村用户规模在2014年基础上激增65％，占到总体用户规模的15.1％，亦即每7位余额宝用户中就有一位是农村用户。 在信贷方面，网商银行开业8个月时间，其涉农扶贫贷款就已覆盖全国27个省市区370个县，其中国家级和省级贫困县156个，占比42％。 截至2016年2月，网商银行推出的纯互联网信用贷款产品"旺农贷"已覆盖全国24个省市区139个县2425个村庄，累计提供信贷资金近亿元，农民户均贷款支用4.4万元。

第三，远距离商品交易获得高效率的支付清算服务。 支付清算问题一直构成远距离特别是跨境商品交易的重要制约，而支付宝承载了马云"让天下没有难做的生意"的梦想。 2013年9月，支付宝摘得首批跨境电子商务外汇支付业务试点资格。 同年11月，国际支付宝团队成立，致力为从事跨境交易的国内卖家建立具有收款、退款、提现等主要功能的资金账户管理平台。 截至2014年，支付宝基于14种货币为2000家海外商家提供了跨境支付服务。 这些海外商家覆盖全球40多个国家和地区，包括iHerb、MY BAG、日本乐天等大型电商网站以及新加坡航空、美国Shop Runner等知名网购配送服务商。 通过提供高效的在线跨境金融服务，支付宝为跨境电商支付清算铺就一条"高速公路"。

第四，用户体验逐渐成为互联网时代金融业的竞争焦点。 网络技术将金融服务低成本地送至客户指尖，打造极致客户体验。 以余额宝为例，秉持"把简单留给客户，把复杂留给系统"之产品设计理念，余额宝因将客户体验置于首要地位而一炮打响。简洁的界面、便捷的操作、准确清晰的信息提示，余额宝的首秀震撼市场。诚如麦克凯恩所言，所有行业都应与娱乐业一样，最重要的不是销售产品而是销售用户体验。余额宝的成功实践印证，就互联网时代的金融业而言，这一洞见的确具有先见之明。亦即，从细节着手，瞄准用户体验，让用户感受到被尊重、被认同、被重视，从而提升用户黏性，将成为互联网时代金融业的决胜关键。

金融业是信息密集型产业。衍生自信息不对称问题的金融交易成本构成金融业发展中的主要摩擦。自19世纪30年代电报兴起，到随后电话、计算机普及，每一波信息技术变革都曾对金融业产生巨大影响。交易成本视角下的阿里金融凸显，信息技术的飞速发展再一次为金融服务模式带来了深刻的改变，让个性化的金融需求能够跨越物理距离的鸿沟被低成本地满足，推动金融业朝着民主化、普惠化方向发展。

四、阿里金融追逐金融"中国梦"

立足于金融功能，助力创业创新，撬动消费需求，精耕普惠金融，提升金融基础设施水平，阿里金融成为中国经济新常态下的一道靓丽风景。阿里金融彰显，信息技术重塑金融服务模式，网络金融荡涤传统金融格局；阿里金融诠释，"敢为人先、特别能创业"是浙商模式精髓之所在。

阿里金融追逐金融"中国梦"，引领中国网络金融跨越式发展，为中国金融实现"弯道超车"提供了重大的历史契机。支付宝在2013年超越美国PayPal和Square Inc，坐上全球移动支付业的头把交椅。余额宝在2015年突破7000亿元规模，成为全球第二大货币基金。蚂蚁金服联合博时基金等在2015年4月发布全球首只电商大数据指数——"淘金100"，为资本市场提供了一个崭新的量化投资工具。这些标志性事件力证，阿里金融所追逐的金融"中国梦"正是中国金融崛起之梦。

2013 年 8 月，央行牵头相关部门专程对阿里金融进行实地考察，这是中国网络金融兴起以来最大规模的一次高级别政府调研活动。随后，网络金融被写入 2014 年《政府工作报告》。2015 年 7 月，《国务院关于积极推进"互联网＋"行动的指导意见》将网络金融作为"互联网＋"的重要组成部分，列入国家重点战略。同年 11 月，《中共中央关于制定国民经济和社会发展第十三个五年规划的建议》首次将网络金融纳入国家五年规划建议。这些顶层设计既给以阿里金融为代表的中国网络金融业注入了强劲的动力，同时也为实现中华民族伟大复兴的"中国梦"描绘了一幅宏伟的网络金融蓝图。

第二章

中国走进网络金融新时代

一、阿里巴巴开启中国网络金融新时代

马云可能是率先把网络金融称为"互联网金融"的第一人。然而,阿里巴巴对中国金融带来的重大影响不在于是否由马云率先提出了"互联网金融"一词,而在于支付宝、余额宝等互联网金融产品和金融服务的创新给传统金融机构和社会生产生活方式带来的变革。

自 2013 年年初起,P2P 网络借贷平台快速发展,股权众筹融资平台开始起步,媒体关于爆发式增长的互联网金融的相关报道便铺天盖地地席卷而来并迅速吸引了社会大众的眼球,因而 2013 年也被业界称为互联网金融元年。2014 年,互联网金融更是被首次写进了政府工作报告,"促进互联网金融健康发展,完善金融监管协调机制"。在互联网金融取得突破式发展的同时出现了金融诈骗、非法集资、风险失控、"跑路"之类的问题,破坏了互联网金融健康发展的生态环境。

作为一种新的经济业态,学界和业界对阿里巴巴开启的新金融时代的认识还比较模糊,社会上对互联网金融的内涵外延、作用功能、业态

模式热议纷纷，莫衷一是。 进入 21 世纪以来，国内学者和金融机构从电子银行等技术性角度展开了"网络金融"的相关研究和实践工作，但当时并没有引起社会各界的广泛关注。 随着金融体系市场化改革进程加快和民间资本创造力被不断激活，互联网金融作为一种新的经济业态开始影响中国人的生产生活方式。 本章认为可以从以下三方面来认识网络金融。

（一）"互联网金融"抑或"金融互联网"

马云（2013）在谈及未来的金融发展机会时认为金融互联网和互联网金融是两个途径，其中金融互联网是传统金融行业走向互联网，互联网金融则是纯粹的外行领导金融业务。 中国人民大学教授吴晓求（2014）同样认为有必要明确区分"互联网金融"和"金融互联网"。针对商业银行在传统平台上借助包括互联网在内的现代信息技术来改造自身运作过程的现象，吴晓求认为在营利模式、经营观念和理论基础没有变化的情况下，即便商业银行引进新的网络技术也不属于互联网金融的范畴。 当然，如果银行机构能够在构建新的平台基础上完成现代金融的支付和投融资活动，因其内在基因发生了改变也可以称之为互联网金融。 因此，互联网金融是一种有别于传统金融的新金融模式和新金融业态。

从与传统金融相对应的角度，中国投资有限责任公司原副总经理谢平和邹传伟在 2012 年率先提出了"互联网金融模式"这一概念。 谢平和邹传伟（2012）认为互联网金融模式有别于以商业银行为主导的间接融资模式和以股票、债券市场为主体的直接融资模式。 作为第三种金融融资模式，互联网金融模式不仅充分利用以互联网为代表的现代信息科技，特别是移动支付、社交网络、搜索引擎和云计算等网络技术，而且极大地提高了资源配置效率、降低了交易成本，对人类金融模式具有颠覆性影响。 因此，互联网金融是一个谱系概念，涵盖因为互联网技术和互联网精神的影响，从传统银行、证券、保险、交易所等金融中介和市场，到瓦尔拉斯一般均衡对应的无金融中介或市场情形之间的所有金融交易和组织形式（谢平和邹传伟，2012）。 时任证监会主席刘士余（2014）提出的定义则更加通俗易懂，即互联网金融是互联网与金融的结合，是借助于互联网技术和移动通信技术实现资金融通、支付和信息中介功能的新兴金融模式。 众所周知的业态包括互联网支付、P2P网络借贷、众筹融资、金融机构创新型互联网平台等。 从与传统金融差异角度界定互联网金融概念的思路也被一些地方政府所采用，如浙江省金融办等部门2015年出台的《浙江省促进互联网金融持续健康发展暂行办法》指出"互联网金融是金融业与互联网产业、现代信息技术产业相互融合的新兴产物，主要包括第三方支付、P2P网络借贷、股权众筹融资、金融产品网络销售平台、大数据金融以及互联网金融门户等新兴业态"。

不过，中国人民银行等十部委在2015年7月颁布的《关于促进互联网金融健康发展的指导意见》中将互联网金融定义为"传统金融机构与互联网企业利用互联网技术和信息通信技术实现资金融通、支付、投资和信息中介服务的新型金融业务模式"。 从中央政府部门对互联网金融的定义中可以看出，传统金融机构的互联网化和互联网企业的金融化都属于互联网金融的范畴。 因此，有必要区分狭义的互联网金融和广义的互联网金融的概念，狭义的互联网金融是指互联网企业从事金融业务，而广义的互联网金融包括传统金融业务运用互联网、新型移动通信技术和互联网企业从事金融业务两部分。 为更好地讨论"新常态"下互联网金融发展对中国经济转型升级的积极作用，本书采用狭义的互联网金融概念。

（二）网络金融的本土概念与国际术语

在英文文献中难以找到与"互联网金融"相对应的国际术语"Internet Finance"，美国、英国等互联网金融的发端国家普遍使用的概念是"Network Finance"或"E-Finance"，翻译成中文可以表述为"网络金融"或"电子金融"。 因此，虽然本书重点讨论的是狭义上的互联网金融，但从学术规范和便于国际学术交流的角度考虑仍采用了"网络金融"这一表述。

狄卫平和梁洪泽（2000）从以物理形态存在的金融活动差异的角度较早地定义了网络金融的概念，所谓网络金融，又称电子金融（E-Finance），是指在国际互联网（Internet）上实现的金融活动，包括网络金融机构、网络金融交易、网络金融市场和网络金融监管等方面。它不同于传统的以物理形态存在的金融活动，是存在于电子空间中的金融活动，其存在形态是虚拟化的、运行方式是网络化的。由此可以看出网络金融与国内所指的互联网金融在金融交易主体和交易内容方面都存在一定差异。

在交易主体范围差异方面，网络金融涵盖了所有利用网络渠道和网络技术进行金融交易的市场主体，不仅包括中央银行、政策性银行、商业银行、证券公司、基金公司和保险公司等金融机构，还包括政府部门、工商业机构、实体企业和居民个人等非金融机构。而引起国内广泛讨论的互联网金融的交易主体主要是利用互联网平台进行某些金融活动的互联网企业和参与到互联网金融业务中的小微企业和居民个人。在交易内容差异方面，网络金融涵盖了各种利用网络渠道和网络技术进行的金融交易活动。而国内普遍关注的互联网金融涉及的主要是第三方支付、P2P 网贷和股权众筹等少数几种不占主要地位的金融交易活动。由此可见，《关于促进互联网金融健康发展的指导意见》对互联网金融的定义基本上与国际通用术语"网络金融"相对应，是广义上的互联网金融；而以新经济业态形式出现并引起国内社会各界热议的互联网金融是狭义上的互联网金融，属于网络金融的一部分。

（三）作为一种新金融业态的网络金融

网络金融的本质在于利用互联网的信息处理技术和社交互动性减少金融市场的交易成本，提高市场效率。与传统金融模式相比，网络金融具有以下几方面鲜明的特征：

第一，网络金融利用大数据等现代技术大幅降低了信息不对称程度和交易成本。互联网可以在最短时间内将信息传递给全世界，信息传播速度的加快大大降低了信息获取成本，因而降低了市场主体间的信息不对称程度。网络金融交易双方借助社交网络、搜索引擎、云计算等互联网技术对交易主体数据的搜集和分析，能够有效降低金融服务借贷双方的信息不对称程度，让金融服务过程更加透明和对等。此外，网络金融注重客户的网上服务体验，在展示、购买、支付等各个环节力求做到便捷有效，大大降低了搜寻、匹配的交易成本。在降低无形交易成本的同时，网络金融还能降低有形的交易成本。以信贷为例，传统银行信贷服务需要经过实地调研、层层审批等多环节处理，耗费大量人力物力；而 P2P 网络借贷通过大数据运算，进行快速的批量化网上业务操作，能有效降低经营成本。在互联网平台上，新增一个使用者的边际成本几乎为零，规模经济效应也使得网络金融在交易成本方面具有比较优势。

第二，网络金融利用互联网平台撮合金融交易，具有去中介化倾向。现代的网络金融模式利用互联网平台发布资金供求信息，借贷双方能够方便地获取对方交易记录，并通过云计算等信息技术手段来深入分析，全面、深入地掌握交易对象信息，为是否与对方展开金融交易或在多大规模上展开金融交易提供了决策参考。因此，在网络金融模式下的金融交易的完成不需要商业银行、证券公司等传统金融机构的参与，交易链条的缩短避免了过多噪声信息。互联网平台上记录的交易过程信息可供交易双方随时审核查看，平台自身能够解决资金供需匹配问题，具有明显的去中介化倾向。如为电商客户提供小额贷款的阿里小贷（蚂蚁微贷）根据 B2B用户的历史数据进行交易风险控制，去中介化的金融交易提高了资金融通效率。网络金融发展不仅有助于资金借贷的去中介化，在支付体系方面也存在着去现钞化和去商业银行化的倾向。传统商品交易中，现钞是重要的支付媒介，而第三方支付的兴起则促进了电子货币时代的到来。一些第三方支付机构已具备了商业银行清算支付和结算支付的基本职能，虚拟账户的储值、支付、结算等功能已与银行账户功能十分接近，存在替代商业银行的可能性。

第三，网络金融突破时空限制，覆盖范围广阔。商业银行等传统金融机构的核心资源是物理网点，而网络金融企业的核心资源在于互联网平台。以互联网为代表的信息网络技术打破了传统金融机构物理网点数量与区域服务范围对金融交易的限制，不论业务规模大小，只要互联网所覆盖到的地区都能够享受金融服务。网络金融24小时为客户提供即时服务，突破了传统金融机构营业时间的限制。

第四，网络金融服务于小微企业和居民个体，具有普惠金融的性质。普惠金融的实质在于全方位、有效地为社会所有阶层提供金融服务，关键是增加农户、低收入群体、小微企业等社会弱势群体平等获取金融服务的机会。传统金融服务受营业网点、服务成本等诸多因素限制，服务对象偏向"二八定律"里的20％的客户，以大企业和大客户为主。小微客户因为缺乏足够资本或不具备投资某种市场的资质，被挡在了传统金融市场之外。与此相对应，网络金融聚焦于"长尾市场"，争取的是80％的"长尾"小微客户，以小微企业、个体工商户和居民个体为主。余额宝等网络金融产品利用互联网的销售渠道把小投资者的资金集合起来形成大的财团来购买基金产品，这为中低收入群体的理财行为打开了大门。小微企业因征信体系不完善而很难获取银行贷款，而P2P网络借贷平台、股权众筹等网络金融产品不仅征信成本低，而且放贷速度快，互联网金融的兴起部分缓解了小微企业融资难的问题。

第五，网络金融风险隐蔽复杂，更具传染性和外溢性。网络金融降低了信息不对称风险程度，但无法规避信息不对称问题，隐蔽在网络金融中的信息不对称反而会使金融风险更加复杂。一方面，网络金融产品销售过程中存在夸大收益、违规保证收益、风险提示不足等问题，严重的信息噪声会误导投资决策；另一方面，网络金融扩大了交易可能性边界，一些金融知识相对缺乏、风险识别能力不够和承担能力薄弱的人群也被纳入服务范围，容易出现个体非理性和集体非理性的羊群性金融交易行为，进而对社会造成负外部性。网络金融严重依赖互联网技术，一旦出现计算机硬件系统、应用系统、安全技术或网络运行问题，容易出现客户信息泄露、数据被篡改、第三方资金被盗等信息安全风险。如2014年2月12日因技术性错误导致余额宝出现了"暂无收益"，结果引起了存款者恐慌和大规模资金流出。

二、支付宝、余额宝触发互联网金融产品创新

一石激起千层浪，自支付宝于 2004 年问世以来，阿里巴巴的一系列金融创新活动触发了国内网络金融产品开发的激烈竞争。阿里巴巴（蚂蚁金服）不仅自身在不断开创新的网络金融业态，也带动着其他企业加入到金融创新的行列中。网络支付、网络借贷、股权众筹融资、互联网基金销售、互联网保险、互联网信托和互联网消费金融等新兴业态基本上是在借鉴阿里巴巴成功经验的基础上产生与发展起来的，支付宝、余额宝等产品的示范效应涉及银行业、证券业、保险业、信托业等各种金融业态。

（一）网络支付

网络支付是指通过计算机、手机、平板电脑等设备，依托互联网发起支付指令、转移货币资金的服务，按照支付所使用的终端可以划分为电脑终端模式和移动终端模式，按照支付形态可以分为网银支付、二维码支付、NFC 手机钱包、语音支付、声波支付、指纹识别支付、人脸支付等。根据中国人民银行发布的《非金融机构支付服务管理办法》（中国人民银行令〔2010〕第 2 号），货币汇兑、互联网支付、移动电话支付、固定电话支付、数字电视支付等都属于网络支付的范畴，依托公共网络或专用网络在收、付款人之间转移货币资金的行为即网络支付行为。

交易便捷、使用便捷、用户体验友好是网络支付尤其是移动支付相较于传统支付方式的突出优势，也是支持网络支付业务快速发展的生命线。《第 36 次中国互联网络发展状况统计报告》数据显示截至 2015 年 6 月，我国使用网络支付的用户规模达到 3.59 亿，较 2013 年 6 月增加 11448 万人。与 2013 年 6 月相比，我国网民使用网络支付的比例从 41.4％提升至 53.7％。在网络支付快速发展的同时，网络支付的移动化趋势十分明显，越来越多的客户选择手机、iPad 等移动支付端。手机支付用户从 2013 年

12 月的 12548 万人增加到了 2015 年 6 月的 27579 万人，网民手机支付的使用比例也从 25.1％提升至了 46.5％。（如图 1-1 所示）

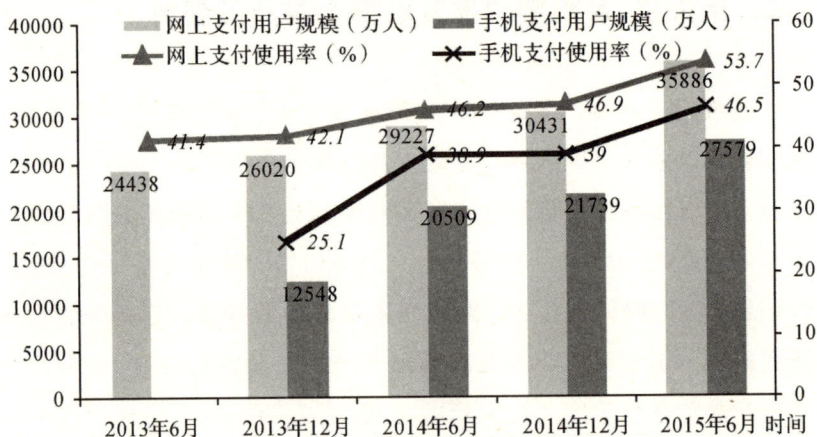

图 1-1　中国网络支付发展演进状况

数据来源于中国互联网络信息中心：《中国互联网络发展状况统计报告》。

　　与网络支付紧密相关的另一个概念是第三方支付。 在第三方支付方式产生之前，卖方在收到货款前不愿意先发货，而买方不放心在收到货物前先付款，买卖双方的僵持使得电子商务因支付信用问题而发展缓慢。第三方支付平台在收、付款人之间设立中间过渡账户，在充当资金托管中介角色的过程中有效解决了制约电子商务发展的瓶颈问题。 实现第三方支付的前提是具备一定实力和信誉保障的第三方独立机构与银行机构签订转账合约并提供商品交易支持平台。 买方在交易平台选购商品后，使用第三方支付平台提供的账户进行货款支付，由第三方通知卖家货款到达、进行发货；买方检验物品后，就可以通知付款给卖家，第三方再将款项转至卖家账户。 第三方支付平台在一个界面上整合了银行卡支付方式，负责交易结算中与银行的对接，使得网络交易更加方便快捷。 因此，从严格意义讲，第三方支付只是网络支付的一部分，不能将第三方支付与网络支付等同起来。

　　根据《非金融机构支付服务管理办法》的规定，非金融机构从事第三方支付业务的企业必须事先获得《支付业务许可证》。 2011 年，支付宝获得了由中国人民银行颁发的国内第一张《支付业务许可证》。 截至

2015 年年底，支付宝、财付通、快钱等累计 270 家公司获得了支付牌照，行业内部竞争比较激烈。随着电子商务环境的不断改善和支付业务的不断拓展丰富，网上支付业务规模快速增长。艾瑞咨询（iResearch）统计数据显示，2014 年中国第三方网络支付交易规模达到 80767 亿元，同比增长 50.3%，其中第三方移动支付市场交易规模达到 59924.7 亿元，较 2013 年增长 391.3%。不过，随着恶性竞争、交易欺诈、兑付危机等行业问题的出现以及央行对第三方支付监管力度的增强，自 2015 年 3 月广物电子商务公司获得支付牌照后，央行在 2015 年年底前不仅没有新颁发第三方支付牌照反而相继吊销了浙江易士企业管理服务有限公司和广东益民旅游休闲服务有限公司的支付牌照。

（二）网络借贷

《关于促进互联网金融健康发展的指导意见》将网络借贷分成个体网络借贷和网络小额贷款两大类，其中个体网络借贷（即 P2P 网络借贷）是指个体和个体之间通过网络平台实现的直接民间借贷，为投资方和融资方提供信息交互、撮合、资信评估等中介服务；网络小额贷款是指互联网企业通过其控制的小额贷款公司，利用互联网向客户提供的小额贷款。

1. P2P 网络借贷

2005 年 3 月在英国伦敦成立的 Zopa 是世界上首家成功运营的 P2P 网络借贷平台。中国首家从事小额信贷的 P2P 网络平台宜信公司 2006 年在北京成立，国内首家小额无担保网络借贷平台"拍拍贷"2007 年在上海成立，之后，红岭创投、人人贷、在线贷、陆金所等平台相继涌现。2010 年后由于利率市场化改革预期、银行脱媒等因素的影响，无论是 P2P 平台数量还是平台交易数量都快速增加，规模也相应增大，但同时也出现了一些诈骗、跑路平台。截至 2014 年 12 月 31 日，纳入零壹数据统计的平台共 1843 家，正常运营的有 1456 家；全年至少有 38 家线上 P2P 平台完成融资，涉及资金在 40 亿元以上。根据上海盈灿商务咨询有限公司与清华大学中国金融研究中心、网贷之家联合发布的《2014 年中国网络借贷行业年报》，2014 年网贷行业成交量以月均 10.99% 的速度增加，全年累计成交额高达 2528 亿元，历史累计成交额超过 3829 亿元。

根据借贷平台在借贷过程中所扮演的不同角色，P2P 网络借贷的运营模式可以分为收益型（细分为单纯中介型和复合中介型）与零收益型，其中单纯中介型是指平台仅提供中介服务，如上海的拍拍贷；复合中介型是指平台在交易过程中同时承担提供中介服务者和追款者角色，如深圳的红岭创投；零收益型是指平台为弱势客户群提供低息贷款服务，如宜信公司推出的宜农贷。根据借贷平台对借贷担保的不同要求，P2P 网络借贷可以分为提供担保措施的平台和纯信息中介服务平台，其中有担保的信用中介模式是具有中国特色的线下信用审核和债权转让的模式，平台通过线上、线下相结合的双重审核方式来作为项目审核的依据，而出借人不参与贷款人的信用审核，典型代表是宜信公司；纯信息中介模式的最大特点在于采用纯线上模式运作，平台承担了实施信息匹配、工具支持和服务等功能，但平台本身不参与借款，借款利率由借款人自行设定，但不超过人民银行基准利率的 4 倍，典型代表是拍拍贷。

2. 网络小额信用贷款

《非存款类放贷组织条例（征求意见稿）》明确要求非存款类放贷组织取得经营放贷业务许可证后，可依法在省内经营，不受县域限制。根据要求，跨省、自治区、直辖市经营放贷业务的机构，应当经拟开展业务的省、自治区、直辖市人民政府监督管理部门批准，并接受业务发生地监督管理部门的监督管理。传统的小额贷款公司有严格的省内经营范围限制，但借助互联网金融的网络小贷公司凭借网络平台可以突破省内经营的地域限制。

网络小贷凭借电商平台和网络支付平台积累的交易和现金流数据来评估借款人资信状况，借款人无须提供抵押品或第三方担保，通过在线审核后仅凭个人信誉便能取得短期小额贷款。网络小额信用贷款的典型代表如阿里金融旗下的"阿里小贷"公司，阿里小微金服集团已于 2014 年 10 月更名为蚂蚁金融服务集团。与商业银行信贷业务相比，蚂蚁微贷具有以下两个优势：一是债务人仅凭个人信誉便可以取得贷款而无须提供抵押品或第三方担保；二是借款流程十分简便，从客户申请到贷前调查、审核、发放与还款全部采用网络化无纸操作。不过，受政府管制的影响，网络小贷最高可用金额仅为注册资本的 150%，这限制了网络小贷客户数量的提高和贷款规模的进一步扩大。

（三）股权众筹融资

众筹融资是项目发起者依托互联网技术通过在众筹网站上展示项目信息、寻找对项目感兴趣的投资者来完成融资的一种网络金融模式，具有低门槛、注重创意、依靠大众力量的特征。按照募资的形式，众筹可大致划分为捐赠模式、借贷模式和股权模式三大类，其中借贷模式的众筹可归为 P2P 网络借贷一类，本部分重点讨论股权众筹。《私募股权众筹融资管理办法（征求意见稿）》将股权众筹融资定义为通过股权众筹融资中介机构平台（为股权众筹投融资双方提供信息发布、需求对接、协助资金划转等相关服务的互联网网站或其他类似的电子媒介）以非公开发行方式进行的股权融资活动。通过股权众筹活动，小微企业出让一定比例的股份获得融资，普通投资者通过出资入股公司获得未来收益。

众筹融资的产生一般以 2009 年美国 Kickstarter 众筹平台的出现为标志，我国众筹融资模式则始于 2011 年 7 月 "点名时间" 众筹平台的出现，随后追梦网、天使汇、大家投、浙里投等上百家平台如雨后春笋般涌现。不过，受股权融资政府管制的影响，国内目前完全意义上的股权众筹平台仍不多。根据零壹财经的统计数据，截至 2014 年年底，国内的 128 家众筹平台中股权众筹平台占 32 家，当年股权众筹融资规模约为 10 亿元。清科集团旗下的私募通统计数据则显示 2014 年国内典型的 13 家众筹平台共发生融资事件 9088 起，募集资金总额高达 13.81 亿元人民币。

目前众筹平台普遍采用阈值机制的融资模式，即项目发起者设定一个筹资目标，如果在设定的时间内筹集到的资金规模大于等于该阈值，则融资成功，否则融资失败，筹集的资金全部返还给原投资者。以是否提供担保为依据，可以将股权众筹分为无担保的股权众筹和有担保的股权众筹两大类，其中无担保的股权众筹是指投资人在进行众筹投资的过程中没有第三方的公司提供相关权益问题的担保责任，是国内目前的主流模式；有担保的股权众筹要求进行众筹的同时有第三方公司提供相关权益的担保，国内目前只有贷帮众筹等少数众筹平台采用该方式。 根据融资规模大小可以将众筹平台分为种子众筹、天使众筹和成长众筹 3 个层次，其中种子众筹风险非常大，需要机构投资者介入；天使众筹应以机构投资为主，遵循"领投＋跟投"模式；成长众筹应该是中国主要推广的模式。

（四）互联网基金销售

互联网基金产品具有门槛低、收益高、流动性高的特点，互联网基金销售平台可以聚合个人零散资金，为资金需求者提供融资的渠道。 根据网络销售平台的差异，互联网基金销售可以分为两类：第一类是传统基金销售渠道的互联网化，基金公司等基金销售机构通过自有网络平台为投资人提供基金销售服务；第二类是基金销售机构借助其他非自有网络平台开展基金销售行为，包括在第三方电子商务平台开设"网店"销售基金、基于第三方支付平台的基金销售等多种模式。

"余额宝"是互联网基金销售的典型代表。 2013 年 6 月，支付宝网络技术有限公司与天弘基金公司合作开通余额宝功能，直销中国第一支互联网基金。 截至 2013 年年底，余额宝客户数达到 4303 万人，规模达到 1853 亿元；截至 2014 年年底，余额宝管理的资产达到了 5990 亿元人民币，成为中国最大的货币市场基金和全球第四大货币基金。 余额宝不仅满足了普通居民对财富增值的需求，也盘活了支付宝中的沉淀资金、提升了基金公司的竞争实力，多方共赢促成了余额宝的快速扩张。 在余额宝取得重大成功的示范效应下，其他互联网企业和金融机构也纷纷开发类似产品，如腾讯的"财付通"、百度的"百发"、华夏银行的"理财通"、中国工商银行的"现金宝"等。

（五）互联网保险

根据《互联网保险业务监管暂行办法》（保监发〔2015〕69 号）的定

义，互联网保险是指经保险监督管理机构批准设立并依法登记注册的保险公司和保险专业中介机构等保险机构，依托互联网和移动通信等技术，通过自营网络平台或第三方网络平台等订立保险合同、提供保险服务的业务。

自 2011 年"淘宝保险"频道正式上线以来，我国互联网保险行业一路高歌猛进。《互联网保险行业发展报告》数据显示，全国互联网保险市场经营主体从 2011 年的 28 家增到了 2014 年的 85 家，一半以上的产寿险公司都参与到了互联网保险业务中。 2014 年互联网保险业务收入为 858.9 亿元，比 2011 年提升了 26 倍，其中财产保险公司互联网业务保费收入为 505.7 亿元，同比增长 114%；人寿保险公司互联网业务实现保费收入为 353.2 亿元，同比增长 5.5 倍，三年间年均增长率达到 225%。 互联网保险业务成了拉动保费增长的重要因素之一。

与传统保险营销模式不同，互联网保险具有以下 3 个特征：（1）以计算机互联网为媒介，客户可以根据自身需求在线自主选择产品，退保率较低；（2）保险产品直接面向客户，产品咨询、保单发送、理赔都可以线上完成，服务便捷、及时；（3）保险公司成本大大降低，经营效益有所提高。 我国目前的互联网保险经营模式大致可以分为保险公司自建网络平台开展保险业务、保险公司和电商平台联合开展保险销售业务、专门的网络保险公司三种。

1. 保险公司业务的互联网化

第一种网络保险形式是保险公司业务的互联网化，但这并不属于狭义互联网金融的范畴。 为顺应互联网时代的到来，国内大型保险集团基本都拥有了自己的网络销售平台，如中国人寿推出了"国寿 e 家"，中国平安保险推出了"网上商城""万里通"，泰康保险推出了"泰康在线""e 站到家"。

2. 保险公司和电商平台联合开展保险销售业务

除自营网络平台外，保险公司还利用第三方网络平台开展互联网保险业务活动。 根据《互联网保险业务监管暂行办法》相关规定，第三方网络平台可以为互联网保险业务提供网络技术支持辅助服务，互联网保险业务的销售、承保、理赔、退保、投诉处理及客户服务等保险经营行为则只能由保险机构管理负责。 目前为保险消费者和保险机构提供网络技术支持辅助服务的网络平台主要是电商平台。 就电商平台与保险公司合作开展保险业务来看，淘宝、苏宁易购、京东等电商平台均已涉足保险业务。 2011 年 10 月，淘宝保险频道正式上线，目前已与人保财险、中国平安、太平洋保险等保险公司联合开展了各类车险、健康险、人寿险、意外险、旅游险和财产险等保险业务。 2012 年 8 月，苏宁易购与中国平安、太平洋保险和泰康人寿合作推出了车险、意外险和旅游险 3 个险种，后续又推出了健康保险、理财险等保险产品。 由于淘宝保险和苏宁易购保险频道上的保险产品都由保险公司直接推出，这不仅规避了传统保险销售业务的高额代理成本问题，还大大降低了投保人搜寻购买保险产品的交易成本。

3. 网络保险公司

2013 年，阿里巴巴、中国平安和腾讯联手创立了国内首家网络保险公司——众安在线财产保险公司，其中阿里巴巴持股比例是 19.9%，是最大的单一持股股东。 与传统线下代理人推销保险产品不同，众安在线除在上海设立总部机构外不设任何分支机构，而且所有的销售和理赔业务都通过互联网来完成。 继众安保险获得首张互联网保险公司牌照后，2015 年 6 月底，易安财产保险公司、泰康在线财产保险公司和安心财产保险公司这 3 家注册资本金为 10 亿元人民币的网络保险公司在获保监会批准后开始筹建，其中易安保险由深圳市银之杰科技股份有限公司、深圳光汇石油集团股份有限公司等 7 家公司发起设立，注册地在深圳；泰康在线财险公司由泰康人寿等发起设立，总部位于武汉；安心保险由北京洪海明珠软件科技有限公司、北京玺萌置业有限公司、中诚信投资有限公司等 7 家股东发起设立，总部位于北京。 2015 年 11 月，百度、安联保险、高瓴资本在上海一同宣布成立互联网保险公司"百安保险公司"。

（六）互联网信托

互联网信托是通过网络平台进行的信用委托，即由委托人按照契约或网站条款的规定，将自己财产或财产权利委托给受托人（信托公司），由受托人利用信托公司互联网平台或者第三方网络平台向投资人募集资金，然后将资金投向收益较好的项目，利用项目产生的效益归还投资者本金与预期收益的行为。互联网信托充分利用"长尾效应"，通过合规分拆将理财投标门槛从 100 万降低至最低 10 元，从而促成了传统信托业的破茧化蝶。

受实体经济融资需求下降、经营景气度持续下滑等外部因素影响，信托资产自 2010 年第一季度以来在 2015 年第三季度首次出现了信托规模环比负增长情形。与此同时，得益于传统信托产品高收益与网络金融草根基因的相互结合，互联网信托业务却逆势走强。以深圳市发改委注资扶持、高搜易公司旗下的"信托宝"为例，自 2015 年 6 月起交易量明显提升，三季度完成 5.6 亿元交易额，月增幅均超过 120％。

（七）互联网消费金融

互联网消费金融是银行、消费金融公司或互联网企业等市场主体出资成立的非存款性借贷公司，以互联网技术和信息通信技术为工具，以满足个人或家庭对除房屋和汽车之外的其他商品和服务消费需求为目的，向其出借资金并分期偿还的信用活动。目前主要包括银行的消费金融贷款、消费金融公司的分期付款、P2P 平台的信用贷款以及电商平台的消费金融产品。从狭义的网络金融范畴来看，当前的互联网消费金融大致可以分为电商消费金融模式和线上理财与线下消费相结合的 O2O 消费金融模式两大类。

电商消费金融模式以电商平台为依托，消费者在电商平台上产生消费，并进行消费分期，典型代表有"京东白条"和"天猫花呗"。2014 年 2 月份，京东推出了"先消费、后付款"的信用支付产品"京东白条"，消

费者可以享有最长 30 天的延后付款期或最长 24 期的分期付款。 2014 年
12 月,阿里巴巴旗下蚂蚁金融服务集团推出了类似信用卡的网络金融产品
"花呗"。"花呗"用户拥有 1000 元至 30000 元的个人消费信用额度,在
淘宝或天猫电商平台购物确认收货后的下个月的 10 日还款享受免息
优惠。

第二类线上理财与线下消费相结合的 O2O 消费金融模式,用户通过
APP 便能申请消费贷款,其典型代表是"马上消费"和专为年轻上班族和
小微企业主提供金融服务的深圳美利金融服务有限公司。 经银监会批
准,中国首家线上线下结合的互联网消费金融公司——马上消费金融股份
有限公司于 2015 年 6 月正式开业。 在不用抵押和担保的情况下,客户通
过手机客户端 App 可随时随地申请贷款,最快三分钟内即可完成 20 万元
申请额度以内的审批和放款,贷款利率则随借款人的信用情况而变化。
与"马上消费"线下消费场景有所不同,"美利金融"在借款人明确借款
用途后,与合作商户进行现金结算,借款人实际得到的是商品而非现金。

三、网络金融发展对中国金融业的影响

网络金融刚兴起时,一些互联网和电商企业放出豪言,认为网络金
融的发展必将颠覆传统商业银行和传统金融业。 2008 年,马云一句
"如果银行不改变,我们就改变银行"引起了网络金融对传统金融影响
的广泛争议,是颠覆还是补充? 一种观点认为网络金融是动了商业银行
奶酪的野蛮人,甚至有可能是传统银行的终结者,将会给我国传统金融
业带来颠覆性影响;另一种观点则认为网络金融只是金融业中很小的一
部分,网络金融发展具有鲶鱼效应,能够弥补传统金融的不足但无法产
生革命性影响。

判断互联网金融对传统金融的影响是颠覆性的还是补充性的,有赖于
网络金融对中国金融业影响的全面判断。 从宏观层面来看,互联网金融
发展对利率市场化改革、货币政策实施和金融监管难度产生影响;从微观

角度来看，第三方支付、互联网金融产品创新等网络金融发展对传统银行业、证券业和保险业的经营模式和利润空间会产生影响。 如果网络金融的发展能够迫使传统商业银行、证券机构和保险机构完全向网络金融转型或退出，传统金融存在的基础将不复存在，则可以认为网络金融会给我国传统金融业带来颠覆性影响；如果网络金融无法撼动传统金融机构在我国金融业的地位，网络金融对传统金融业的影响则更多的是补充性质的。

（一）颠覆抑或补充？

1. 颠覆论

时任交通银行行长牛锡明在 2013 年亚布力中国企业家论坛第十三届年会上指出在数字化金融时代，第三方支付公司、人人贷、众筹融资等互联网金融都应该纳入金融体系范围。 受诸多因素影响，互联网金融虽无法真正取代商业银行，但互联网金融并不是简单的技术和渠道的革新，互联网与金融的融合将使金融服务方式发生彻底的变革，因而互联网金融是一种颠覆传统商业银行经营模式、营利模式和生存模式的新金融业态。

网络金融将颠覆传统金融业的观点不仅在金融业实务界得到了响应，也得到了一些金融理论研究者的赞同。 谢平和邹传伟（2012）认为网络金融充分利用了移动支付、社交网络、搜索引擎和云计算等现代信息科技，克服了金融活动中的信息不对称问题，网络金融是有别于商业银行间接融资和资本市场直接融资的第三种金融融资模式，将对人类金融模式产生颠覆性影响。 张鑫（2014）认为以大数据、云计算为基础的互联网金融能够有效弥合信息不对称，重建信用体系，进而打破传统金融业的垄断地位，对传统金融业的生存基础造成重大冲击。 网络金融不仅通过自身创新差异化金融产品和服务，填补了市场需求空缺，还推动了传统金融业的改革与创新，使传统金融业在各方面发生了很大的变化，传统金融业的经营理念正逐渐从"以自我为中心"向"以客户为中心"转变。 如果不承认网络金融对传统金融业的颠覆性影响，不仅缺乏理论依据，而且会在实践中影响金融业全面深化改革的紧迫感和危机感。

2. 补充论

对于网络金融发展对传统金融的影响，政府官员和大部分金融学者的观点则相对谨慎，认为网络金融能够弥补传统金融的不足，但对金融体系的影响不是颠覆性的。如中国人民银行副行长郭庆平在 2015 年第二届世界互联网大会上指出，"互联网金融与传统金融不是颠覆与取代的关系，而是继承和发展的关系，我们应该把互联网金融健康发展放在整个金融业创新发展的大局之中去考虑。……互联网金融本质上仍然属于金融，没有改变金融风险隐蔽性、传染性、广泛性还有突发性这样的特点"。归纳起来，既有文献从以下 3 个方面阐述了网络金融对传统金融的影响不是颠覆性的。

一是网络金融没有改变金融的本质。中国人民银行副行长潘功胜（2015）在《新金融时代：权威解读互联网金融》一书的序言中指出了发展互联网金融的积极意义，"互联网金融有效拉近了金融供求双方的距离，缓解了金融压抑，促进金融组织体系更加多元化，大大丰富了金融服务小微企业、社会创新创业，满足了不同人群的个性化差异金融需求，提高了社会资金融通的效率。同时，互联网金融深刻地推动了传统业务模式、经营理念的变革，加快了金融改革创新步伐，使金融业更具活力"。不过，潘功胜仍认为互联网金融大量运用先进科技不仅无法规避金融行业内在的风险属性，反而使风险表现出更强的隐蔽性、突发性、传染性和外溢性。郑联盛（2014）认为网络金融是传统金融通过互联网技术在理念、思维、流程及业务等方面的延伸、升级与创新，仍没有脱离金融的本质。网络金融的蓬勃发展完善了金融服务渠道，理念和思维的创新带来了金融服务提供的多元化，但谈不上是对传统金融的颠覆，社会上出现网络金融颠覆传统金融的观点是因为对网络金融发展存在的特定制度、体制和市场基础等的认识不够深入。《互联网金融蓝皮书：中国互联网金融发展报告（2015）》一书认为互联网金融的本质依然是金融，并不会因为互联网金融产品创新而改变金融资金融通这一基本属性，中国未来的网络金融将会是以商业银行等传统金融机构为主导的网络金融，随着金融互联网化步伐的加速，商业银行仍将是中国金融业的核心角色。

二是网络金融不仅没有突破金融系统的原有功能，而且网络金融功能的实现依赖于传统金融。博迪和莫顿（2013）指出金融系统具有以下六项基本功能：在不同的时间、地区和行业之间提供经济资源转移的途径；提供风险管理的方法；提供清算和结算支付的路径以完成交易；为储备资源和在不同的企业中分割所有权提供有关机制；提供价格信息，帮助协调不同经济部门的决策；当交易中的一方拥有另一方没有的信息，或一方为另一方的代理人时，提供解决激励的方法。王国刚和张扬（2015）认为网络金融并没有改变上述金融系统的六方面基本功能，改变的只是上述功能的实现方式。以对传统金融业务冲击较大的第三方支付为例，支付宝等网络金融产品提供的支付结算业务虽部分替代了商业银行的结算功能，但第三方支付的实现仍需要客户在银行开卡后才能完成。引入第三方支付体系后，只是从三层支付清算体系"客户—商业银行—人民银行"转变到了四层支付清算体系"客户—第三方支付—商业银行—人民银行"，因其源头可归属于银行存款的范畴，所以第三方支付很难说是一个独立于商业银行的支付结算体系。

三是网络金融业务范围和规模无法颠覆传统金融业。由于以"海量交易笔数，小微单笔金额"为特征的互联网金融市场份额还很小，互联网金融还无法颠覆传统金融在我国金融行业中的主导地位。吴晓求（2015）基于网络金融发展的国际经验认为网络金融与传统金融是一种互补关系而非颠覆关系，网络金融虽然在信息处理方面具有优势但不能消除金融交易中的信息不对称，但传统金融因其规模经济效应和专业优势仍将在金融行业占据主流地位，网络金融是对传统金融的有益补充。百度总裁张亚勤（2015）认为与传统金融相比，互联网金融在优化资源配置、改善支付清算、完善财富管理、精准提供价格信息等方面具有优势，但在对冲风险能力、资产证券化、资源储备、线下大客户服务等方面仍无法与传统银行相比较。在互联网金融业务量占整个金融行业业务量比重不大的情况下，互联网金融不是对传统金融的颠覆而是互联网技术与传统金融的互补与融合。因此，网络金融和传统金融并非是相互排斥、非此即彼的关系，而是相互促进、共同发展的关系，两者既有竞争、又有合作，共同构成了我国多层次金融体系的有机组成部分。

（二）对银行、证券与保险三大金融行业的影响

1. 对银行业的影响

存贷款业务、金融商品转让、金融经纪业务和其他中间业务是商业银行利润的重要来源，网络金融的发展则不断挤占了传统商业银行的利润空间。

一是对商业银行存贷款业务的冲击。在互联网金融迅猛发展之前，商业银行存款和贷款的增速是基本一致的，但自从余额宝问世后网络金融分流了部分一般存款业务，息差逐步收窄、存款增长乏力使得存款和贷款增速的差距开始变大。中国人民银行统计数据显示，2013 年金融机构人民币贷款增速约为 14.1％而人民币存款增速约为 13.8％，存款增速比贷款增速低 0.3％；2014 年金融机构人民币贷款增速为 13.6％而人民币存款增速仅为 9.1％，存贷款增速的差值进一步扩大到 4％。另外，商业银行的贷款业务也会受到 P2P 网络借贷等互联网金融的结构性冲击。在微型贷款和消费贷款方面，传统银行业受网络金融冲击比较明显；但在大中型企业业务、高端零售业务以及机构业务领域，网络金融仍未对传统银行业构成强有力冲击。

二是对商业银行支付结算等中间业务的冲击。商业银行的中间收入主要来源于支付结算、担保、承诺、交易、咨询等方面，其中支付结算是商业银行专属的最为传统、最为基础的业务之一，但第三方支付和移动支付的出现从根本上改变了商业银行在支付结算领域的专属优势。第三方支付平台提供与银行相同或相似的服务，但服务更便捷、价格更低，这挤占了商业银行在代理收付、结算等中间业务方面的发展空间。在个人客户方面，一些第三方支付平台提供信用卡跨行异地还款免费和转账汇款、机票火车票等票务代购、水电煤等生活缴费、保险费续缴等一系列支付服务；在对公客户方面，支付宝、财付通和快钱等能为客户提供大额收付

款、多层级交易自动分账和一对多批量付款等结算产品。

三是对商业银行理财产品销售的冲击。余额宝等互联网基金实现实时申购和赎回，收益按天复利结算，属于低收益的理财产品。互联网基金与商业银行的 1 天周期的超短理财产品性质最具可比性，两者都属于非保本浮动收益型理财产品，但余额宝和活期宝等网络金融产品不仅投资门槛低，而且日年化收益率大幅度超过多数商业银行的 1 天周期理财产品的收益。因此，一些商业银行理财产品的客户转投互联网基金，给商业银行理财产品销售业务造成冲击。另外，互联网基金的兴起还挑战了商业银行在基金销售中的主导地位，基金营销渠道的多元化打压了商业银行代销基金的议价权，银行利润因此会受损。

对传统商业银行而言，网络金融的发展壮大在某种程度上是一种"创造性破坏"（Creative Destruction），传统金融行业的转型升级有助于提高其营业绩效。网络金融的蓬勃发展有助于打破由五大国有银行垄断银行体系的局面，金融体系的竞争程度加剧有利于提高行业运营效率。沈悦和郭品（2015）认为网络金融能够通过示范、竞争、人员流动和业务联系等途径产生技术溢出效应，显著提升我国商业银行的全要素生产率，其中示范效应指网络金融领域的先进技术可以对商业银行服务理念、经营模式、产品模式产生示范扩散作用；竞争效应是网络金融的兴起有助于打破银行业的垄断地位，推动商业银行生产率的提高；人员流动效应指网络金融企业的员工向商业银行流动会提高商业银行的平均人员素质与技术水平；业务联系效应指商业银行通过与网络金融企业的业务合作能够消化吸收网络金融企业的先进技术。

2. 对证券业的影响

从目前来看，网络金融发展对传统证券业的影响主要来自证券公司互联网化和股权众筹融资平台的发展，其影响主要体现在以下 3 个方面：

一是加速了传统证券机构的互联网化进程，扩大证券业服务边界。2014 年 4 月，中国证券业协会向银河证券、中信证券、国泰君安、长城证券、平安证券以及华创证券等 6 家券商下发了同意开展互联网证券业务试

点的函，这标志着我国证券行业正式加入网络金融竞争的大潮。 2014 年
9 月份和 11 月份又增加了部分券商开展互联网证券试点，2015 年 3 月又
有 20 家券商获得了证监会批准的互联网证券业务试点资格。 互联网技术
能把原先不对称、金字塔形的信息结构转化为扁平化的信息结构，最大限
度降低信息不对称程度，居民个体可在相对对称的信息结构中平等自由地
获取金融服务，互联网金融引发的交易主体、交易结构上的变化和潜在的
金融民主化使得证券行业的服务边界得以扩大。

二是引发券商传统的价值创造和价值实现方式的转变。 互联网的蓬
勃发展为证券行业带来了新的价值创造方式，网上开户和网上证券产品销
售将使得券商的地域和物理网点优势不再明显，证券佣金率有可能进一步
下降而新产品经纪业务的地位会逐步提升。 在传统金融业务模式下，券
商面对散户主要是"有什么我卖什么"；在网络金融时代，客户选择券商
的空间有所扩大，证券市场正逐渐由"卖方市场"向"买方市场"转变。
这将迫使券商经纪业务由传统通道向信用中介和理财业务终端转型，进而
改变券商的价值创造和价值实现方式。

三是完善多层次股权融资体系。 根据中国人民银行金融研究所对股
权众筹"五四三二一"方案的定位，主板市场主要服务于大型企业，中小
板和创业板服务于大中型企业，新三板服务于国内各科技园区内的中小企
业，四板服务于地方辖区内中小企业，股权众筹作为新五板通过互联网技
术手段服务于国内小微企业。 因此，互联网企业搭建股权众筹平台有利
于更好地为创新创业企业提供金融服务，发挥股权众筹融资作为多层次资
本市场有机组成部分的作用，弥补了传统直接融资体系忽略小微型初创企
业、偏向大中型企业的不足。

3. 对保险业的影响

从目前来看，网络金融发展对传统保险业的影响主要来自保险公司互
联网化带来的营销渠道改变和保险产品的创新，其影响主要体现在以下 3
个方面：

一是拓宽了保险销售渠道，降低了保险业营业成本。 传统保险销售

渠道主要由庞大的营销员团队组成的直销、保险代理和保险经纪的专业代理以及银行和垂直行业组成的兼业代理渠道三部分构成，互联网保险则是利用保险公司自建网络平台或第三方保险销售网站推销保险产品而成为保险销售的第四个渠道。与传统的3个销售渠道相比，互联网保险不需要物理网店，也无须雇佣更多的代理人、付出佣金支出，从而减少保险业营业成本。

二是促进了保险产品创新。保险公司为满足互联网时代的风险保障需求而创新了一系列保险产品。互联网的发展和普及带来了生产生活的便利，但也产生了新的与互联网经济行为相关的不确定性，从而催生新的保险需求，如现在出现的淘宝退货运费险、银行卡盗刷险、网络游戏虚拟财产损失险等。

三是专业互联网保险公司的出现改变了保险行业市场竞争格局。众安在线作为国内首家专业的互联网保险公司在2013年成立，通过互联网平台的展业模式而非建立传统的分支机构模式使得其成为我国互联网保险发展里程碑式的标杆。安心保险、易安财险、泰康在线财险等互联网保险公司的不断加入正悄然改变着保险行业市场竞争格局。

（三）对宏观金融政策的影响

1. 对货币政策的影响

网络金融的发展改变了人们的交易和支付方式，作为一种便捷高效的支付手段，第三方支付和移动支付在一定程度上执行了货币的价值尺度职能和流通手段职能，小微企业和普通消费者不通过银行等金融中介也可以直接进行货物和资金交易。以第三方支付和网络虚拟货币为代表的网络金融将从供需两方面较大程度地影响货币政策效果。

第三方支付电子货币在支付交易过程中的便捷性、高流通性和低交易成本促使支付宝、余额宝等网络金融产品部分替代了对传统货币的需求。移动支付保证了客户可以利用移动终端发送指令，在任何时间、任何地点将流动性差的高收益率资产与流动性强的电子货币相互转换，货币流通速度得到了极大提高。 根据费雪方程 $mv = pq$，在价格水平 p 和生产总量 q 保持不变的情况下，货币流通速度 v 增加会导致货币需求 m 减少。 凯恩斯的流动性偏好理论同样表明第三方支付电子货币对现金的替代性会降低货币需求，交易性需求是人们持有货币的三大需求之一，由于电子货币交易具有即时、高效的特点，电子货币可以代替部分交易动机引起的货币需求。 此外，互联网金融时代电子货币的发展不仅会对预防性现金需求产生替代，还会加速不同层次货币之间的转化，使转化成本降低，从而减少应付紧急情况而产生的预防性货币需求。

随着第三方支付和移动支付的发展，互联网企业和移动运营商的电子货币私人供给问题也随之产生。 由于自主发行的电子货币受货币当局监控不多，这在某种程度上改变了由中央银行和商业银行构成的货币供给体系，将对货币供给产生一定的影响。 不仅第三方支付和移动支付的金融商品属性模糊了货币层次，发行的虚拟电子货币还会通过替代流动中的现金和存款、降低存款准备余额使货币乘数显著扩大，货币乘数变动随机性的增强削弱了中央银行对基础货币的控制力，从而影响货币政策的有效性。 余额宝等互联网金融产品的涌现导致了理财产品替代银行存款的现象，金融脱媒使得传统货币创造过程受到影响，在基础货币不变的情况下货币乘数也将趋于复杂化，央行控制货币供给的能力面临严峻挑战。 虚拟货币理论上可能构成我国货币政策的冲击因素，但是由于中国政府对虚拟货币的严格控制，网络虚拟货币目前对我国货币供需体系的冲击仍十分有限。

2. 加速利率市场化改革步伐

从 1993 年党的十四届三中全会《关于建立社会主义市场经济体制改革若干问题的决定》提出利率市场化改革设想，到 2013 年党的十八届三中全会《关于全面深化改革若干重大问题的决定》将"加快推进利率市场化"确定为三项具体市场化改革内容之一，利率市场化改革一直以来都是我国金融改革的重中之重。 由于改革涉及面广、影响深远，中央政府对利率市场化改革的态度也十分谨慎，自上而下的利率市场化改革过程比较缓慢。 2013 年 7 月，中国人民银行全面放开金融机构贷款利率管制，取消了贷款利率的下限，由金融机构自主决定贷款利率水平，但存款利率的上限仍不得超过央行基准利率的 1.1 倍。 2015 年 10 月 23 日央行又正式宣布放开存款利率上限，这标志着利率管制基本放开。 网络金融的迅猛发展为加快存款利率市场化改革提供了契机。 网络金融对利率市场化改革的推动作用主要来自以余额宝为代表的互联网货币基金和以 P2P 为代表的网络借贷。

余额宝等互联网货币基金凭借其年化收益率远高于定期存款利率的收益率的优势挤占了一部分银行存款。 为降低存款的流失率，商业银行不得不在基准存款利率的基础上将存款利率提高到浮动区间的上限。 存款利率市场化是利率市场化改革最难攻克的核心环节之一，随着互联网货币基金销售加入与传统存款业务的竞争中，传统商业银行凭借其垄断地位长期享受较高利差收益的格局将被打破。 互联网货币基金的崛起深刻改变了传统银行主导的资金供求模式和利率形成机制，削弱了传统银行长期享受低资金成本的制度性优势，而这种改变的最终结果是银行存款利率趋近市场化的均衡利率水平、正规银行存款利率与非正规信贷利率共存的二元结构逐渐消失。

P2P 网贷则可以从资金供需两方面加速利率市场化进程。 一方面，网络借贷平台参与门槛低、渠道成本低，给储蓄者增加了存储投资机会，这在一定程度上拓展了市场化的社会融资渠道；另一方面，网络借贷凭借其信息处理优势可以针对小微企业融资需求"短、小、频、急"的特点设计个性化产品，起到弥补商业银行对小微企业信贷供给不足的作用。 在网络借贷产生之前，由于缺乏商业银行的支持，小微企业不得不以高昂利息成本在民间筹集资金，月息 2 分也只是民间借贷的起步价。 P2P 网络借贷平台的发展部分替代了高利息成本的传统民间借贷，缩小了正规银行存款利率与非正规信贷利率的差距。

3. 为金融监管带来挑战

一是"一行三会"的分业监管体制与综合经营的互联网金融企业之间

难以形成的对口管理。在现行"分业经营、分业监管"监管体制下，证监会承担证券、期货市场以及对证券业金融机构的监管职能，保监会承担对保险公司的监管职责，银监会承担对证券业和保险业以外各类金融机构的监管职责，人民银行作为中央银行承担了支付清算、反洗钱、外汇管理、银行间市场交易等功能的监管职责，各个监管部门专业分工、各司其职。不过，综合化的网络金融产品模糊了不同金融机构之间、金融机构与非金融机构之间的界限，多样化、复杂化的网络金融产品加剧了跨机构、跨市场、跨时空关联和交叉感染的金融风险。如 P2P 网络借贷就涉及银监、证监、保监 3 个领域，P2P 网络贷款可以认为是银行存贷款的替代品，也可以视为通过互联网的直接债权融资或投资人购买信用保险产品。无论是从降低监管成本来讲还是提高监管效果来讲，综合化网络金融需要"一行三会"加强统一协调或采取混业监管的模式。

二是无纸化的虚拟交易不仅突破时空限制，还模糊了金融产品的界限，这给监管机构稽核、审查资金流带来困难。第三方支付和移动支付的出现模糊了现金、活期存款、储蓄存款的界限，这增加了货币控制难度。在金融产品的网络销售中，银行理财产品、证券投资产品、基金、保险产品和信托产品完全可以通过同一个网络平台销售。

四、网络金融发展支持中国经济发展转型

无论是传统金融还是网络金融，金融的终极功能都在于优化社会资金配置、服务实体经济。金融是现代经济的核心，经济发展方式的转变、现代产业的转型离不开金融创新，网络金融的发展能够对经济转型升级起到重要的支持作用。

（一）为供给侧结构性改革营造适宜的金融生态环境

推进供给侧结构性改革，淘汰落后产能、促进新产能进入是适应和引领经济发展新常态的重大创新，是适应国际金融危机发生后综合国力竞争

新形势的主动选择，是解决供需体系结构性矛盾的必然要求。2015 年年底的中央经济工作会议提出了"去产能、去库存、去杠杆、降成本、补短板"五大供给侧结构性改革任务，网络金融对结构性改革的积极作用主要体现在去杠杆、降成本、补短板三方面。

1. 网络金融丰富直接融资工具

融资杠杆率过高往往隐藏着巨大的金融风险，债务违约风险的暴露会影响金融稳定。标准普尔 2014 年的一份研究报告显示 2013 年年底中国非金融企业债务达到 14.2 万亿美元（约占中国名义 GDP 的 130％），比美国的 13.1 万亿美元（约占美国名义 GDP 的 75％）高出 1.1 万亿美元，中国的非金融企业债务发行量约占全球总量的 30％，为全球第一。降低非金融企业债务融资的重要渠道是丰富股权融资等直接融资工具。网络金融直接面对小微企业以及个人等享受传统金融机构服务不足的需求方，通过互联网技术实现资金供需双方直接投融资。网络金融积极发展 P2P 网络借贷、股权众筹等直接融资模式有利于拓宽投融资渠道、降低社会融资杠杆率。

2. 网络金融降低企业融资成本

网络金融发展加快了利率市场化改革步伐，为供给侧结构性改革营造适宜的货币金融环境，降低企业融资成本。在网络金融迅猛发展的背景下，中央银行自 2013 年 7 月 20 日起全面放开金融机构贷款利率管制，2015 年 10 月 23 日央行又正式宣布放开存款利率上限，这标志着利率管制基本放开。田国强（2014）认为网络金融降低了融资交易成本，尤其是会大大解决中小微企业融资难的问题。当然也有一些学者认为阿里巴巴等互联网企业参与金融市场后，现实社会中的资金成本在不断提高，网络金融发展能否促进中国信贷市场改革和发展仍值得质疑。华民（2014）认为第三方支付系统给消费者利用闲置资金进行理财提供了平台，以高于银行存款的收益率来吸取更多的消费者闲置资金，银行短期存款向第三方支付系统的转移的代价是商业银行不得不从同业拆借市场融资，由此导致银行资金成本的提高，必定会通过信贷渠道传递到下游的实体企业，进而引起全社会资金成本的提高，一个正常的信贷市场甚至可能演变为一个高利贷市场。

3. 网络金融补齐小微企业金融服务不足的短板

小微企业在稳定增长、扩大就业、促进创新、繁荣市场和满足社会需求等诸多方面发挥着极为重要的作用，但小微企业享受的金融服务与其对国民经济的贡献相比仍不相符。 直接融资比例过低、融资渠道过窄也已成为制约我国小微企业成长的"短板"。 阿里巴巴集团董事局主席马云（2013）认为中国的金融行业特别是银行业只服务了20％的客户，而80％的企业没有得到金融业的服务，用新的思想和技术去服务好未享受到传统金融业服务的80％企业可以激发出其巨大的经济发展潜力，而网络金融的发展满足小微企业"短、小、频、急"的融资需求，补齐小微企业金融服务不足的短板。

（二）助推创新、协调、绿色、开放、共享发展

党的十八届五中全会提出了"创新、协调、绿色、开放、共享"五大发展理念。 这五大发展理念是中国网络金融发展的思想指引，同时，网络金融的发展壮大也必将成为创新发展、协调发展、共享发展的助推器。

1. 网络金融与创新发展

国务院2015年3月颁布的《关于发展众创空间推进大众创新创业的指导意见》提出要加快构建众创空间、降低创新创业门槛、为创新型企业提供综合金融服务。 中国经济结构转型的一个重要问题是金融市场未能有效地支持那些创新能力强、经营效率高的民营企业，尤其是初创型小微企业。 在传统银行体系下，由于初创型小微企业资信数据不齐全，银行出于谨慎性考虑而拒绝向小微企业贷款。 网络金融对促进小微企业发展和扩大就业发挥了现有金融机构难以替代的积极作用，为大众创业、万众创新打开了大门。 P2P网络借贷的发展使得融资风险得以由众多债权人分

担，加上大数据、云计算等互联网技术手段，能够在一定程度上对资金需求者的信用状况做出判断，破解征信记录缺失这个造成中小微企业融资难的症结。　另外，股权众筹将成为中国资本市场的新五板，丰富多层次资本市场结构，因而股权众筹平台将成为初创企业孵化器。　在 P2P 网络借贷、股权众筹等网络金融平台的助推下，我国新的创业热潮已经开始形成，2014 年新登记注册市场主体达到 1293 万户，其中新登记注册企业增长 45.9％。

2. 网络金融与协调发展

增强发展协调性，必须坚持区域协同、城乡一体原则，在协调发展中拓宽发展空间，在薄弱领域中增强发展后劲。　网络金融对协调发展的积极作用主要体现在城乡协调发展方面。　网络金融发展可以为打赢精准扶贫、精准脱贫攻坚战提供金融支持，促进城乡协调发展。　由于信用无法被评估，农民难以从传统金融机构获得信用贷款，金融扶贫的社会功能不强。　而"旺农贷"等网络金融只要求符合条件的申请人开通一个支付宝账号，提供土地、房屋等相关资料证明，不用抵押和担保便可以申请到 6 个月、12 个月和 24 个月等不同还款期限的 1000 元至 50 万元的贷款，起到帮助农民创业、助力精准扶贫的积极作用。

根据《中国农村金融服务报告》的数据，截至 2014 年年底，中国金融机构本外币农村贷款余额为 19.4 万亿元，占各项贷款余额比重不到23％，农村村镇银行县域覆盖率仅为 54％，大量农村地区缺乏基本的金融服务。　针对这样的问题，网络金融机构可以选择和涉农机构合作，基于合作伙伴、电商平台等沉淀的大数据信息了解农民信用水平并给予相应的授信额度。　如蚂蚁金服旗下网商银行面向农民用户的"旺农贷"是阿里巴巴集团推出的面向农村农户的互联网小额贷款产品，为农村的种养殖者、小微经营者提供纯信用小额贷款服务。　截至 2016 年 2 月底，"旺农贷"已经覆盖全国 24 个省 139 个县的 2425 个村庄，农民户均贷款支用金额 4.4 万元。

3. 网络金融与绿色发展

绿色发展不仅是一种环境治理手段，也是协调经济发展与资源节约、环境保护关系的制度安排，是国家经济发展新模式的重要组成部分。 在促进绿色发展方面，蚂蚁金服正在积极搭建绿色金融体系，开发绿色金融工具，推动消费者和投资者对绿色金融的广泛参与，推动绿色经济的发展和全社会绿色生活方式的普及。 根据蚂蚁金服的测算，支付宝的普及大大降低了单据和各种缴费业务的纸质耗材，2015 年完成的支付宝业务相当于减少二氧化碳排放量 57.3 万吨，也相当于多种了 573 万棵树。 另外，通过向农村提供节能型车辆购置融资、为菜鸟物流合作伙伴提供优惠信贷支持、更换环保电动车等方式，蚂蚁金服旗下的网商银行也致力于绿色信贷，用金融工具推动绿色生产和绿色生活。

4. 网络金融与开放发展

引进来和走出去并重是统筹国际与国内两个市场、两种资源、两类规则的有效途径。 网络金融在中国的异军突起是国内互联网企业充分吸收国外互联网金融模式的结果，积极推进互联网金融企业走出去、将网络金融模式更大范围地服务于世界各国居民也是中国对普及普惠金融的贡献。蚂蚁金服从 2014 年就开始在日本、韩国、新加坡、美国、欧盟和澳大利亚等国家拓展海外金融服务，支付宝已接入近 6 万个海外线下商户。 蚂蚁金服投资的印度 Paytm 公司通过利用蚂蚁金服和支付宝的标准和技术让印度 1.22 亿用户获得移动金融服务，并已经成为全球第四大电子钱包。

5. 网络金融与共享发展

"十三五"规划建议指出"共享是中国特色社会主义的本质要求。 必须坚持发展为了人民、发展依靠人民、发展成果由人民共享，作出更有效的制度安排，使全体人民在共建共享发展中有更多获得感，增强发展动力，增进人民团结，朝着共同富裕方向稳步前进"。 聚焦于长尾市场的网络金融降低了金融服务门槛，使得原本不能享受金融服务的人群也享受到

金融服务。 范文仲（2014）认为随着 P2P 网络借贷和股权众筹等新金融
方式的出现，富有创造力的无产者可以方便地从互联网金融平台获取创业
资金，创业成功后可转变为自由的富有阶层，摆脱资本的奴役；社会中产
阶层则既可能是互联网金融的借贷方，也可能是互联网金融的投资方，不
同投资项目间的身份转换扩大了中产阶层财富增长空间；资金富裕阶层可
以利用闲散资金进行广泛的社会投资，参与社会经济发展成果的分享。
因此，在互联网金融新时代，对不同社会阶层的划分在资源高效分配转换
的时代已经弱化，从这个意义上讲，互联网金融创新可以为消除社会不平
等提供一条稳健和科学的道路，是实现共享发展的一条重要途径。

第三章
全球视角下的中国网络金融

2013 年，阿里巴巴推出的余额宝产品引发了国内针对网络金融的大讨论。 讨论的焦点集中于网络金融的定义、网络金融产生的原因、网络金融的影响和网络金融监管等方面。 关于网络金融的定义，目前存在两种观点。 一种认为网络金融是依托于互联网而展开的各种金融交易活动的总称，包括传统金融机构的互联网化和新兴互联网机构金融化两个方面（张扬，2015）。 另一种观点认为网络金融就是互联网技术和金融功能的有机结合，依托大数据和云计算在开放的互联网平台上形成的功能化金融业态及其服务体系，包括基于网络平台的金融市场体系、金融服务体系、金融组织体系、金融产品体系以及网络金融监管体系等，并具有普惠金融、平台金融、信息金融和碎片金融等相异于传统金融的金融模式（皮天雷和赵铁，2014）。 第一种观点认为广义或宽泛意义上的网络金融即包括"金融互联网化"，也包括"互联网金融化"（吴晓求等，2015）。 第二种观点则认为"互联网金融化"才是真正意义上的网络金融，即狭义的网络金融（马云，2013；罗明雄等，2013；吴晓求等，2015）。

无论是广义的网络金融还是狭义的网络金融，都在中国取得了快速的发展。 互联网金融协会、互联网金融指数、互联网金融法规、互联网金融课程、互联网金融专业、互联网金融研究院等新生事物的出现都预示着中国似乎即将进入一个新金融时代。那么,中国网络金融行业的主要特点是什么? 中国网络金融快速发展的动因是什么? 这些问题是我们所关心的。因此,本章首先基于全球视角分析中国网络金融的典型特征,然后分别从需求和供给的角度分析中国网络金融快速发展的原因。

一、中国网络金融发展现状

我们通过对比中国与世界网络金融在形式、创立时间、行业规模、增长速度以及受重视程度等方面的情况,来梳理和归纳中国网络金融发展的典型特征。

(一)形式多样

1.网络金融形式多样,业态完整

1995 年 2 月,美国的 InsWeb 公司率先通过互联网为公众提供金融服务,标志着世界第一家网络金融平台的诞生。中国最早的网络金融平台是 1998 年 5 月通过互联网为客户提供金融服务的青海证券。(如表 3-1 所示)

表 3-1　中国网络金融形式演进情况

类　型	1998 年	1999 年	2004 年	2006 年	2009 年	2011 年	2014 年	2015 年
第三方支付		环迅支付	支付宝					
P2P				宜信	红岭创投			
众筹						点名时间	京东众筹	
理财			东方财富网				余额宝	
网络银行		招商银行						
网络证券	青海证券							
网络保险		中德安联						
信用评级							芝麻信用	
网络门户						融 360		

注:资料来源于相关网络金融平台主页和姚文平(2014)。

　　表 3-1 展示了各主要网络金融形式在中国的诞生时间及其代表公司。可以看出，随着时间的推移，中国的网络金融形式趋于多样，网络金融业态逐渐完整。1998 年，中国的网络金融形式只有网络证券一种。而 1999 年，中国的网络金融又新增网络银行、网络保险和第三方支付三种形式。随后，中国的网络金融形式陆续向 P2P、众筹和信用评级等形式扩展。目前，中国的网络金融形式基本可以划分为如下三类：银行信托类、证券保险类和基础设施类（见图 3-1）。其中，银行信托类包含电商小贷（例如阿里小贷）、信托与消费金融（例如余额宝）、网络银行（例如浙江网商银行）和 P2P（例如红岭创投）；证券保险类包含股权众筹（例如蚂蚁达客）、网络保险（例如众安在线）和网络基金（例如数米基金）；基础设施类包含网络支付（例如支付宝）、信用评级（芝麻信用）、技术基础（例如恒生聚源）和门户网站（例如融 360）。

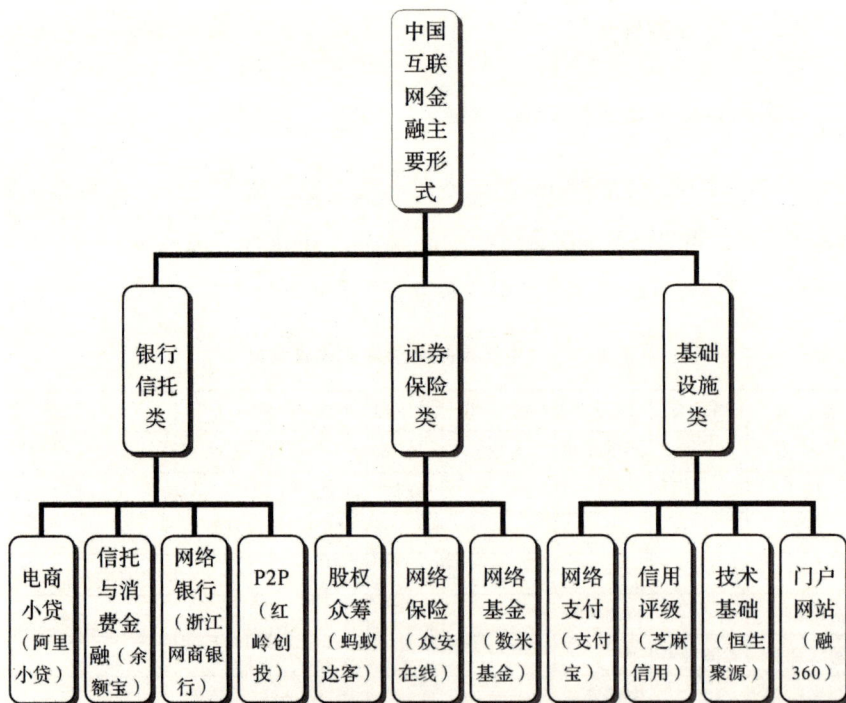

图 3-1　中国主要网络金融形式及其代表公司

2. 网络金融形式由"金融互联网化"向"互联网金融化"转变

由表 3-1 可以看出,中国早期的网络金融形式主要表现为传统金融机构借助互联网技术和平台为客户提供金融服务(如青海证券、招商银行),属于典型的"金融互联网化"。而后期的网络金融形式则主要表现为互联网公司借助互联网技术和平台为客户提供金融服务(如支付宝、余额宝和宜信等),属于典型的"互联网金融化"。

吴晓求等(2015)认为广义或宽泛意义上的网络金融既包括"金融互联网化"也包括"互联网金融化"。张扬(2015)也认为网络金融是依托互联网而展开的各种金融交易活动的总称,包括传统机构的互联网化和新兴互联网机构金融化两个方面。当然,也有学者认为"互联网金融化"才是真正意义上的网络金融,即狭义的网络金融(马云,2013;罗明雄等,2013;吴晓求等,2015)。虽然人们在网络金融的定义方面存在争议,但是却基本都认同"金融互联网化"与"互联网金融化"之间存在明显区别。姚文平(2015)对二者之间的差异进行了比较全面地归纳总结。我们在姚文平(2015)的基础上进行了补充和调整,得到表 3-2。

表 3-2 "互联网金融化"与"金融互联网化"之间的差异

比　较　项	互联网金融化	金融互联网化
发起方	新兴互联网公司	传统金融机构
发展理念与思维方式	互联网理念与思维	传统理念与思维
管理方式	自由、社区、引导	管理、等级、督促
组织架构	相对独立、多变	附属、分支、稳定
导向	客户需求导向	自我导向
客户群体	开放、年轻	保守、稳健
客户体验	便捷、快速、互动	繁琐、缓慢、单向
标准化	程度低	程度高
交易金额与频率	金额小、频率高	金额大、频率低
价格策略	免费、低价	高价
信息	对称、透明	不对称、不透明

比 较 项	互联网金融化	金融互联网化
去中介化	是	否
新技术运用	快	慢
安全性	相对弱	相对强
模式	多样	单一
监管体系	不健全	健全

注:本表在姚文平的研究(姚文平:《互联网金融:即将到来的新金融时代》,第21页,表1-6)的基础上进行了补充和调整。

3. 网络金融形式主要源于借鉴和模仿

对比表 3-1 和表 3-3,我们可以发现,中国出现的主要网络金融形式在国外均有出现,并且中国的各种网络金融形式均出现于国外之后。 可见,中国的网络金融形式主要源于对国外形式的模仿。 例如,中国的青海证券源于对美国嘉信(Charles Schwab)的模仿;支付宝源于对美国 PayPal 的模仿;宜信源于对美国 Lending Club 的模仿。 事实上,即便是在网络金融的互联网基础方面,中国的互联网技术和思维模式也主要依赖于对发达国家的模仿。 例如,淘宝模仿 ebay,百度模仿 Google,腾讯模仿 ICQ 等。

表 3-3 世界网络金融形式演进情况

类 型	1995 年	1996 年	1998 年	2005 年	2007 年	2009 年
第三方支付			Eway* Paypal			
P2P				Zopa*	Lending Club	
众筹						Kickstarter
理财		BankRate				
网络银行	SFNB					
网络证券		Scottrade				
网络保险	InsWeb					
信用评级					Credit Karma	
网络门户			eHealth			

注:资料来源于相关网络金融平台主页和姚文平(2014)。 *代表非美国公司,Eway 创始于澳大利亚,Zopa 创始于英国。

　　中国的网络金融形式依赖于模仿其他国家的主要原因在于中国已经习惯于利用发展中国家的后发优势。 后发优势是指，发展中国家可以利用其与发达国家之间存在的巨大技术差距，通过引进技术的方式，来加速发展中国家的技术变迁，从而实现经济的快速发展。 （林毅夫，2003）林毅夫（2005）认为，由于发达国家处于技术前沿，所以它们只能通过自主研发的方式实现技术创新；而对于发展中国家来说，引进和模仿发达国家的先进技术是一种成本更为低廉的技术进步方式。 改革开放以来，中国之所以能够实现经济高速发展，主要是由于充分利用了后发优势。 （林毅夫，2013）利用后发优势所带来的巨大收益进一步强化了模仿的路径依赖性。

（二）增速领先

　　虽然中国的网络金融形式主要源于模仿，但是这些被模仿的网络金融形式在中国却实现了迅猛增长。 不但中国网络金融交易规模的增长速度快于世界水平，而且有些网络金融形式的交易规模也高于其他国家。 因为网络支付、P2P和众筹是网络金融的典型代表，所以我们分别以这三者为例来进行中国与世界的对比。

1. 网络支付增速世界第一

　　图 3-2 展示了 2012—2013 年世界排名前十的国家（或地区）的非现金交易规模及其增长率。 非现金交易包括电子支付和网络支付等方式。 可以看出，美国的非现金交易规模遥遥领先于其他国家；排名第二的欧元区的非现金交易规模虽然与美国有较大差距，但仍然明显高于其他非美国国家；中国的非现金交易规模排在第六位，与英国和韩国较接近。 根据《世界支付报告 2015》（*World Payments Report* 2015）的估计，中国 2014 年的非现金交易规模排名世界第五位。

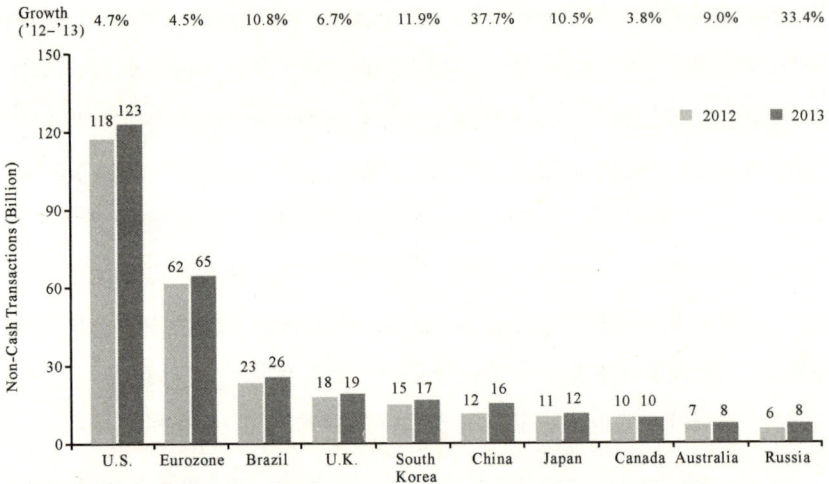

图 3-2　2012—2013 年世界前十大市场非现金交易规模(十亿美元)

资料来源:*World Payments Report 2015*。

　　图 3-3 展示了 2009—2013 年世界主要国家的人均非现金交易规模。可以看出,由于中国人数众多,所以尽管中国的总体非现金交易规模排在世界前列,但是人均非现金交易规模却排在样本国家最后一名(中国的趋势线位于图中最下方)。 不过,虽然中国的非现金交易规模与发达国家存在较大差距,但是中国非现金交易规模的增长速度却位于样本国家第一位。 中国总体非现金交易规模和人均非现金交易规模的增长速度在 2013 年均达到 37%的水平,远远超过发达国家。

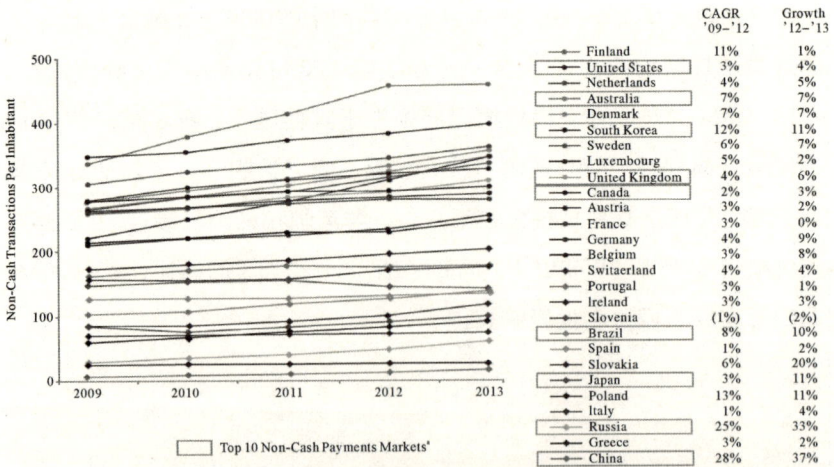

图 3-3　2009—2013 年主要国家人均非现金交易规模

资料来源:*World Payments Report 2015*。

由于网络支付是构成非现金交易的重要组成部分,所以下面我们分别对中国的网络支付和第三方支付进行考察。 图 3-4 显示,近年来中国网络支付用户规模随着网民规模的增长而迅速增长,且中国网络支付用户的增长速度总是高于网民的增长速度。 2013 年中国网络支付用户的增长速度超过 40%,高于同期的中国非现金交易规模增速。 2014 年,中国网民规模达到 6.49 亿人,而网络支付用户规模则达到 3.04 亿人,不到网民规模的 50%。 可见,中国网络支付用户规模以及网络支付金额均有巨大的提升空间,未来仍将保持高速增长。

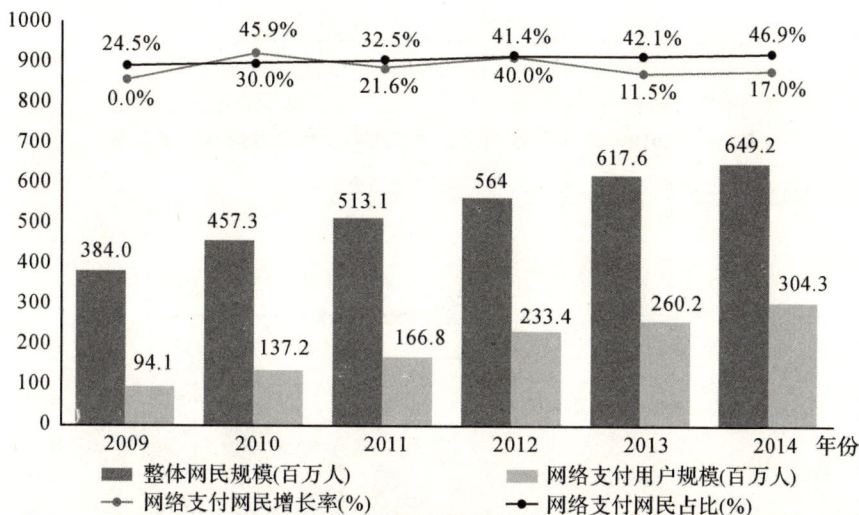

图 3-4　2009—2014 年中国整体网民和网络支付用户规模及增长率

资料来源于艾瑞咨询:《2015 年中国电子支付行业研究报告》。

网络支付既包括网银支付,也包括第三方网络支付。 网银支付属于"金融互联网化",而第三方网络支付则属于"互联网金融化"。 图 3-5 和图 3-6 分别展示了中国第三方网络支付和移动支付的交易规模和增长率(2015 年开始为预测值)。 可以看出,中国第三方支付交易规模的增长速度较快,并且第三方移动支付的增速快于第三方网络支付的增速。

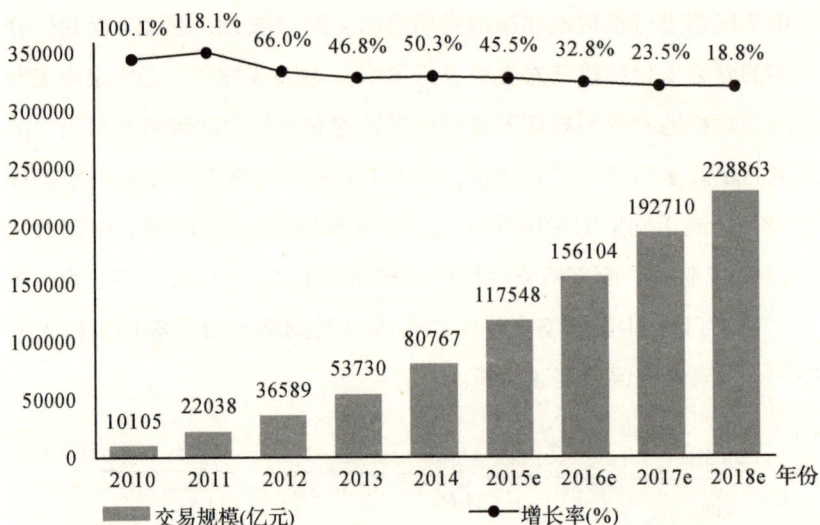

图 3-5　2010—2018 年中国第三方互联网支付交易规模及增长率

资料来源于艾瑞咨询:《2015 年中国电子支付行业研究报告》。

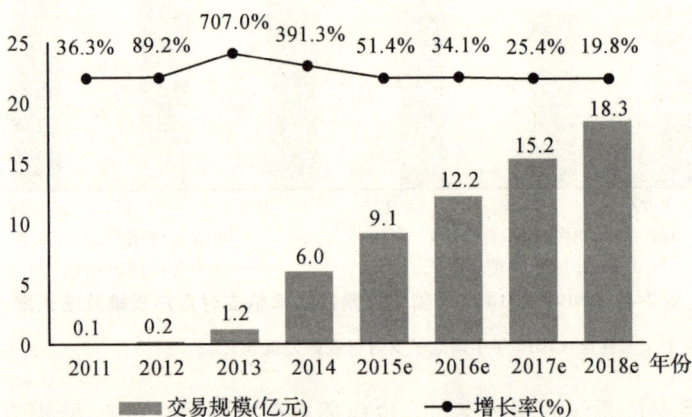

图 3-6　2011—2018 年中国第三方移动支付交易规模及增长率

资料来源于艾瑞咨询:《2015 年中国电子支付行业研究报告》。

2. P2P 行业规模和增速均领先全球

全球第一家 P2P 平台是 2005 年诞生于英国的 Zopa。不过随后诞生于美国的 Lending Club 却更具影响力。Lending Club 不但是全球最大的 P2P 借贷平台,也是全球第一家上市的 P2P 平台。

目前，中国、美国和英国是世界排名前三的 P2P 借贷市场。 2014
年，中国 P2P 借贷规模达到 2528 亿人民币，位列世界第一；美国 P2P 借
贷规模为 366 亿人民币，位列第二；英国 P2P 借贷规模为 153 亿人民币，位
列第三（见图 3-7）。 2014 年，中国 P2P 借贷规模分别为美国和英国的 6.9
倍和 16.5 倍。 从交易规模角度来看，中国遥遥领先于世界其他国家。

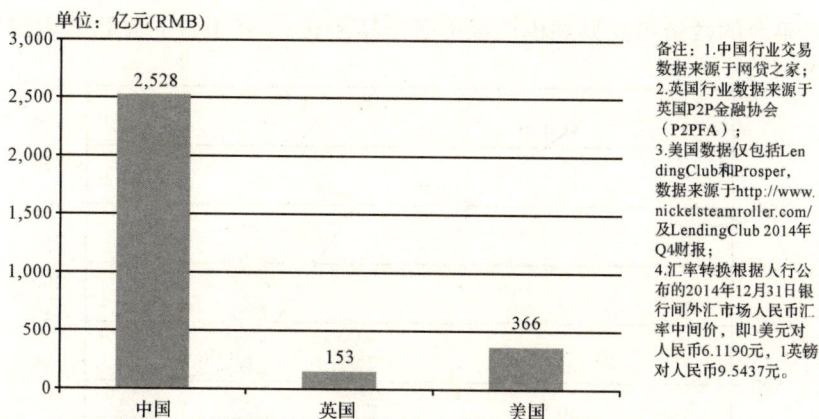

单位：亿元(RMB)

备注：1.中国行业交易数据来源于网贷之家；
2.英国行业数据来源于英国P2P金融协会（P2PFA）；
3.美国数据仅包括LendingClub和Prosper,数据来源于http://www.nickelsteamroller.com/及LendingClub 2014年Q4财报；
4.汇率转换根据人行公布的2014年12月31日银行间外汇市场人民币汇率中间价，即1美元对人民币6.1190元，1英镑对人民币9.5437元。

图 3-7　2014 年中美英 P2P 行业交易量

资料来源于刘思平：《一篇文章读懂全球 P2P 行业现状》，E 金融，2015 年 3 月 7 日。

2014 年，虽然中国 P2P 行业交易规模位列世界第一，但是中国最大
的 P2P 平台（红岭创投）的交易规模仅位列世界第九（见图 3-8）。 交易

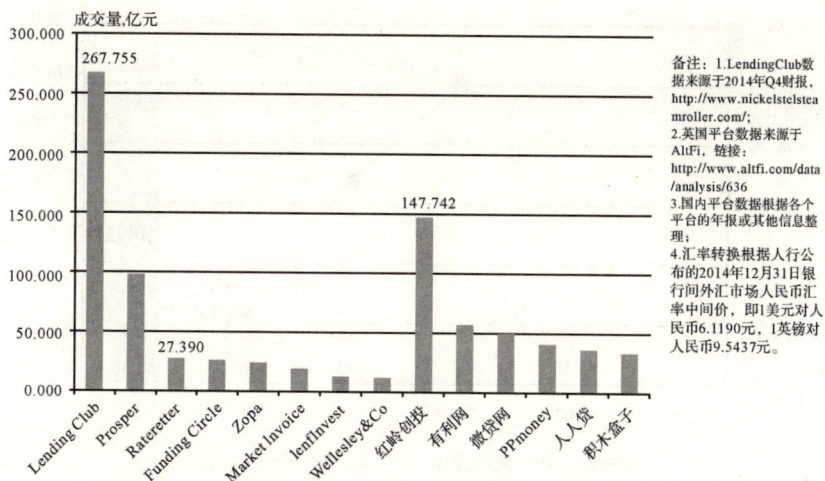

成交量,亿元

备注：1.LendingClub数据来源于2014年Q4财报，http://www.nickelstelsteamroller.com/;
2.英国平台数据来源于AltFi, 链接：http://www.altfi.com/data/analysis/636
3.国内平台数据根据各个平台的年报或其他信息整理；
4.汇率转换根据人行公布的2014年12月31日银行间外汇市场人民币汇率中间价，即1美元对人民币6.1190元，1英镑对人民币9.5437元。

图 3-8　2014 年全球主要 P2P 平台交易量

资料来源于刘思平：《一篇文章读懂全球 P2P 行业现状》，E 金融，2015 年 3 月 7 日。

量排名世界前两位的 P2P 平台分别是美国的 Lending Club 和 Prosper。这两家平台的年交易量超过美国 P2P 行业总体交易量的 90%。

图 3-9 和图 3-10 分别展示了中国历年 P2P 运营平台数量和交易规模。中国 P2P 运营平台由 2010 年的 10 家增长到 2015 年的 2595 家；P2P 平台交易量由 2011 年的 31 亿元增长到 2015 年的 9823 亿元。可以看出，中国 P2P 平台的数量和交易规模均经历了迅猛增长。其中，中国 P2P 运营平

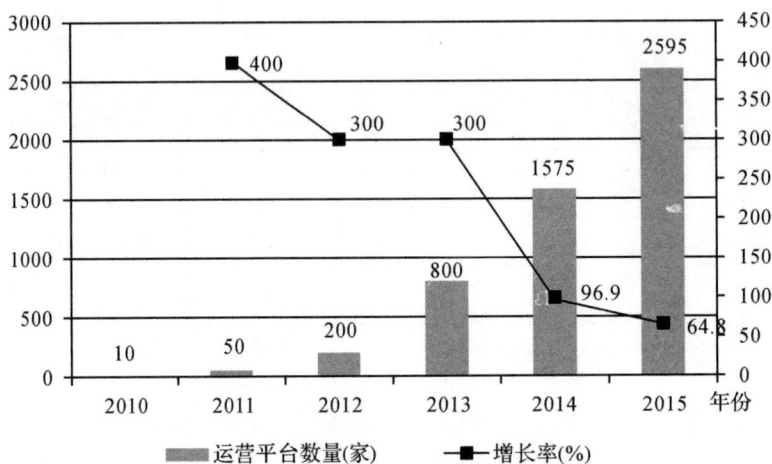

图 3-9　中国历年 P2P 运营平台数量及增长率

资料来源：网贷之家、盈灿咨询。

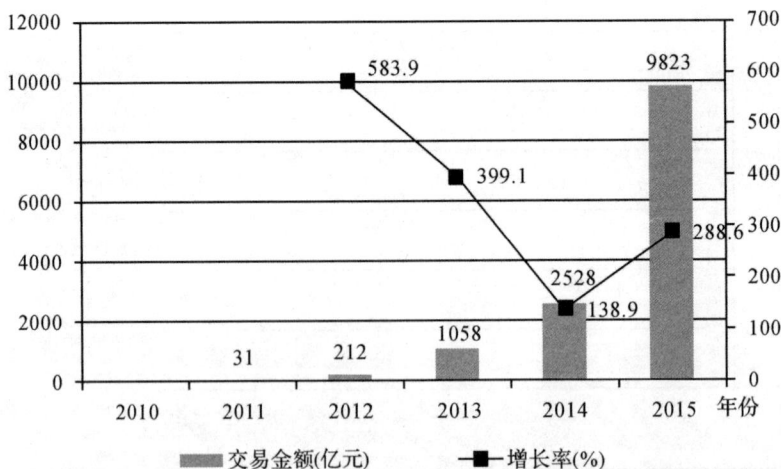

图 3-10　中国历年 P2P 平台成交金额及增长率

资料来源：网贷之家、盈灿咨询。

台数量年均增长 232％，平台交易规模年均增长 353％。 而同期 Lending Club 的交易规模的年均增长率仅能维持在 100％以上的水平（国信证券，2014）。

3. 众筹行业增速领先世界，全球影响力持续提高

众筹于 2009 年创始于美国，以 Kickstarter 为代表。 随后，创始于 2011 年的点名时间标志着中国众筹行业的诞生。 图 3-11 和图 3-12 分别展示了世界和中国历年众筹平台数量及增长率。

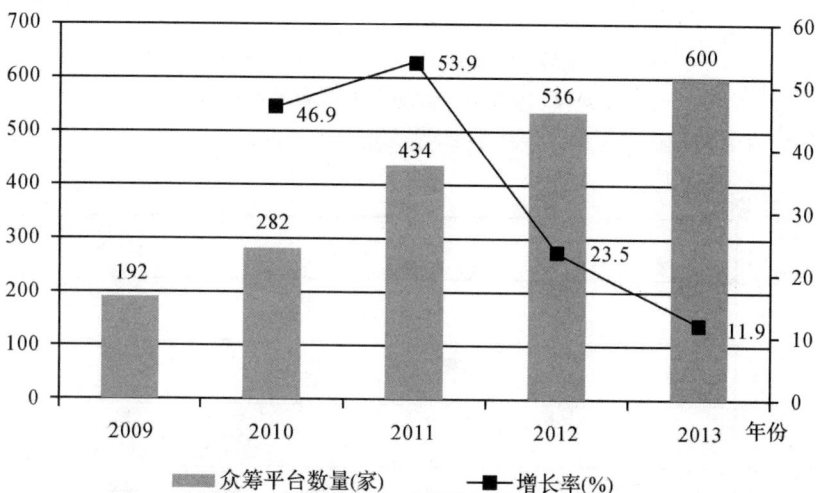

图 3-11　世界历年众筹平台数量及增长率

资料来源：Massolution、中信建投证券研究发展部。

图 3-11 显示，全球众筹平台数量由 2009 年的 192 家增长至 2013 年的 600 家，累计增长 212.5％，年均增长率为 34.1％。 根据 Statista 的统计，2012 年全球 536 家众筹平台当中，美国拥有 191 家，占全球总数的 35.6％，排名第一；其次是英国的 44 家；荷兰拥有 29 家，位列第四。

中国众筹平台数量由 2012 年的 4 家增长至 2015 年的 283 家，累计增长 6975％，年均增长率达到 371.3％。 2012 年中国众筹平台数量仅占世界的 0.7％，行业影响力微不足道；而 2013 年中国众筹平台数量已经接近世界的 5％，影响力迅速提高。 由于中国众筹平台数量的增长率远高于世界水平，所以中国众筹的世界影响力将持续上升，并终将超过美国，成为

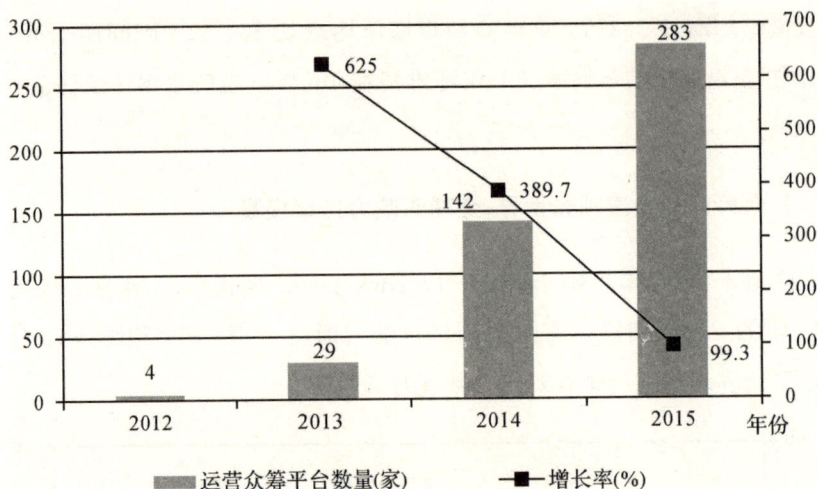

图 3-12　中国历年众筹平台数量及增长率

资料来源于盈灿咨询:《2015 年全国众筹行业年报》和 Statista。

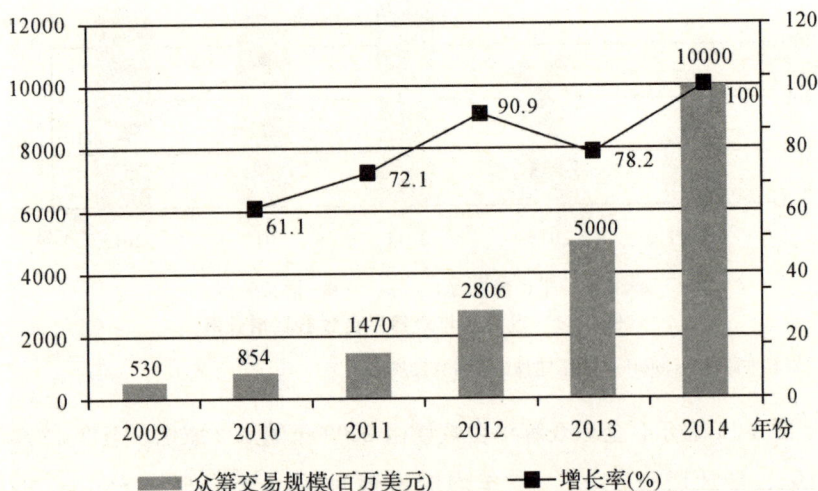

图 3-13　世界历年众筹平台交易规模及增长率

资料来源:Massolution、中信建投证券研究发展部和 Statista。

世界第一。

图 3-13 和图 3-14 分别展示了历年来世界其他国家和中国众筹交易规模及其增长率。 全球众筹行业的交易规模从 2009 年的 5.3 亿美元增长至 2014 年的 100 亿美元,累计增长 1786.8%,年均增长率为 80.5%,且增长率仍然呈现上升态势。

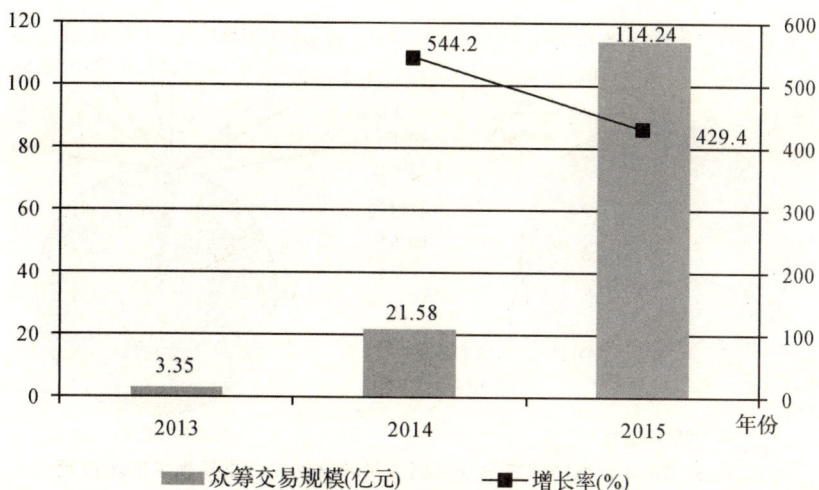

图 3-14　中国历年众筹平台交易规模及增长率

资料来源于盈灿咨询:《2015 年全国众筹行业年报》。

中国众筹行业交易规模从 2013 年的 3.35 亿人民币增长至 2015 年的 114.24 亿人民币,累计增长 3310.1%,年均增长率达到 486.8%。 虽然中国众筹行业交易规模占世界比重不高,但是其增长率远高于世界水平。因此,中国众筹行业的世界影响力将越来越强。

(三)竞争不足

中国的网络金融市场呈现出非完全竞争的市场结构。 尤其是"互联网金融化"的网络金融市场呈现出较明显的寡头垄断特征。 例如,2014年第三方互联网支付市场中,支付宝市场份额接近 50%,然后是财付通,市场份额接近 20%。 这两家支付平台的市场份额接近 70%,形成明显的双寡头垄断结构(见图 3-15)。 同年,中国第三方移动支付市场中,支付宝市场份额超过 80%,接近完全垄断市场结构。

再来看众筹市场。 2014 年中国权益类众筹市场中,京东众筹以 31.6%的市场份额位列第一;其次是众筹网和淘宝众筹,市场份额分别为 11%和 8.9%(见图 3-16)。 所以,中国众筹行业也呈现出较明显的寡头垄断特征。

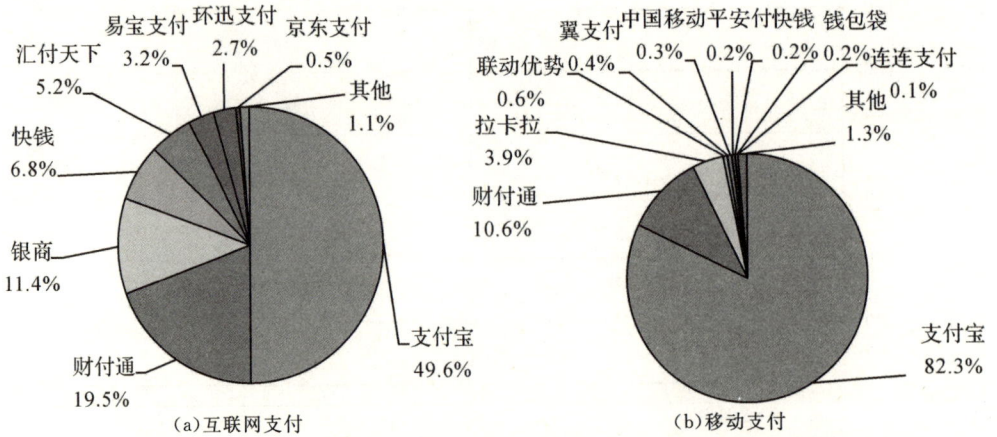

(a)互联网支付　　(b)移动支付

图 3-15　2014 年中国第三方互联网支付和移动支付交易规模市场份额

资料来源于艾瑞咨询:《2015 年中国电子支付行业研究报告》。

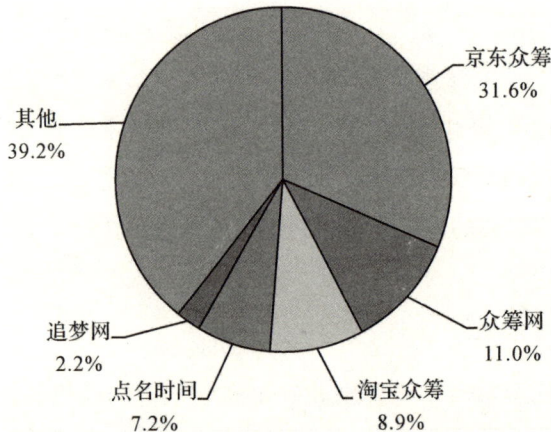

图 3-16　2014 年中国权益类众筹行业融资规模市场份额

资料来源于艾瑞咨询:《2015 年中国权益众筹市场研究报告》。

图 3-17 展示了中国 P2P 行业近 30 日成交量前 10 名（数据截至 2015 年 12 月 11 日）。 图中显示，红岭创投以 99 亿元的交易规模排名第一，且交易规模远超其他平台。 但是由于 2015 年中国 P2P 行业拥有 2500 多家平台，所以该行业的垄断程度可能没有人们想象的那么高。 根据网贷之家的统计数据，2016 年 1 月中国 P2P 行业总体交易规模为 1303.94 亿元；而同期红岭创投的交易量为 80.54 亿元，仅占行业市场份额 6.2%。 以上数据说明中国 P2P 行业的市场结构更接近于垄断竞争。 垄断竞争市场结构相较于寡头垄断而言，竞争性更强，垄断性更弱。

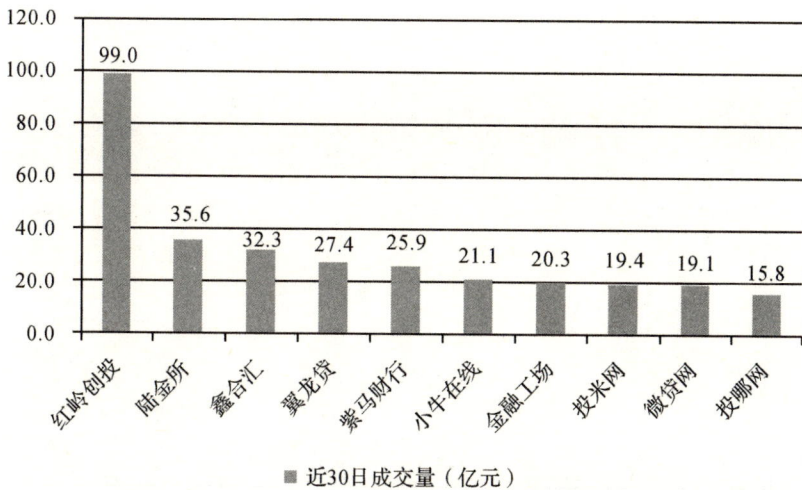

图 3-17 中国 P2P 行业近 30 日成交量前 10 名(数据截至 2015 年 12 月 11 日)

资料来源:网贷之家。

(四)监管滞后

中国的网络金融起始于 1998 年。 然而早期的网络金融属于金融互联网化,其主要特征表现为传统金融业务在互联网平台上的延伸,所以其监管和风控体系相对较为完善。 但是自 2004 年中国正式进入互联网金融化阶段开始,互联网企业不断借助互联网技术、平台和思维绕开金融牌照限制进入金融服务行业。 中国针对这类新生金融业态的监管则稍显滞后。中国政府对网络金融的态度经历了由"放任"到"审慎监管"的转变。 早期的放任态度为网络金融创造了极为宽松的生长环境,致使中国网络金融呈现出野蛮生长的态势,从而引发了较大的金融风险。

以 P2P 行业为例,问题平台数量自 2013 年开始呈现爆发式增长,由 2013 年的 76 家增长至 2015 年的 896 家(见图 3-18)。 2015 年,896 家问题平台中有 55%的平台直接跑路(见图 3-19)。 该年也被媒体称为 P2P 平台跑路年,各种奇葩的跑路公告不绝于耳。 2016 年 1 月,中国 P2P 行业累计问题平台数量上升至 1351 家。 同时,众筹行业也出现了一定数量的问题平台。 2015 年全国共有正常运营众筹平台 283 家(不含测试上线平台),有 40 家众筹平台倒闭(平台网站无法打开时间超过 30 天),26 家众筹平台转型（见图 3-20）。倒闭和转型原因多为平台规模小，资源上无法与巨头平台竞争，且又未及时调整细分方向、做出自身特色业务，以及在一系列监管政策出台后平台产生了迷茫，导致经营难以为继（盈灿咨询，2016）。

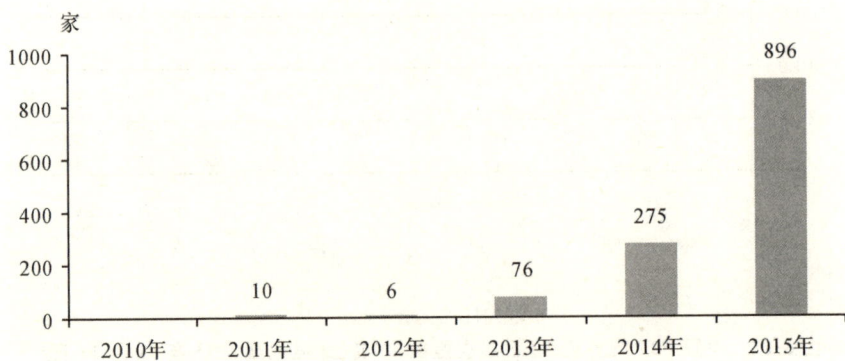

图 3-18　中国历年 P2P 问题平台数量

资料来源：网贷之家、盈灿资讯。

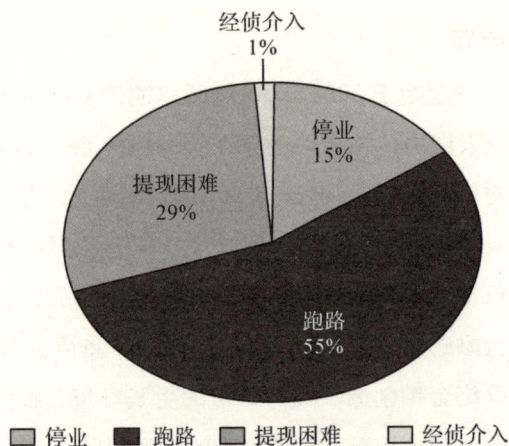

图 3-19　2015 年中国 P2P 问题平台事件类型

资料来源：网贷之家、盈灿资讯。

网络金融风险的爆发促使中国政府转变态度，实施审慎监管。2015年7月18日，由央行等十部委联合发布的《关于促进互联网金融健康发展的指导意见》，填补了网络金融监管上法律法规的空白，标志着中国网络金融进入规范发展阶段。从此，中国 P2P 和众筹行业告别无监管时代。2015年8月6日，最高人民法院召开新闻发布会，发布了《最高人民法院

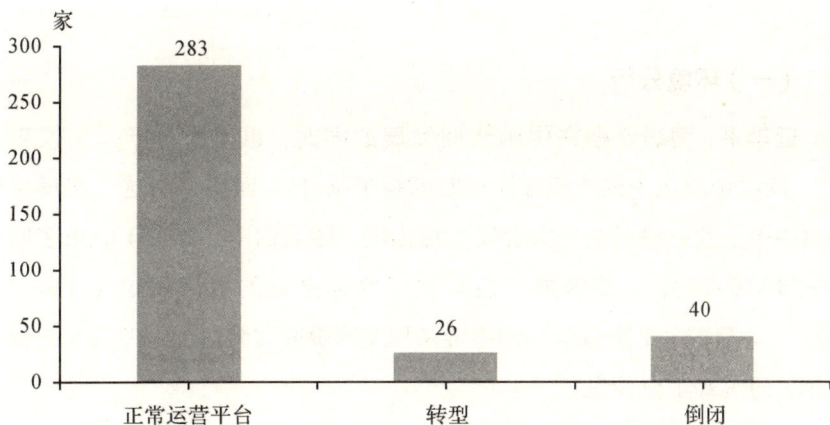

图 3-20　2015 年中国正常、转型及倒闭众筹平台数量

资料来源:盈灿资讯。

关于审理民间借贷案件适用法律若干问题的规定》,首次明确了 P2P 担保责任(盈灿咨询,2016)。 2015 年 8 月 7 日,证监会下发《关于对通过互联网开展股权融资活动的机构进行专项检查的通知》及《中国证监会致函各地方政府规范通过互联网开展股权融资活动》,对线上股权融资活动进行清整,进一步规范权益众筹市场(盈灿咨询,2016)。 2015 年 12 月 28 日,银监会会同工业和信息化部、公安部、国家互联网信息办公室等部门研究起草的《网络借贷信息中介机构业务活动管理暂行办法(征求意见稿)》正式发布,并向社会公开征求意见,标志着 P2P 行业监管细则即将出台(盈灿咨询,2016)。

二、网络金融在中国快速发展的主要原因

虽然中国的网络金融形式主要源于模仿国外,但是网络金融在中国的发展规模(尤其是 P2P)、发展速度以及受重视程度均超过国外。 那么,为什么网络金融在中国能够大发展? 想要回答这一问题,我们需要分别从生长环境、需求侧和供给侧 3 个角度进行分析。 因为中国的网络金融市场繁荣意味着网络金融市场交易规模较大,也意味着中国存在较好的网络金融生长环境、较高的网络金融需求和供给。

（一）环境分析

近年来，网络金融在中国快速发展的同时，也引发了巨大争议和关注。 网络金融在中国的受重视程度远高于国外。 网络金融这一名词最早是由中国企业家马云在一次会议上提出的，随后谢平（2012）给出了网络金融最早的定义。 而国外并没有关于网络金融的提法和定义（陈宇，2014）。 目前，中国每年与网络金融相关的研究文献达到数千篇，而国外的相关研究却十分少见。

2015年7月4日，《国务院关于积极推进"互联网＋"行动的指导意见》正式公开发布。 在"互联网＋"普惠金融部分，该意见提出全面促进网络金融健康发展，支持金融机构和互联网企业依法合规开展网络借贷、网络证券、网络保险、互联网基金销售四大业务，并充分发挥保险业在防范网络金融风险中的作用。 这意味着，网络金融作为"互联网＋"的重要组成部分，正式升级为国家重点战略。 在国家的大力倡导下，各地方政府也纷纷出台鼓励和规范网络金融发展的政策和办法，创造和建设有利于网络金融发展的软硬条件，在网络金融企业和平台中开展积极竞争。 例如，浙江省出台了全国首个网络金融行业地方法规《浙江省促进互联网金融持续健康发展暂行办法》，建设了肩负"大众创业、万众创新"试验田之使命的杭州梦想小镇以及全国首座互联网金融大厦。

除了政府，高等教育行业也对网络金融给予了高度重视。 很多学校开设网络金融相关课程，编写网络金融相关教材，甚至设立互联网金融专业。 有些高校成立了互联网金融研究院，并招收互联网金融方向的博士研究生。

企业和居民也对网络金融充满了热情。 目前，不但电商企业在积极进入网络金融领域，连一些传统制造业企业也纷纷进入这一行业。 一向安静的咖啡馆里热闹非凡，网络金融App和天使投资人随处可见，处处流传着网络金融的创业神话，充斥着网络金融的创业想法。 人们在街头巷尾谈论着网络金融话题，体验着网络金融产品。 网络金融已经越来越深地融入中国人的生活当中。

总而言之，网络金融在中国受到的举国重视为其快速发展创造了良好的生长环境。

（二）需求侧分析

1. 网络活动与日俱增，创造潜在金融需求

众所周知，中国是世界上人口最多的国家。 2014 年，中国人口总数占世界总人口数的比重为 18.7％，超过欧盟、美国和日本的人口总和（见图 3-21）。 庞大的人口基数催生了庞大的网民群体。

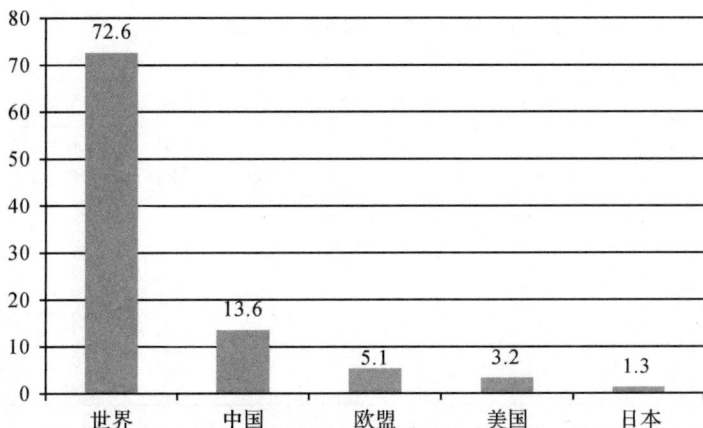

图 3-21　2014 年世界主要国家（地区）人口数（亿人）

资料来源：世界银行 WDI 数据库。

图 3-22 显示，中国的网民数量持续增长，从 2005 年的 1.1 亿增长至 2015 年的 6.9 亿，累计增长 527.3％。 2015 年中国网民数量超过欧盟和日本的人口总和，是美国总人口的 2 倍多。 尽管如此，2015 年中国的互联网普及率（网民数量占总人口的比重）仅为 50.3％。 我们相信，随着中国互联网普及率的不断提升，中国网民数量将持续增长。

另外，中国网民的网络活动也愈来愈活跃。 图 3-23 显示，中国网民平均每周上网时长呈现持续上升态势，从 2011 年 12 月的 18.7 小时增长至 2015 年 12 月的 26.2 小时。 可以预期，随着移动互联网的快速发展，中国网民的网络活动必将更加频繁。

万人

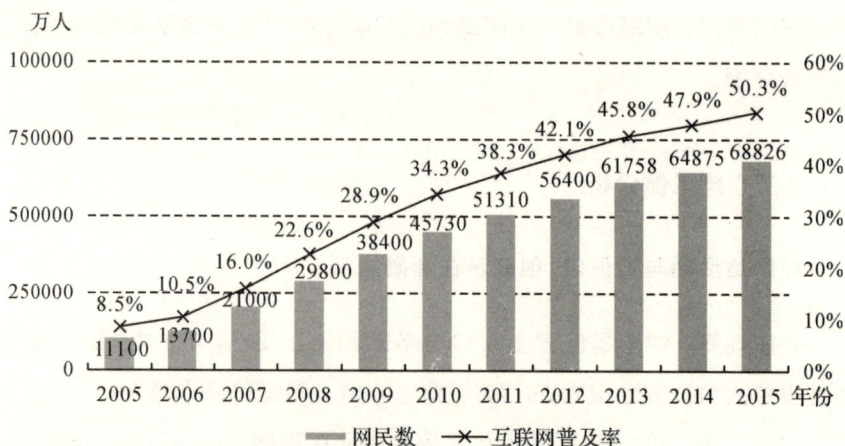

图 3-22　中国网民数量和互联网普及率

资料来源于 CNNIC:《中国互联网络发展状况统计报告 2016》。

小时

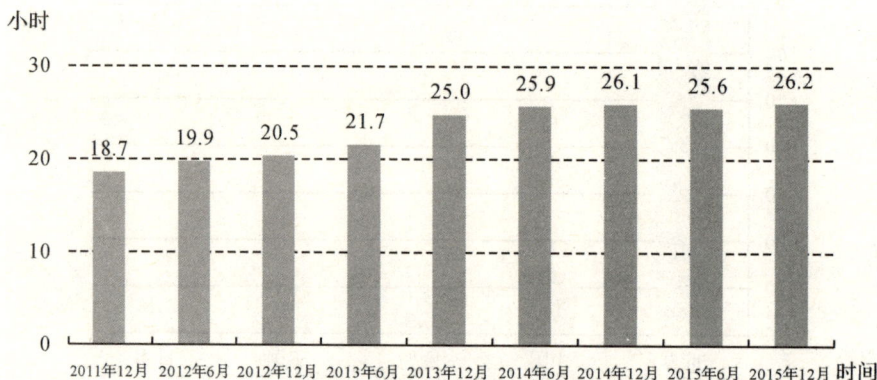

图 3-23　中国网民平均每周上网时长

资料来源于 CNNIC:《中国互联网络发展状况统计报告 2016》。

　　如此庞大的网民基数和日趋活跃的网络活动是网络金融需求的重要保障。 图 3-24 显示了 2014 和 2015 年中国网民主要网络金融形式的用户规模，从图中可以看出，中国网民使用最广泛的网络金融服务是网络支付，然后分别是网络银行、网络理财和网络炒股。 另外，中国网民的各项网络金融用户规模均随时间呈现增大态势。

　　图 3-25 展示了近两年中国主要网络金融应用的使用率情况。 应用使用率由应用用户数量占网民总数之比重衡量。 可以看出，中国的网络支付使用率最高，然后依次是网络银行、网络理财和网络炒股。 并且，各网络金融产品的使用率在逐年提升。 其中，网络理财和网络炒股的提升空间巨大。

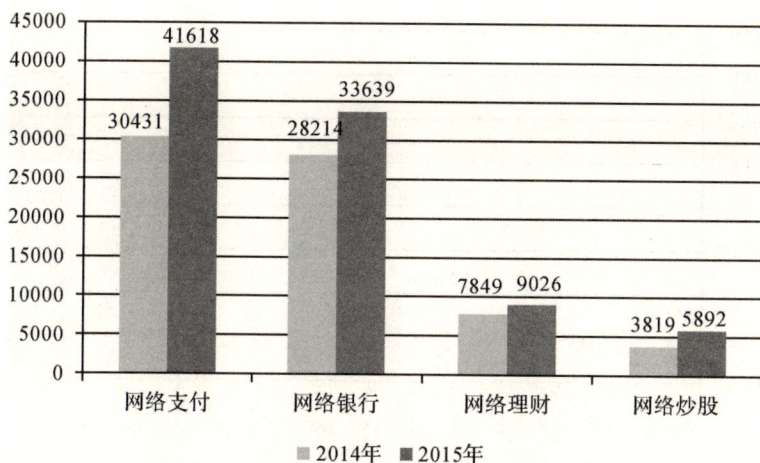

图 3-24　中国网民各类网络金融用户规模(万人)

资料来源于 CNNIC:《中国互联网络发展状况统计报告 2016》。

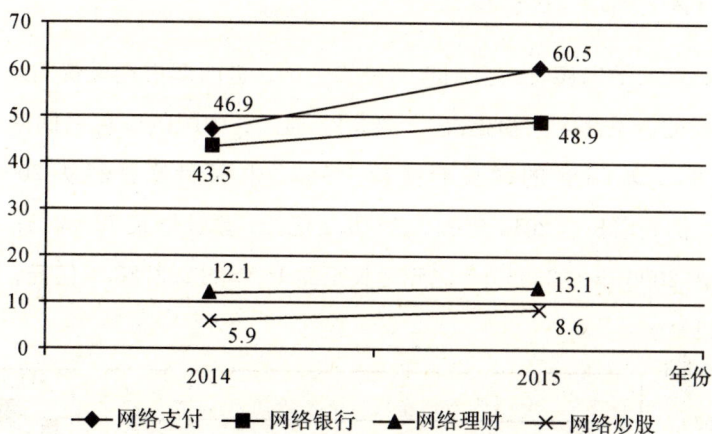

图 3-25　中国网民各类网络金融应用使用率(%)

资料来源于 CNNIC:《中国互联网络发展状况统计报告 2016》。

2.国民收入持续提高,促进国民金融需求

自改革开放以来,中国人均收入持续快速提高。 图 3-26 显示,中国人均 GDP 由 2000 年的 954.6 美元增长至 2014 年的 7590 美元,累计增长 695.1%。 这 15 年中,中国从低收入国家进入中等低收入国家,又从中等低收入国家进入中等高收入国家。 到 2020 年,中国的人均收入有望达到高收入国家水平。

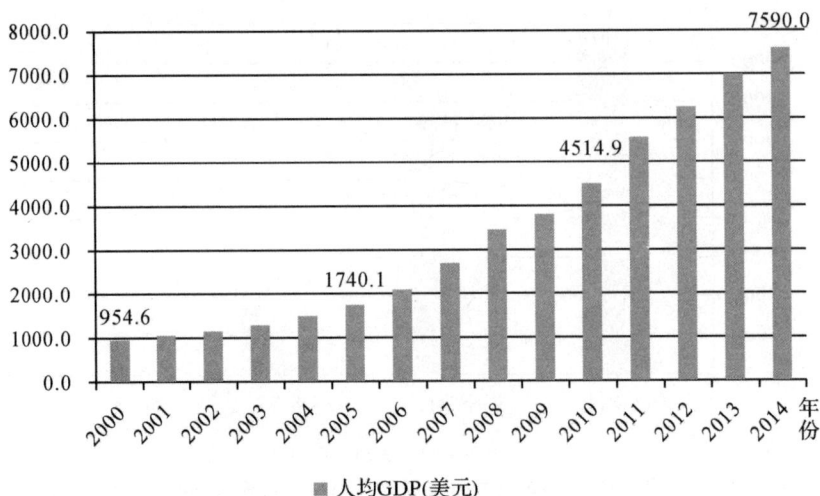

图 3-26　2000—2014 年中国人均 GDP

资料来源：世界银行 WDI 数据库。

　　持续增长的国民收入会刺激消费和生产，进而促进投融资需求，最终导致国民的金融需求大幅提高。 图 3-27 显示，中国的国民总储蓄和总投资也随着人均 GDP 的增长而持续上升。 中国储蓄总额从 2000 年的36350.9 亿元增长至 2014 年的 311246.1 亿元，累计增长 756.2％；中国投资总额由 2000 年的 33960.7 亿元增长至 2014 年的 293783.1 亿元，累计增长 765.1％。

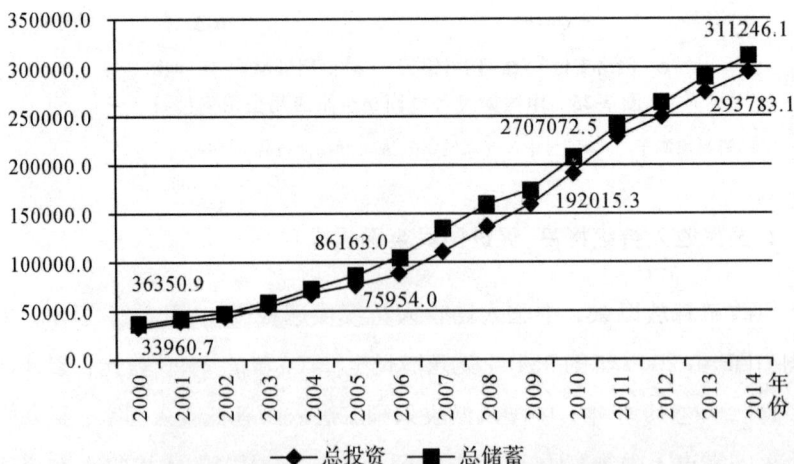

图 3-27　2000—2014 年中国总储蓄和总投资（亿元）

资料来源：同花顺 iFinD 数据库。

3. 传统金融结构缺陷,催生网络金融需求

郭树清（2012）曾经指出,中国的传统金融市场存在特有的"两多两难问题":企业多,融资难;资金多,投资难。 导致这一现象产生的根本原因是中国的传统金融市场存在严重的结构问题。 首先,中国的传统金融以间接融资为主（银行主导）,直接融资比例过低;其次,中国的银行体系以大型国有银行为主,中小型银行比例过低;最后,中国的债券市场不发达,股权融资市场层次单一。

2015 年中国新增社会融资规模中,直接融资比重为 76％,债券和股票融资比重仅为 24％[①]。 2015 年年底,中国社会融资规模存量中,直接融资比重更是高达 86％,债券和股票融资比重仅为 14％（见图 3-28）。可见,银行体系是中国企业和居民的主要融资渠道。 然而,以大银行为主导的银行体系在为中小企业提供融资服务时,往往面临较高的审批成本、信息和风险控制成本以及机会成本（林毅夫等,2003）。 所以中国的银行体系主要为大型国企服务。 尽管 2014 年中小微企业对中国 GDP 的贡献超过了 65％,税收贡献占到了 50％以上,出口超过了 68％,吸收了 75％以

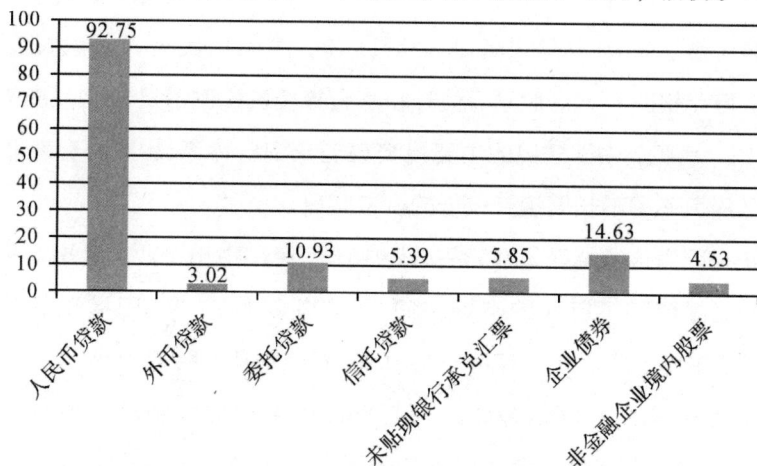

图 3-28　2015 年年底中国社会融资规模存量结构(万亿元)

资料来源:中国人民银行官网(http://www.pbc.gov.cn/)。

[①]　数据来源于中国人民银行官网(http://www.pbc.gov.cn/)。

上的就业（吕新华，2015），但是仍然很难从银行体系获得资金支持。 同时，中国的企业债券市场不发达，多层次股权融资市场不完善，导致中小企业直接融资的门槛和成本较高。 2013 年，中国负债小微企业中近 80％需要从非正规金融渠道借款（见图 3-29）。

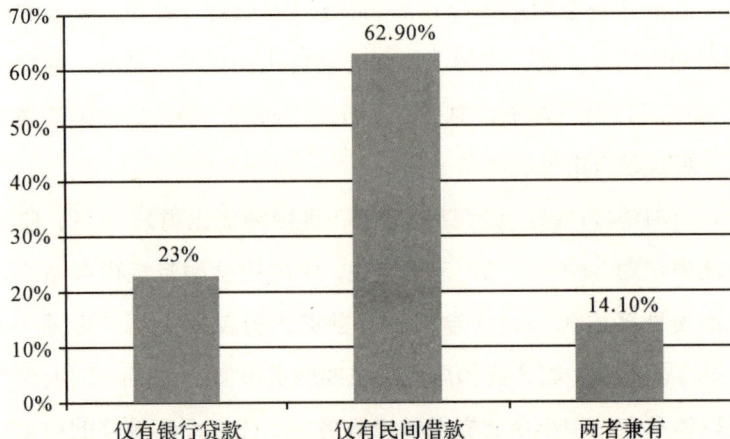

图 3-29　2013 年负债小微企业资金来源

资料来源于西南财经大学：《中国小微企业发展报告 2014》。

　　除了企业的金融需求受到传统金融体系的抑制，居民的金融需求也无法在传统金融市场中得到满足。 2011 年，中国居民个人金融投资结构中，银行存款占 64％，股票、债券和基金等投资比例不足 14％（郭树清，2012）。 可见，中国居民的主要投资渠道是银行体系。 然而利率非市场化导致居民不得不长期接受较低的投资回报。

　　正是因为传统金融体系无法满足中国居民和中小企业的金融需求，才给网络金融留下了巨大的市场空间。 网络金融的"无门槛""平民金融""低成本、高回报"等特质恰好迎合了中国居民和中小企业长期被压抑的金融需求。 网络金融的兴起折射出中国现实中对以现有商业银行为主导的过于僵化的金融体系的不满（吴晓求，2015）。 例如，以余额宝为代表的理财平台较好地缓解了流动性与收益率之间的两难取舍关系，使人们能够在不牺牲流动性的同时获取高于银行活期存款的回报率，因而获得了巨大需求。 P2P 平台的低门槛、高回报和快速便捷特征都戳中了居民和中小企业的痛点,最高程度地释放了居民和中小企业的投融资需求。

4.国民风险意识淡薄,助推网络金融需求

前面三点原因解释了中国居民和中小企业对网络金融存在旺盛需求的理性部分。 然而,目前中国对网络金融的需求也逐渐显现出非理性的一面。 以 P2P 行业为例,图 3-30 和图 3-31 分别展示了中国 P2P 行业历年问题平台占比(问题平台数量占正常运营平台数量的比重)和行业交易规模以及行业参与人数的情况。 可以看出,近年来中国问题平台占比不断提高,行业风险持续增大,但是行业成交规模和参与人数却显著提高。 平台跑路事件频发似乎并没有影响人们的投资热情。 只要收益率够高,总是有人愿意冒险投资,人们心里想的大概是"万一成功了呢"。

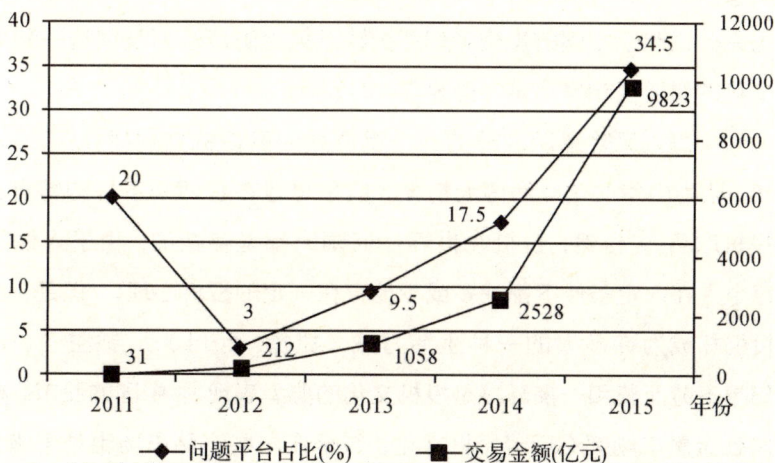

图 3-30　中国 P2P 行业历年问题平台占比与行业交易规模

资料来源:网贷之家、盈灿资讯。

对于风险不断暴露的中国 P2P 行业,全球风险管理专业人士协会(Global Association of Risk Professionals) 理事会成员、FRM 全球考试委员会主席 Rene Stulz 认为,在高额利润和短期回报的诱惑下,投资者们盲目加入了理财行列。 他们从根本上缺乏对网络金融产品和网络金融市场稳定性的认知和判断能力,同时他们忽略了不成熟、不完善的中国信息

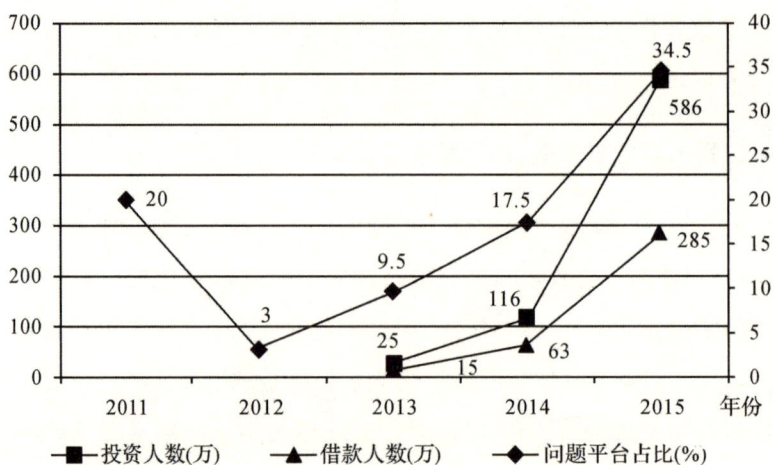

图 3-31　中国 P2P 行业历年问题平台占比与行业参与人数

资料来源：网贷之家、盈灿资讯。

披露制度和完全没有政府担保的金融企业倒闭后所带来的严重后果，这一现象也充分说明了中国的投资者们严重缺乏风险防范意识及创造一种风险意识文化的重要性和紧迫感（吴黎华，2015）。

　　导致中国人风险意识淡薄的一个重要原因是投机文化盛行。郎咸平（2009）认为中华文化虽然博大精深，但是也存在着两个不好的特点：浮躁和投机取巧。当然，投机在世界任何国家都是存在的，由于人性的弱点，每个人在一定条件下都或多或少地存在一定的投机心理。但是，在中国，投机却成为许多人的一种生活方式（捷楚，2014）。钻空子、走捷径、幻想不劳而获和一夜暴富是投机文化的典型表现。中国的股市、楼市以及其他金融市场都充斥着投机文化，甚至连一些产品市场也难于幸免。以股市为例，尽管中国股市是一个没有规矩的赌场——一个可以看别人底牌的赌场（吴敬琏，2014），但是中国大妈、学生和城市务工者却仍然源源不断地进入其中，幻想着一夜暴富。中国人炒地皮、炒楼、炒黄金，无所不炒。前些年的"姜你军""蒜你狠"和"豆你玩"充分展现了国人的投机天性和投机智慧。

（三）供给侧分析

1. 传统金融行业垄断暴利，刺激网络金融供给意愿

经济学理论告诉我们，一个市场的垄断程度越高，企业进入这个市场的动力越强。因为垄断会带来超额利润。所以，中国出现网络金融创业热潮的一个根本原因是中国的金融行业是一个具有垄断特征的暴利行业。网络金融在中国的大发展反映了包括电子商务公司在内的各类主体对以商业银行为代表的金融业垄断性高额收益的艳羡和向往（吴晓求，2015）。

导致中国传统金融业呈现垄断格局的一个重要原因是政府主导经济体制下对金融的独特定位。在政府主导经济背景下，对于中国政府而言，如何实现政府主导下金融供给和金融需求的匹配，借助金融手段来控制经济运行，进而保持经济金融的稳定，可能远比一般意义上偏重效率的金融发展更具现实意义（吴晓求，2015）。因此，金融机构准入限制（牌照管理）、分业监管以及利率和汇率管制的金融体制，造就了金融业的制度性优越和集体性垄断（谷来丰，2015）。

2015 年年底银行业总资产为 194.2 万亿元，占金融业总资产的 90.4%。而证券业总资产为 8.27 万亿元，占金融业总资产的 3.8%；保险业总资产为 12.4 万亿元，占金融业总资产的 5.8%。由此可见，中国银行业可以代表整个中国金融业。下面，我们以银行业为例来看看金融业的暴利情况。判断行业利润的高低，最科学的指标是当期净资产收益率（ROE），即资本利得。也就是说投资一元钱，各行业能净赚多少。2004—2010 年，中国银行业 ROE 在 15%—20% 之间，远高于老百姓一直诟病的石油、烟草等垄断行业（郭田勇，2012）。2011 年中国上市银行 ROE 高达 21.33%，远高于实体产业的利润率。即使是人们普遍认为有高利润的房地产行业，其 2011 年的净资产利润率也仅为 12.15%。2012 年上半年，中国银行业净利润为 6616 亿元，其中，四大行总利润为 3815 亿元，占比 58%；16 家上市银行总利润为 5453 亿元，占比高达 82.4%。

"日赚30亿"这句话形象地描述了中国银行业躺着赚钱的暴利程度。2013年，中国"最赚钱的40家公司"的前10％全部是商业银行。2014年，中国500强中有29家金融业公司上榜，总利润达到了1.27万亿元，占所有500强公司总利润的一半以上。

另外，从金融行业的人均工资也可以看出该行业的利润情况。2014年，中国金融业人均工资为10.8万人民币，位列所有行业之首。这一情况自2009年开始一直延续至今。

2. 政府创造宽松生长环境，降低网络金融供给门槛

中国近40年的改革开放实践表明，改革往往容易受到各种既得利益的牵制与羁绊，而开放则因其独特的倒逼效应和鲇鱼效应可能来得更加直接有效。让互联网公司进入金融行业，以开放促改革，可能会事半功倍（谷来丰等，2015）。2014年3月的"两会"期间，"促进互联网金融健康发展"首次被写入《政府工作报告》。该《政府工作报告》指出："互联网金融业在资金需求方与资金供给方之间，提供了有别于传统银行业和证券市场的新渠道，提高了资金融通效率。互联网金融业依赖于大数据分析有助于解决信息不对称和信用问题，提供更有针对性的特色服务和更多样化的产品，交易成本的大幅下降和风险分散提高了金融服务覆盖面，尤其使小微企业、个体创业者和居民等群体受益。"因此，对于网络金融这种新生事物，中国政府的态度经历了由"放任"到"审慎监管"的转变。早期的包容和放任态度导致中国网络金融在"无门槛、无标准、无监管"的环境下得到了近乎野蛮的发展（吴晓求等，2015）。伴随着网络金融的野蛮式生长，网络金融风险的爆发也愈来愈令人担心，这促使中国政府转变态度，实施审慎监管。2015年7月18日，由央行等十部委联合发布的《关于促进互联网金融健康发展的指导意见》，填补了互联网金融监管上法律法规的空白，标志着中国网络金融进入规范发展阶段。（见表3-4）

表 3-4　国家层面网络金融相关政策

年　份	政　策　名　称
2013	《国务院办公厅关于金融支持经济结构调整和转型升级的指导意见》
2013	《国务院办公厅关于金融支持小微企业发展的实施意见》
2014	《第十二届全国人民代表大会二次会议政府工作报告》
2015	《第十二届全国人民代表大会三次会议政府工作报告》
2015	《国务院关于积极推进"互联网＋"行动的指导意见》
2015	《关于促进互联网金融健康发展的指导意见》

虽然政府已经开始规范网络金融的发展，但是由于网络金融已经升级为国家重点战略，所以政府总体上仍然积极支持网络金融发展。2015年7月4日，《国务院关于积极推进"互联网＋"行动的指导意见》正式公开发布宣告，网络金融作为"互联网＋"的重要组成部分，正式升级为国家重点战略。各地方政府也纷纷出台鼓励和规范网络金融发展的政策和办法（见表3-5）。可见，中国政府的政策支持和监管红利是导致网络金融在中国大发展的一个重要原因。

表 3-5　地方政府网络金融相关政策

时间	政　策　名　称	省份
2013 年	《北京市海淀区人民政府关于促进互联网金融创新发展的意见》	北京
2013 年	《关于支持中关村互联网金融产业发展的若干措施》	北京
2013 年	《石景山区支持互联网金融产业发展办法》	北京
2014 年	《上海市人民政府印发关于促进本市互联网金融产业健康发展若干意见的通知》	上海
2014 年	《长宁区关于促进互联网金融产业发展的实施意见》	上海
2013 年	《关于促进广州民间金融街互联网金融创新发展的若干意见（试行）的通知》	广东
2015 年	《广州市人民政府办公厅关于推进互联网金融产业发展的实施意见》	广东
2014 年	《深圳市人民政府关于支持互联网金融创新发展的指导意见》	广东
2015 年	《深圳市人民政府办公厅关于印发深圳市 2015 年金融改革创新重点工作的通知》	广东

时间	政　策　名　称	省份
2014 年	《杭州市人民政府关于推进互联网金融创新发展的指导意见》	浙江
2015 年	《浙江省促进互联网金融持续健康发展暂行办法》	浙江
2014 年	《天津开发区推进互联网金融产业三年行动方案》	天津
2014 年	《关于支持贵阳市互联网金融产业发展的若干政策措施(试行)》	贵州

3. 资本管制结合后发优势,助力网络金融借鉴创新

目前,中国的资本账户尚未完全开放。 资本账户管制使得国外的网络金融平台较难进入中国市场,从而为国内的网络金融平台崛起留出了巨大的生存空间。 同时,利用发展中国家所特有的后发优势,中国的网络金融公司可以通过简单的模仿和借鉴国外的网络金融形式,降低开发网络金融产品的成本,加快网络金融供给速度,并最终实现基于借鉴的网络金融产品创新。 资本管制与后发优势使得中国的网络金融企业能够在节省创新时间和成本的同时,避免国际竞争,迅速发展。

4. 民间资本逃离实体经济,推高网络金融供给热潮

虚拟经济背离实体经济是中国乃至世界经济发展的一种现象。 这一现象表现为资本市场的发展与实体经济逐渐脱离。 1970 年,全球金融资产与国内生产总值之比不足 100%,今天已超过 400%(向松祚,2013)。2009—2014 年 5 年间,全球股市上涨幅度达 150%,实际 GDP 增长却不到5%。 2015 年年初,欧洲央行开始实施量化宽松政策,仅一季度德国DAX 股票指数上涨幅度就超过 20%,而实体经济增速只有 0.4%(向松祚,2015)。 中国股市在 2014 年下半年至 2015 年上半年期间经历了暴涨,但是中国实体经济却始终处于下行通道之中。

导致虚拟经济背离实体经济的一个主要原因是货币的增长速度超过实体经济的增长速度。 从全球基础货币供应量看,1970 年只有 480 亿美元,今天已经高达 13 万亿美元,增长近 300 倍;金融业的资产规模和交易量急剧扩张,仅全球外汇市场日交易量就已突破 5 万亿美元,年交易量超过千万亿美元，而全球真实贸易额不过 20 多万亿美元（向松祚，2015）。从中国货币供给来看，1990 年中国 M2 为 1.53 万亿，GDP 为 1.87 万亿，M2 与 GDP 之比为 0.82；到了 2015 年，中国 M2 为 139.23 万亿，GDP 为 67.67 万亿，M2 与 GDP 之比达到 2.06。

虚拟经济严重背离实体经济会导致金融市场泡沫，引发金融危机。尤其是当实体经济不景气的时候，资本更加远离实体经济，而选择在金融市场中空转。近年来，由持续货币超发导致的迅速膨胀的民间资本，在实体经济低迷的背景下，急于寻找新的利润增长点。网络金融因其具有巨大的收益空间、处于金融活动的灰色地带、享有政府的包容和支持等因素，而成为民间资本竞相追逐的新宠。过多的风投资本供给导致网络金融企业的融资成本降低，创建极为容易。

三、结论性评价

本章首先基于全球视角分析中国网络金融的典型特征，然后分别从需求和供给角度分析中国网络金融快速发展的原因。研究发现：中国的网络金融形式主要源于借鉴国际经验，经历了由"金融互联网化"向"互联网金融化"的演变过程，然而中国的网络金融行业增速却领先全球；此外，竞争性不足、监管滞后和举国重视也是中国网络金融市场的典型特征。从需求角度看，网民数量和收入持续提高、传统金融结构缺陷以及国民风险意识淡薄是催生中国巨大网络金融需求的主要原因。从供给角度看，传统金融行业的垄断暴利刺激了网络金融供给意愿；政府创造的宽松成长环境降低了网络金融的供给门槛；资本管制与后发优势相结合，助力了网络金融借鉴创新；民间资本逃离实体经济，推高了网络金融供给热潮。以上原因共同导致了中国的网络金融大发展。

第四章

网络金融——"浙江经验"发掘

网络金融是利用互联网技术和移动通信技术等一系列现代信息科学技术实现资金融通、支付、投资和信息中介服务的一种新兴金融服务模式，主要涵盖第三方支付、P2P 网贷、大数据金融、众筹、信息化金融机构、网络金融门户六大业态（罗明雄等，2013）。

现代信息技术广泛渗透、传统金融模式低效运作、金融监管政策宽松包容，这三重因素催生了中国网络金融之跨越式发展。 浙江引领发展潮流。 回溯历史，2004 年 12 月，阿里巴巴推出网络金融启蒙级产品——支付宝，致力为用户提供"简单、安全、快速"的支付解决方式，由此奠定浙江作为中国网络金融革命发源地的历史地位。 盘点现在，浙江正成为网络金融创新的重要策源地，本土企业在网络金融大潮中千帆并进、百舸争流，展开一幅关于网络金融发展之"浙江现象"的壮丽画卷。

在引人瞩目的"浙江现象"背后，是自成一格的"浙江经验"。 本章首先对创新典范逐一盘点，然后从企业家精神等 4 个方面，对网络金融发展之"浙江现象"进行更深层次的解读。 展望未来，网络金融与经济转型升级深度融合，成为网络金融发展之"浙江现象"的进一步升华。 那么，浙江是否已为升华做好了准备？ 本章从制度供给等层面切入，展开初步的分析。

一、网络金融发展的"浙江现象"

自 2008 年中国第一家网络金融企业——"数银在线"诞生,到 2009—2010 年"挖财"与"阿里小贷"相继上线,2011—2012 年"微贷网""51 信用卡管家"等平台闪亮登场,2013 年"余额宝"横空出世,再到 2014—2015 年"蚂蚁金服""网商银行"等网络金融新军掀起波澜,近年来浙江网络金融行业活力迸发、创新迭出,见表 4-1。

全国首创性案例接踵出现,本土企业从创新竞逐中脱颖而出。网络金融发展之"浙江现象"彰显,浙江企业正立于网络金融浪潮之尖,带动行业发展新趋势,塑造行业竞争新格局。以民营经济发达、市场力量充沛而扬名的浙江,再一次行走在新时代创新发展的最前沿。

表 4-1　浙江网络金融企业创新典范(2008 年 11 月—2015 年 10 月)

时　间	案　例
2008 年 11 月	全国首家网络金融企业——"数银在线"诞生
2009 年 6 月	全国首家个人记账理财平台——"挖财"上线
2010 年 6 月	全国首家面向电子商务领域小微企业的融资平台——"阿里小贷"成立,成为"电子商务＋网络金融"商业模式之标志
2011 年 3 月	全国首家存货金融网络服务平台——"银货通"上线
2011 年 7 月	"微贷网"上线,全国首家专注于汽车抵押借贷业务☆
2012 年 5 月	"51 信用卡管家"全球首创在移动端智能解析信用卡电子账单,实现个人用卡信息管理和财务智能化应用☆
2012 年 7 月	"数米基金网"成为全国首批正式展业的第三方基金销售机构☆ 全国首家网络金融保险领域的电商全渠道运营公司——"灵犀金融"上线
2012 年 9 月	全国首家综合理财交易平台——"铜板街"开始运营☆
2013 年 6 月	阿里巴巴联袂天弘基金推出"余额宝",掀开网络金融之"宝宝时代"
2014 年 5 月	全国首家在线合作操盘平台——"赢在投资"上线

续 表

时 间	案 例
2014 年 3 月	全国首家由上市公司投资运营的 P2P 平台——"黄河金融"上线
2014 年 6 月	"鑫合汇"成为全国首家线上微信交易网络金融平台☆ 全国首家开放型网络金融在线交易平台——"钱庄网"上线,专注"车金融"理财产品
2014 年 8 月	"盈盈理财"成为全国首家用户交易资金由银行全面监管的网络金融企业☆ 全国首家以创业、金融、互联网社群交互驱动为发展模式的众筹服务平台"聚募网"投入运营 "爱学贷"上线,全国首家专为在校大学生提供分期消费服务的金融平台
2014 年 10 月	"蚂蚁金服"整合阿里系金融资源宣告成立,成为金融业最大"搅局者"☆
2015 年 3 月	全国首家低碳产业网络金融综合服务平台——"易贸合润"正式启动
2015 年 5 月	协会、央企、媒体全国首次联袂,成立浙江省中小企业网络金融交易中心
2015 年 6 月	全国首家互联网银行——"网商银行"上线 "网金社"全国首家获得网络金融资产交易中心牌照
2015 年 7 月	"铜掌柜"全国首家以跨境电商金融服务模式为先导 电商企业、中外银行全国首次联合发起成立消费金融公司——杭银消费金融股份有限公司 "金福猫"全国首家实现平台资金由银行专业托管 全国首家互联网社区金融平台——"盈＋"正式启动
2015 年 8 月	"融都科技"与"灵犀金融"挂牌新三板,分别成为中国网络金融系统第一股与互联网保险第一股
2015 年 10 月	全国首家低碳产业平台资源集成商——"碳银网"上线

注:☆代表进入"中国互联网金融 50 强"榜单。该榜单在 2015 年 6 月由《福布斯》发布,同时进入榜单的浙江企业还包括"爱基金网""同盾科技""支付宝"。①

————————

① 数据来源于 http://news.qihuiwang.com/create/20150611105628.html。

二、网络金融发展的"浙江经验"

"干在实处永无止境，走在前列要谋新篇。"[①]浙江在经济社会诸多领域先行先试，网络金融发展之"浙江现象"与其一脉相承。追根溯源，本章研究认为，炽烈的企业家精神、一流的软硬环境、领先的信息经济发展与长期活跃的民间金融，构成网络金融发展之"浙江现象"背后的四大深层因素，形成独特的"浙江经验"，推动浙江成为网络金融发展的先行区和创新的沃土。

（一）炽烈企业家精神形成浓厚创新文化底蕴

当今企业之间的竞争，不在于产品而在于商业模式（德鲁克等，2006）。商业模式是关于企业创造、传递、获取价值的基本逻辑（Teece，2010）。通过打造资金供需双边平台，网络金融挟网络效应之威力，不断吸引供需双方加入其中，从而持续扩展了整个平台的服务范围。双边平台不但颠覆线性化的产业组织模式，而且通过对不同服务商的整合，逐步衍生成为一种以平台为基础的生态系统（赵旭升，2014）。其中，金融服务凭可获得性、及时性与便利性的用户体验成为系统内核，金融业由此实现从"产品中心"到"客户中心"的巨大转变。因此，网络金融是关于金融服务的革命性商业模式创新。

创新是企业家精神的灵魂（Schumpeter，1934）。网络金融发展之"浙江现象"再次印证，企业家精神是浙江最深厚的软实力。浙江地处中国东南沿海，"富于冒险、开拓进取"之海派文化传统源远流长。而自"永嘉学派"在南宋兴起以来，"崇实重商"的事功之学思想就开始积淀于斯（张佑林，2004）。在改革开放的新历史条件下，潜藏于浙江人意识深处

---

① 《干在实处永无止境，走在前列要谋新篇》，新华网，2015年5月27日。http://www.xinhuanet.com/politics/2015-05/27/c_1115430266.htm.

的独特文化传统和价值取向迅速复苏，一批批令人尊敬的草根创业者陆续涌现。 创业者们以敏锐的目光关注中国乃至全球经济的脉动，捕捉稍纵即逝的商机，演绎无数精彩的创业创新故事，铸就充满激情的"浙商模式"。 著名经济学家吴敬琏先生对此曾感言："浙江是一个具有炽烈企业家精神的地方，浙江商人既聪明又肯吃苦，敢冒风险，敢为人先，最让人佩服。"[1]

"浙商模式"历史成就辉煌，然而锐意进取的浙江人并未陷入模式的窠臼。 近十余年来，浙江企业家开始突破低端制造路径依赖，瞄准新兴行业走转型之路。 其中，阿里巴巴创始人马云成为新浙商的符号性人物。2000 年，马云荣登《福布斯》杂志封面，成为 50 年来第一位获此殊荣的中国企业家。 时隔 11 年，马云于 2011 年再次走进《福布斯》的封面故事，足见新浙商已登上国际经济舞台，成为西方商业世界观察中国经济走向的风向标。 在网络金融领域，马云掌舵阿里系开疆拓土。 从 2004 年推出"支付宝"到 2015 年运营"网上银行"，阿里金融版图在支付、理财、保险、担保、小贷等诸多板块渐次铺开。 一个网络金融"帝国"初具雏形，正对传统金融机构产生强大的"创造性破坏"冲击波。

（二）一流软硬环境创造优良外部条件

市场经济是创新的机器（鲍莫尔，2004），完善的市场是孕育创新动力的最佳软环境。 作为中国市场化改革的先行区，浙江精心培育市场，牢固树立起市场环境质量的标杆。 早在 2002 年 7 月，浙江政府就秉持市场经济是信用经济的理念，印发《关于建设"信用浙江"的若干意见》，在全国率先探索信用建设之路。 时隔四年，随着《中共浙江省委关于建设"法治浙江"的决定》的出台，浙江又在全国率先探索法治建设之路，为市场经济打造法治基础。 最近几年来，浙江市场软环境建设向纵深推进。从限制政府权力、强化政府责任、赋予市场自由、减少微观干预、打造阳光政务 5 个维度，浙江力推"四张清单一张网"改革，进一步厘清政府与市场的关系，简政放权。"四张清单"是指政府权力清单、政府责任清

---

[1] 王平:《中国第一商帮》,《人民日报(海外版)》,2005 年 1 月 21 日。

单、企业投资负面清单、省级部门专项资金管理清单，"一张网"是指浙江政务服务网。"四张清单一张网"改革已取得重大进展和显著成效。2014年下半年，浙江相继"晒出"全国首张省级政府权力清单与全国首张省级政府责任清单。2015年9月，"四张清单一张网"改革荣膺全国行政服务大厅"十佳"案例，成为中国深化行政体制改革的一个典范，在全国范围内引发强烈关注。

软硬环境建设齐头并进。以打造产业集聚区为主要抓手，浙江全力提升硬环境质量。产业集聚不仅可以提高公共基础设施的使用效率，降低企业获得专业化劳动力的搜寻成本和培训成本，而且能够形成知识传播与技术外溢的近距离优势，促使集聚区内企业在同业模仿与竞争中保持持续创新状态（Martin等，2001）。因此，围绕产业集聚提升硬环境质量，浙江走在了正确的道路上。近年来，挟省会城市之利，杭州打造硬环境尤具成效。一个标志性事件是，承担浙江"大众创业、万众创新"试验田之使命的杭州梦想小镇，于2014年10月19日开工。弹指之间，梦想小镇拔地而起，并于2015年3月28日开镇。梦想小镇的吸引力，不只在于良好的基础设施和有力的扶持政策，还在于千百个创业者可以结伴同行，一起放飞梦想。具体到网络金融领域，一个标志性事件是，全国首座网络金融大厦2015年2月5日落成于杭州，"挖财""爱学贷""钱庄网"等知名网络金融平台首批入驻。大厦不但为入驻企业提供了现代化的办公场所，而且推出人才集聚等八大平台，力图解决企业在发展过程中所面临的种种后顾之忧。

（三）信息经济领先发展奠定坚实产业基础

金融业是信息密集型产业。从19世纪30年代电报的兴起，到随后电话、计算机的普及，每一次信息技术变革都曾对金融业产生巨大影响。信息技术发展日新月异，正深刻改变信息产生、传播、加工利用的方式，大幅减少信息获取和处理的成本，从而让网络金融的快速发展成为可能（易欢欢，2014）。在技术层面，互联网、云计算与大数据三大新兴信息技术支撑起整座网络金融大厦。其中，互联网有效延伸金融服务销售渠道，将金融服务送至客户指尖；云计算让客户无须依赖复杂的客户端软件，仅通过由云服务所提供的简洁界面提出信息服务需求，就能获得最佳的服务体验；大数据收集提取交易活动中的重要信息，从而为每一个客户的信用动态评估提供扎实的数据基础。

浙江牢牢把握新一轮信息技术革命在诸多领域引发变革的战略契机，在全国率先提出发展信息经济的战略举措，目前信息化水平已位居全国前三。[1] 尤其抢眼的是，浙江还是国内电子商务起步最早、发展最快、业态最全的省份。根据 2015 年《尼尔森中国电子商务行业发展"杭州指数"白皮书》，杭州电商企业指数名列全国第一。从微观企业层面来看，信息行业中的浙江企业群星璀璨，其中阿里巴巴、斯凯网络、网盛科技、网易、同盾科技、同花顺，皆为行业标杆，见表 4-2。

表 4-2　信息行业中的"浙江明星"

企业名称	主要成就
阿里巴巴	旗舰型国际化互联网上市公司，在消费者电子商务、网上支付、B2B 网上交易市场及云计算业务等领域占据领先地位
斯凯网络	国内首家登陆 NASDQ 的移动互联网平台型企业，累积了 12 亿海内外用户数，下载次数突破 110 亿次，位列全球第三
网盛科技	"中国互联网第一股"、B2B 电子商务标志性企业，专注于互联网信息服务、电子商务和企业应用软件开发
网易	2000 年 6 月登陆 NASDQ，在开发互联网应用、服务及其他技术方面占据领先地位
同盾科技	国内最领先的网络金融领域风险控制和反欺诈服务供应商，客户群体遍及网络金融、电商与银行等多个行业
同花顺	国内首家网络金融信息服务行业上市公司、国家规划布局内重点软件企业与信息化试点工程单位，专注于金融大数据处理与金融信息云服务

资料来源：作者根据相关资料整理。

在浙江，信息产业已成为先导性、基础性和支柱性产业，并仍保持强劲的发展势头。当前，浙江正着眼新兴市场需求，着力核心关键技术，依

---

① 参见中国电子信息产业发展研究院：《2015 年中国信息化发展水平评估报告》，2016 年。

托"数字浙江"建设"智慧浙江",积极推进包括全国云计算产业中心、全国大数据产业中心在内的"七中心一示范区"建设,打造"云上浙江"与"数据强省"。 2014 年 3 月,浙江首次成功引进"世界 500 强"企业思科公司进驻杭州。 紧随其后,百度、腾讯、京东等国内信息行业巨头也相继在杭布局。 大批龙头企业云集,形成集聚优势,确立杭州作为全国信息产业高地的地位。 通过强烈的示范辐射作用,杭州带动了浙江乃至整个长三角地区信息产业的大发展。

(四)民间金融长期活跃积淀丰富成长养分

浙江是民营经济大省,中小微企业支撑起半壁江山。[①] 归咎于金融结构不合理以及中小微企业有效抵押物缺乏、财务报表缺损等原因,中小微企业融资难问题犹如痼疾。 最近几年来,经济增速下行、产业结构调整、前期刺激政策消化"三期叠加",更让中小微企业融资难情况雪上加霜。中小微企业融资一旦被正规金融所排斥,常常转向民间金融。 浙江民间金融源远流长、久盛不衰,长期以来充当中小微企业的重要融资渠道。 一份权威调查报告曾显示,浙江半数小企业以民间借贷方式来满足融资需求。[②]

在诸多方面,以 P2P 网络借贷为代表的网络金融业态与民间金融极其相似。 例如,P2P 网络借贷与民间金融组织"标会"就存在 3 个共同点(谢平等,2014):第一,两者本质上都是个人之间的直接借贷;第二,借贷的发生不依赖抵押品或担保,完全基于信用;第三,利率厘定采取市场化定价方式。 鉴于 P2P 网络借贷与传统民间金融的相似性,中国人民银行等十部委于 2015 年 7 月联合印发《关于促进网络金融健康发展的指导意见》,明确 P2P 网络借贷"属于民间借贷范畴"。 民间金融在浙江具

---

① 截至 2012 年 1 月末,全省小微企业达到 56.9 万家,占企业总数的 97%,为 1178.5 万人提供了工作岗位,占企业就业总人数的 55.5%,参见《融资难仍是制约小微企业发展一大瓶颈》,《今日早报》,2012 年 3 月 29 日。

② 北京大学联合研究院、阿里巴巴集团:《小企业经营与融资困境调研报告》,2011 年。

有广泛深厚的群众基础，因此"民间金融＋互联网"模式迅速获得认同。

很重要的一点是，尽管 P2P 网络借贷与传统民间金融颇有渊源，但其已脱离人格化交易模式，风险定价机制也更为科学，这无疑给民间资本摆脱亲缘、地缘与业缘的羁绊，恰当权衡风险与收益以更好配置资金创造了机会。改革开放以来，民间金融和中小企业互哺，释放出巨大的财富创造效应，雄厚的浙江民间资本也由此累积而成①。民间资本亟待保值增值，而网络借贷的兴起适逢其时，恰好提供了一个新型的网络化投资渠道。对于资金需求旺盛的中小微企业，快速便捷、交易成本低廉的网络借贷十分具有吸引力。网络借贷还有利于推进利率市场化改革以及引导民间金融阳光化与规范化发展，故金融监管当局也持较为包容的态度。供需双方一拍即合，再加上监管环境宽松，网络贷款随即在浙江获得了快速的发展。统计资料显示②，截至 2014 年 12 月，浙江 P2P 网贷余额达 79.97 亿元，全国排名第四；平台数量上升至 224 家，全国排名第二。

三、网络金融发展"浙江现象"的升华

网络金融深刻改变金融服务模式。依托移动支付、云计算、社交网络、大数据和搜索引擎等互联网工具，网络金融赋予金融业务更强的透明度、更高的参与度、更好的协作性、更低廉的交易成本与更便捷的操作体验。然而，虽然互联网为金融服务插上了有力的翅膀，但是网络金融并没有脱离金融的本质（谢联盛，2014）。资金融通并服务于实体经济，是金融的本质所在。而金融发展的"熊彼特观点"进一步认为，金融的核心功

---

① 有关机构预测，浙江民间资本高达 8000 亿—10000 亿元。温州民间资本总体规模约 6000 亿元，其中用于民间融资性金融活动的总额约为 2000 亿—3000 亿元，用于民间投资的资金规模约在 3000 亿—4000 亿元。参见 http://finance.sina.com.cn/roll/20100601/09568037826.shtml。

② 参见《中国 P2P 网贷行业 2014 年度运营简报》，https://www.wdzj.com/news/hangye/16216.html。

能是筛选具有创新精神的企业家并为其提供金融资源（Schumpeter，1934），这一重要见解恰与浙江力推创新驱动的经济转型升级大背景完全契合。2014年，浙江人均GDP达到73312元，折合约11934美元。按照世界银行的标准，浙江已经跨入中高收入发展阶段，处于从要素驱动向创新驱动转变的临界水平。因此，转型升级正成为浙江经济发展的新常态，而网络金融与经济转型升级深度融合，必将使网络金融发展之"浙江现象"获得进一步的升华。

在制度供给层面，前瞻的浙江政府已为网络金融发展之"浙江现象"的升华进行了铺垫。政策界已逐渐形成共识：一方面，创新具有方式随意性、路径不确定性等特征，特别需要一个宽容的软环境；另一方面，风险与创新同行，面对具有隐蔽性、传染性、广泛性、突发性的网络金融风险，金融监管改革必须与时俱进。浓缩了这些重要的共识，《浙江省促进网络金融持续健康发展暂行办法》（以下简称《暂行办法》）于2015年2月2日正式出台。作为全国首个网络金融行业地方法规，《暂行办法》具有四大亮点：第一，回归金融服务实体经济的本源，引导行业发展方向；第二，坚持开放包容理念与风险底线思维，预留行业发展空间；第三，发挥行业自律机制，创新行业监管模式①；第四，强化信息披露公开透明原则，防范行业发展风险。《暂行办法》为浙江网络金融行业、企业以及投资者增添了更强的信心，对于促进网络金融在浙江持续健康发展具有十分重要的指导意义。

在产业布局层面，面对不容错失的历史机遇期，浙江政府审时度势，将网络金融作为一大支柱，提出金融万亿产业目标，从而为网络金融发展之"浙江现象"的升华描绘了蓝图。浙江将着力打造以支付宝、浙江网商银行为龙头的网络金融新业态；打造网络金融企业孵化器，建设网络金融集聚区；重点发展第三方支付、P2P、众筹、网络理财、网络小贷等业态，

---

① 　与《暂行办法》相呼应，"温州理财行业协会网络金融自律委员会""浙江省网络金融委员会""浙江网络金融联盟"等行业自律组织陆续成立，多份行业自律协议相继签署，这标志着浙江网络金融行业正从自发发展过渡到自觉发展，行业自律已成为主基调。

使网络金融成为规范引导民间金融、发展普惠金融的重要力量。[①] 为抢占新一轮网络金融发展先机,杭州出台的《关于推进网络金融创新发展的指导意见》提出,力争到 2020 年,规划和建设一批具有全国影响力的网络金融集聚区,构建和运作一批具有全国辐射力的网络金融交易服务平台,培育和发展一批具有全国竞争力的网络金融企业,开发和推广一批全国市场占有率高的网络金融创新产品,基本建成全国网络金融创新中心。 随着杭州西溪谷、钱江新城、未来科技城等网络金融集聚区建设的不断推进,杭州实现关于网络金融的宏伟蓝图值得期待。

在力量汇聚层面,政府引导基金发挥杠杆作用、传统金融机构进行互联网化再造、民间资本积极涌入,三股力量相互交织,为网络金融发展之"浙江现象"的升华提供了充足的动能。 首先,浙江大力推动产融结合、投融结合,加快发展产业引导基金,引导更多资金投向重点产业,撬动更多社会资本支持经济转型升级。 其次,省内传统金融机构纷纷拥抱网络金融,顺应时代潮流。 例如,华夏银行宁波分行根据"中小企业金融服务商"定位,积极对接包括供应链平台在内的五大平台,大力拓展"平台金融",加快转变经营方式和营利模式。[②] 最后,浙江民间资本加速在网络金融行业中谋事布局。 一个典型的案例是,浙江首家由民间资本控股的金融控股集团——杭州国瀚金融控股集团有限公司,正进军网络金融行业,欲打造百亿金融控股平台。 还值得一提的是,自 2012 年浙江省全面启动"浙商回归"工程以来,省外浙商资本逐渐回流,成为助推浙江网络金融发展与经济转型升级深度融合的新军。

四、结论性评价

网络金融跨越式发展成为中国经济新常态下最绚丽的一抹亮色。 浙

---

① 丁敏哲:《打造浙江万亿级金融产业》,《浙江日报》,2015 年 4 月 23 日。
② 杨绪忠等:《网络金融崛起,银行业如何应对?》,《宁波日报》,2013 年 11 月 30 日。

江企业在网络金融浪潮中的发展风生水起、创新迭出，成就了网络金融发展之"浙江现象"。"浙江现象"的出现绝非偶然，其背后存在的是独特的"浙江经验"——炽烈企业家精神形成浓厚的创新文化底蕴、一流软硬环境创造优良的外部条件、信息经济领先发展奠定坚实的产业基础、民间金融长期活跃积淀丰富的成长养分。

浙江引领网络金融发展大潮，围绕领军企业而形成的网络金融产业链正在浙江大地上扩展延伸。展望未来，网络金融与浙江经济转型升级深度融合，将促进网络金融发展之"浙江现象"的进一步升华。对此，浙江已从制度供给、产业布局与力量汇聚 3 个层面展开积极探索，我们对升华的到来拭目以待。

网络改变金融，网络金融荡涤传统金融格局；金融服务经济，网络金融重构中国经济增长引擎。以蓬勃的民间力量为主角，充分发挥政府因势利导的作用，依托一流的软硬环境与厚实的产业基础，浙江——中国民营经济的发祥地，正高扬"敢为人先、特别能创业"的浙商精神，抢占网络金融时代的战略机遇，砥砺前行。

第五章
阿里巴巴网络金融的崛起之路

一、阿里巴巴网络金融的发展历程

阿里巴巴网络金融之路大致可划分为投石问路、多方探索和全面起航 3 个阶段，见图 5-1。 在第一阶段，借助"诚信通"服务及淘宝平台，阿里电商信用数据库建设起步。 在此基础上，阿里巴巴"联姻"商业银行涉足信贷业务，发掘信用数据之金融价值；在第二阶段，阿里巴巴与商业银行合作方分道扬镳，正式开拓小额贷款业务，其他多个业务领域与此同时也捷报频传，阿里金融业务架构初具雏形；在第三阶段，阿里巴巴重塑平台、金融和数据三大业务。 以蚂蚁金融服务集团成立为标志，阿里金融整体业务板块和组织架构浮出水面。 围绕平台与数据，阿里金融进一步延伸理财、信贷、第三方支付等业务，并积极向海外市场拓展。

投石问路 （2002—2010年）	多方探索 （2010—2013年）	全面起航 （2013至今）
数据积累（2002—2007年）： ● 退出诚信通服务与诚信通指数 ● 淘宝网上线，旨在为网络交易提供担保服务的支付宝业务时隔半年退出 经验积累（2007—2010年）： ● "联姻"建行、工行，跨界金融初体验	● 成立小贷公司，试水小额信贷业务 ● 支付宝获第三方支付牌照 ● 发行阿里星1号集合信托计划 ● "三马"联手，成立众安在线 ● 商诚融资担保有限公司成立 ● 联袂天弘基金退出余额宝，涉足财富管理	● 聚集平台、金融和数据三大业务核心，走转型之路 ● 重组四大事业群，全面整理金融业务，成立阿里小微金融服务集团，后更名为蚂蚁金服 ● 积极拓展海外市场

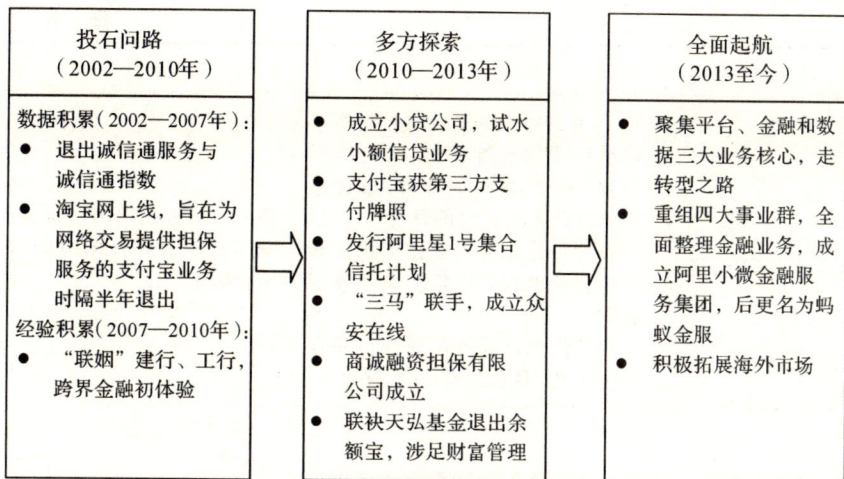

图 5-1 蚂蚁金服发展阶段

（一）投石问路（2002—2010 年）

2002 年"诚信通"诞生是阿里金融业务的萌芽。通过会员信用档案的建立与展示，"诚信通"服务旨在解决网络贸易中的信用问题。随着"诚信通指数"的乘势推出，电商信用状况获得量化评估（见表 5-1）。具有网络征信系统属性的"诚信通指数"为阿里巴巴积累并运用大数据奠定了扎实基础。

表 5-1 诚信通指数积分规则

可积分项	可积分理由	积分规则
通过企业身份认证（企业会员）	工商机关合法注册，真实存在，认证申请人获得企业授权	通过身份认证，加 10 分
通过个人身份认证（个人会员）	经过支付宝实名认证，身份信息和银行账户信息真实存在	通过身份认证，加 5 分
诚信通档案年限（企业/个人会员）	体现企业在阿里巴巴市场接受信用监督的时间长短，以及持续经营抵抗市场风险的能力	从第 2 年始，加 20 分/年

可积分项	可积分理由	积分规则
企业评价（企业/个人会员）	1. 所有进行交易的会员之间都可以进行评价和被评价，主动给对方做出公正客观的评价，也让对方为自己做出满意的评价 2. 评价积分分为买家评价积分和卖家评价积分，买卖家积分规则相同 3. 建议优先选择诚信通会员和自己做生意，多多交流，互相评价	积分由对方做出的评价、成交的金额及评价的时间等综合因素决定
证书及荣誉（企业会员）	将企业线下经营所积累的信用延伸到网上	1. "税务登记证" 5 分/张，5 分封顶 2. 经营许可类证书、产品类证书、其他证书：2 分/张，10 分封顶

　　资料来源：http://view.1688.com/cms/safe/09cxtzs_jifen.html? tracelog = cxaq_dangan_guize。

　　淘宝网于 2003 年 5 月上线，旨在为网络交易提供担保服务的支付宝业务也时隔半载推出。借鉴"诚信通"运营思路，阿里巴巴以淘宝网为基石，构建电商信用评价体系。随着淘宝业务快速发展，阿里电商信用数据库不断扩充，评价体系渐趋完善。

　　2007 年起，阿里巴巴与商业银行合作，进入信贷市场，发掘信用数据的金融价值。中国建设银行于 2007 年 5 月与阿里巴巴签署企业信用度贷款服务协议，随后以电商信用评级作为重要授信依据，相继推出"e 贷通"与"网络联保"电商信用贷款。类似的合作过程在阿里巴巴与中国工商银行之间再现。中国工商银行于 2007 年 6 月与阿里巴巴签署合作协议，并于 10 月推出"易融通"产品。但出乎预料的是，阿里巴巴与两大商业银行的 3 年"联姻"在 2010 年不欢而散。

（二）多方探索（2010—2013 年）

　　通过与商业银行的合作，阿里巴巴积累了宝贵的信贷风控体系建设经验，为进军小额贷款业务打下了基础。2010 年 6 月，中国首家专注小微电商企业的小贷公司——浙江阿里巴巴小额贷款股份有限公司成立。 时隔一年，重庆市阿里巴巴小额贷款有限公司成立。 阿里小贷产品如表 5-2 所示。

表 5-2　阿里小贷产品

	淘宝、天猫 B2C 平台小贷	阿里巴巴 B2C 平台小贷
贷款占比	80％	20％
贷款额度	订单贷款：贷款额度较小，最高额度为 100 万元，贷款周期 30 日 信用贷款：最高贷款额度为 100 万元，贷款周期 6 个月	信用贷款：门槛为 5 万至 100 万元，期限为 1 年。2013 年 2 月起于广东试点，最高 300 万元
贷款方式	解决燃眉之急的贷款，审核通过即打入客户的支付宝账户	循环贷：获取一定额度作为备用金，不取用不收利息，随借随还 固定债：获贷额度在获贷后一次性发放
收费模式	订单贷款：日利率 0.05％ 信用贷款：日利率 0.06％	日利率：0.06％（年利率约为 21.9％），用几天算几天，单利 固定贷：日利率 0.05％（年利率约为 18.25％）

资料来源：投中研究院，2014 年 5 月。

除小额贷款业务外，其他业务也开始风生水起。 2011 年 5 月，支付宝取得由中国人民银行颁发的首张《支付业务许可证》，用户数量突破 7 亿。 2012 年 6 月，阿里巴巴通过山东信托发行了阿里星 1 号集合信托计划，募集 2.4 亿元资金，迎来信托业务"开门红"。 2013 年年初，阿里巴巴联合腾讯与中国平安，成立众安在线财险公司，进军互联网保险业务。 随着商诚融资担保有限公司在重庆悄然成立，阿里金融的触角也伸向担保业务。 2013 年 6 月 13 日，阿里巴巴联袂天弘基金推出余额宝，进军财富管理，轰动一时（如图 5-2）。

（三）全面起航（2013 年至今）

2013 年是阿里巴巴转型之年，平台、金融和数据三大业务被重新塑造。 2013 年 3 月，阿里巴巴宣布以支付宝母公司"浙江阿里"为主体，筹建阿里小微金融服务集团。 为推动金融业务的全面整合，小微金融服务

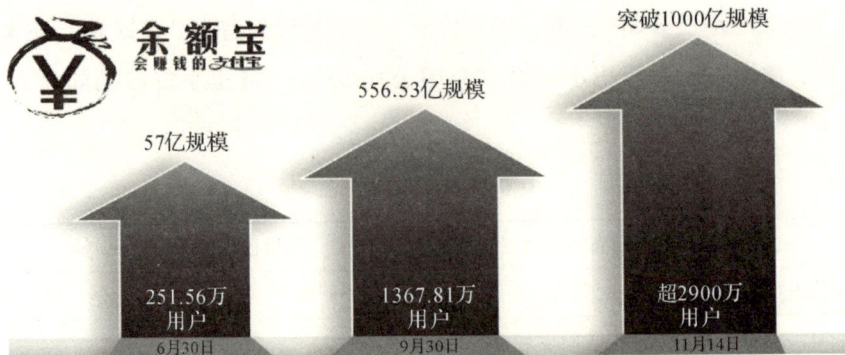

图 5-2　余额宝上线 5 个月来强势扩张

资料来源：http://news. hexun. com/2013-11-15/159700275. html。

集团于 2014 年 10 月正式更名为蚂蚁金融服务集团（简称"蚂蚁金服"）。 经历投石问路、多方探索和全面起航 3 个阶段，阿里金融在网络金融领域强势崛起，并且走向海外市场（如图 5-3）。

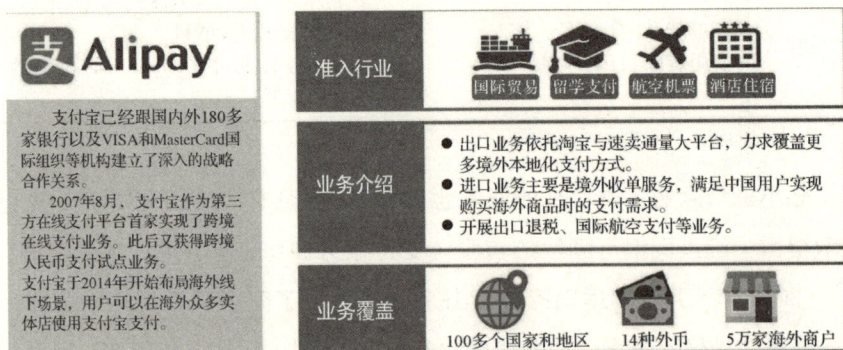

图 5-3　支付宝跨境支付业务简介

资料来源于易观智库：《2016 中国跨境支付市场专题研究报告》。

　　以支付宝为例，根据 2014 年的数据，支付宝已经为覆盖全球 40 多个国家和地区的 2000 家海外商家提供了跨境支付服务，并支持 14 种货币结算。 涵盖 iHerb、MY BAG、日本乐天等大型电商网站以及新加坡航空、美国 Shop Runner 等知名网购配送服务商。 2014 年 7 月，支付宝与环球蓝联达成战略合作，联合推出支付宝海外退税服务。 在法、英、德、意、韩等国家购物消费的中国消费者可以直接使用支付宝办理退税。

二、解剖蚂蚁金服

（一）股权结构

从严格意义上来讲，蚂蚁金服跟阿里巴巴集团是两家独立的法人实体，双方并没有股权关系，但事实上，蚂蚁金服与阿里巴巴渊源颇深，是重要的关联公司。蚂蚁金服是马云"平台＋金融＋数据"架构和规划中的核心一环。

蚂蚁金服股东为杭州君瀚股权投资合伙企业和杭州君澳股权投资合伙企业，分别持有 57.86％、41.14％的股份，法人代表为彭蕾，总裁为井贤栋，首席战略官为陈龙。

工商资料显示，杭州君澳股权投资合伙企业成立于 2012 年 12 月，其有限合伙人（LP）包括陆兆禧、张勇、彭蕾、金建杭、曾鸣、王帅、张建锋、王坚等 24 位阿里高管，其普通合伙人（GP）是一家名为杭州云铂投资咨询有限公司的企业，注册资本 1010 万元，由马云独资持有。

杭州君瀚股权投资合伙企业成立于 2014 年 1 月，其有限合伙人为马云和谢世煌，普通合伙人与杭州君澳一样，是马云独资持有的杭州云铂投资咨询有限公司。

因此，尽管阿里巴巴集团并不直接持有蚂蚁金服股权，即二者并无股权关系，但马云、陆兆禧、张勇、彭蕾等阿里高管通过两家合伙制企业控制了蚂蚁金服，马云是蚂蚁金服的实际控制人。

蚂蚁金服官方表示，未来公司的股权将安排为，40％的股份作为对全体员工的分享和激励，剩余 60％股权将用来逐步引入战略投资者。"而作为员工持股 40％的其中一部分，阿里巴巴集团董事局主席马云在蚂蚁金服的持股比例，不会超过其在阿里巴巴集团的持股比例。"[1]这意味着，马云在蚂蚁金服的持股比例将不高于 8.9％。

---

[1]　数据来源于 https://www.sohu.com/a/21226550_115207。

2015 年 1 月，蚂蚁金服的第一个战略投资者现身，上海祺展投资中心（有限合伙）从君瀚股权投资合伙企业手中取得蚂蚁金服 4.61% 的股权。

公开信息显示，上海祺展由上海众付投资管理有限公司、王育莲共同持股，其中众付投资由云锋基金发起人兼基金主席虞锋、董事总经理黄鑫共同持股，而王育莲则为虞锋之母。值得一提的是，云锋基金正是由马云和虞锋等人共同发起成立的。

2015 年 7 月初，蚂蚁金服正式对外宣布完成首轮融资，引入全国社保基金、中国人寿保险、国开金融、太平洋保险、新华人寿保险等机构。

2015 年 8 月底，蚂蚁金服再次更新其工商登记资料，股东栏新增中邮资本，其为中国邮政旗下全资资本运营平台。

2016 年 4 月下旬，蚂蚁金服完成 B 轮融资，融资额为 45 亿美元，这也是全球互联网行业迄今为止最大的单笔私募融资，意味着互联网金融的中国模式已经领先全球。此轮融资完成后，蚂蚁金服的估值已经达到 600 亿美元。

（二）业务布局

据其官网显示，目前蚂蚁金服的版图由支付宝、芝麻应用、蚂蚁达客、蚂蚁金融云、余额宝、招财宝、蚂蚁聚财、网商银行、蚂蚁花呗九大业务组成，不仅涉及传统金融领域中的支付、贷款，而且还以此作为核心拓展必要的基础业务，如芝麻信用、蚂蚁金融云，形成了支付、理财、融资和数据四大业务布局（如图 5-4）。

1. 支付业务

1999 年以来，阿里巴巴平台上的大部分交易都采取同城交易和银行打款方式完成，导致阿里巴巴发展速度慢、规模小、信用问题高发。为解决交易双方的信息不对称问题，2003 年阿里巴巴推出了网络第三方支付平台——支付宝，作为为买卖双方提供信用担保的第三方机构，确保交易不会因为信用问题而无法进行。至 2014 年，支付宝日均支付金额已达 106 亿元。支付宝的快速发展直接催生了第三方支付市场的壮大，财付通、银

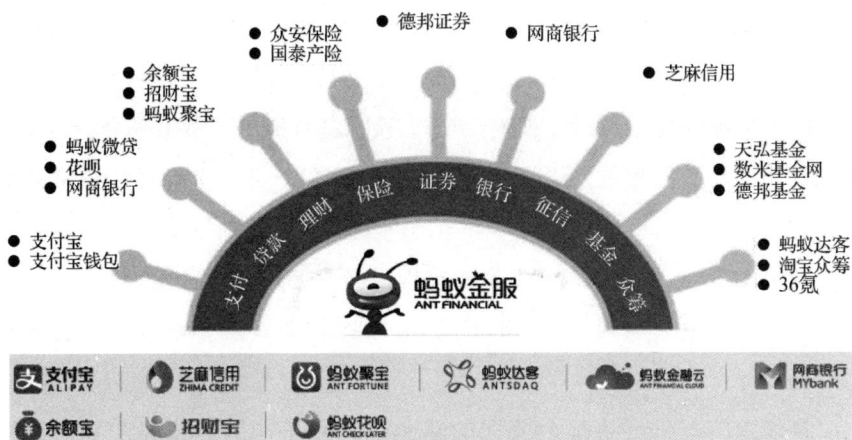

图 5-4　蚂蚁金服业务布局

联商务等纷纷浮出水面。

　　支付宝在第三方支付市场依旧处于垄断地位。 原因在于支付宝的成长依赖于淘宝，淘宝网占据了国内 C2C 网购市场的 80％，而 C2C 网购又占据了所有网购的 80％。 除此以外，支付宝在合作商户、功能、充值渠道方面也占据明显优势。

　　随着移动互联网时代的到来，支付也进入移动时代。 2013 年 11 月，支付宝推出支付宝钱包，支付进入手机移动客户端，为用户提供更加方便快捷的支付服务。 2014 年，中国第三方移动支付市场交易规模达到59924.7 亿元，同比上涨 391.3％。

　　自 2004 年成立以来，支付宝已经与超过 200 家金融机构达成合作，为近千万小微商户提供支付服务，拓展的服务场景不断增加。 截至 2015 年6 月底，实名用户数已经超过 4 亿人。 在覆盖绝大部分线上消费场景的同时，支付宝也正通过多种场景的拓展，激活传统商业，通过互联网方式的营销、大数据服务等，助力传统商业的升级，包括餐饮、超市、便利店、出租车、医院、公共服务等。 在海外市场，支付宝也推出了跨境支付、退税、海外扫码付等多项服务。

2. 理财业务

　　随着淘宝网购用户数目的不断增加，支付宝业务高速增长。 随着支付宝备付金规模日渐庞大，支付宝希望通过搭建资金管理机构的方式分流个人账户中的余额，同时又能够获得一定收益。然而央行规定第三方支付业务不能够计息。为解决这一矛盾，天弘基金提出了货币基金的方案，在保证流动性的前提下，获得了一定的增值效果，且不影响用户正常购物和支付。

自 2013 年 6 月诞生以来，余额宝规模增速远超各方预期。2013 年第四季度末，余额宝规模达到 1853 亿元，到 2015 年第一季度末，已增至 7117 亿元。

余额宝的本质是将基金公司的基金直销系统内置到支付宝网站中。用户将资金转入余额宝，实际上是进行货币基金的购买，相应资金均由基金公司进行管理，余额宝的收益也不是"利息"，而是用户购买货币基金的收益。用户如果选择使用余额宝内的资金进行购物支付，则相当于赎回货币基金。

从运作模式来说，余额宝实际上将大量客户的小额资金集中了起来，有了这笔庞大的资金，天弘基金在货币市场上可以以协议存款的形式，高息转手给拆借的银行。以拆借市场远高于银行活期存款利率的收益回报无数的余额宝用户。2013 年，余额宝收益率直逼 8%。

2013 年之后，银行间短期拆借利率的需求量下降，加之各银行金融机构推出类似余额宝的产品对其形成的竞争，货币基金收益率跌至 3%—5%。随着收益率的下降，余额宝资金开始流失，为防止资金的进一步流失，蚂蚁金服开始布局招财宝，定位为"平民理财"。

招财宝是一个投资理财开放平台，在保障用户本金的基础上，联合国内资质优良、信誉好的金融机构在其平台发布理财产品。2014 年 6 月 5 日，招财宝创造了"半小时销售 10 亿理财产品"的销售纪录。截至 2015 年 12 月，招财宝平台共帮助了超过 1000 万个人投资者成交业务。

3. 融资业务

对于理财产品的卖家而言，招财宝的另外一个重要使命是小微企业融资服务。针对小微企业主贷款和个人消费类贷款业务存在客户分散、成本高、周期长等问题，阿里小贷从 2010 年开始，利用网商线上信用行为数据为小微企业提供无抵押、低门槛、快速便捷的融资服务。 截至 2014 年 6 月底，累计为 80 余万小微企业提供贷款服务，累计放贷总额超过 200 亿元。

以阿里小贷为基础，网商银行在成立之初就是想解决小微企业融资难以及融资碎片化问题，服务于普惠金融。 截至 2015 年 3 月底，已经累计为超过 140 万家小微企业解决融资需求，累计投放贷款超过 4000 亿元。

4. 数据业务

2015 年 1 月 5 日，中国人民银行发布了允许 8 家机构进行个人征信业务准备工作的通知，被视为中国个人征信体系有望向商业机构开闸的信号，芝麻信用位列其中。 芝麻信用通过云计算、机器学习等技术客观呈现个人的信用状况，已经在信用卡、消费金融、融资租赁、酒店、租房、出行、婚恋、分类信息、学生服务、公共事业服务等上百个场景为用户、商户提供信用服务。

（三）业务特征

第一，依托支付宝搭建金融业务联盟体。 支付宝不断满足用户在消费、理财、生活、社交等不同场景下的各种需求，其成熟的账户体系可以媲美商业银行的核心账务体系，成为蚂蚁金服整个业务板块的基石。 蚂蚁金服众多的创新业务均以支付宝为核心载体。

第二，应用新技术支撑业务拓展和创新。 例如，网商银行以互联网方式经营、不设物理网点，依托大数据分析客户需求，把金融服务融入应用场景，提供更人性化的服务。 基于金融云，网商银行拥有处理高密度金融交易和海量数据的能力，可在控制风险的同时，更好地为更多小微企业提供金融服务。

第三，致力于为小微企业服务。 同样以网商银行为例，网商银行将小微企业、个人消费者和农村用户作为三大目标客户群体，瞄准"二八法则"底端的 80%，服务"长尾"客户，不断探索新的运营方式，帮助小微企业解决融资难题。

（四）生态系统

第三方支付、大数据、信用评级与征信是互联网金融生态系统的主体和核心要素。具体来看，支付宝依托电子商务发展壮大，移动端用户数超过 2 亿，并在各种消费场景领域不断拓展，提升用户体验，已是国内市场份额最大的第三方支付平台。电子商务的先行先试为金融生态体系的建设提供了显著的大数据优势。芝麻信用以阿里电子商务为基础，为蚂蚁金融体系的建设打下了坚实的征信基础。

围绕主体平台，打造众多的联系生活和消费的场景，构建各种互联网金融经营业态。同时，连接资产端的借款者（个人、企业）、金融机构（银行、保险、基金）、类金融机构（小贷公司、融资租赁公司）和投资者（个人、机构），形成一个较为完善的自循环生态圈。具体来看，余额宝、招财宝和众安保险是嵌入支付宝的理财产品。网商银行则以小微企业、个人消费者和农村用户为目标客户群体。

蚂蚁金服金融生态体系的建设更为重要的是保持一个开放的态度。在数据、资金、云平台等方面打造全新的模式，同时开放自己的平台，让更多的金融机构和业态纳入其金融生态圈中。

表 5-3 蚂蚁金服发展的关键时间节点

	5 月 19 日	蚂蚁金服成立首个"生态共赢基金"，投入 10 亿元扶持互联网创业
2015 年	4 月 22 日	蚂蚁金融服务集团、阿里巴巴集团与新浪微博，共同启动"互联网＋城市服务"战略，联合为各地政府提供"智慧城市"的一站式解决方案。政府通过接入"城市服务"平台，打造手机上的"市民之家"，可以更加高效、便捷地为居民提供公共服务
	4 月 09 日	蚂蚁金融服务集团、博时基金管理有限公司、恒生聚源及中证指数共同发布了全球第一个电商大数据指数——中证淘金大数据 100 指数
	3 月 16 日	3 月 16 日，马云在全球最知名的 IT 和通信产业盛会 CeBIT 上，向德国总理默克尔与中国国务院副总理马凯，演示了蚂蚁金服的 Smile to Pay 扫脸技术，为嘉宾从淘宝网上购买了 1948 年汉诺威纪念邮票

续　表

2015年	02月19日	2月18日凌晨1点到2月19日凌晨1点,24小时内6.83亿人次使用了支付宝红包。新春红包上线以来,已经有17.2亿人次通过支付宝红包给朋友送去祝福。24小时内,支付宝红包收发总量达到2.4亿个,总金额达到40亿元
	01月28日	芝麻信用开始在部分用户中进行公测,首推芝麻信用分,直观地呈现用户的信用水平
2014年	12月27日	蚂蚁微贷联合淘宝、天猫共同推出名为"花呗"的赊购服务。通过这项服务,用户在淘宝天猫上购物时可以先"赊账",实现"这月买、下月还"网购体验
	12月18日	一站式黄金投资理财服务"存金宝"上线
	12月12日	约2万家门店参与"双12"活动,当天使用支付宝钱包付款可打5折,范围覆盖餐馆、甜品、面包店、超市、便利店等多个日常消费场所
	12月01日	支付宝宣布推出"海外交通卡"服务,用户出境旅行可用支付宝钱包秒购海外交通卡。这一服务率先覆盖新加坡、泰国、澳门三地,韩国等国家也将陆续开通
	11月20日	蚂蚁金服旗下支付宝公司宣布推出"海外直购"服务,可以让用户的海淘体验像淘宝购物一样方便简单。目前,包括Macy's、Bloomingdale's、Saks Fifth Avenue、Neiman Marcus等美国四大百货公司,以及Ann Taylor、Aeropostale等服装品牌都已支持该服务
	11月11日	双十一全天,支付宝移动支付交易笔数达到1.97亿笔,同比增长336%。此外,双十一当天还售出了1.86亿份退运费险
	10月24日	截至9月底,余额宝规模达到5349亿元,用户数增至1.49亿,第三季度为用户赚了57亿元,自诞生以来累计为用户创造的收益超过了200亿元
	10月16日	蚂蚁金融服务集团正式成立
	08月27日	支付宝钱包开放平台上线,探索为传统行业拥抱移动互联网提供基础设施
	08月25日	招财宝平台正式上线,通过引入各类金融机构打造一个撮合投融资交易的开放平台。"定期理财随时变现"的创新成为招财宝的标志
2013年	11月13日	支付宝钱包宣布成为独立品牌
	06月17日	余额宝服务上线,在国内引发互联网金融的热潮
	03月07日	小微金融服务集团宣布开始筹备

2012 年	11 月 20 日	支付宝快捷支付用户数突破 1 亿
	11 月 11 日	支付宝日交易笔数首度破亿,当天成功交易 1 亿零 580 万笔
	05 月 11 日	支付宝获得中国证监会颁发的基金第三方支付牌照
2011 年	09 月 28 日	支付宝宣布通过 PCI DSS 认证,这是全球最严格、级别最高的金融机构安全认证标准
	07 月 01 日	支付宝推出条码支付,探索 O2O 市场
	05 月 26 日	支付宝获得央行颁发的国内第一张第三方支付牌照
2010 年	12 月 23 日	支付宝推出快捷支付,开启中国网上支付的全新体验
	02 月 02 日	支付宝携手国家开发银行,为国开行助学贷款发放、查询、还款提供更便捷的通道
2009 年	08 月 24 日	支付宝推出信用卡大额支付服务,推动信用卡在网络消费中的普及
	06 月 01 日	支付宝推出手机客户端,探索移动支付市场
	01 月 16 日	支付宝推出信用卡还款服务,进一步深入人们的日常生活
2008 年	10 月 25 日	支付宝公共事业缴费服务上线,从单纯的网购支付走向生活支付
	09 月 21 日	支付宝注册用户数突破 1 亿,成为中国互联网不可或缺的一项基础设施
	05 月 12 日	汶川地震震惊全国,支付宝联合中国扶贫基金会、壹基金等众多公益机构开通网上捐赠通道,以新技术让公益深入人心
2007 年	08 月 28 日	支付宝国际化起步,开始为中国消费者在境外网站购物提供支付支持
2006 年	11 月 01 日	支付宝联合银行推出"支付宝卡通"服务,"卡通"用户无须网银也能网上支付,成为后来快捷支付创新的前身
	06 月 14 日	支付宝开始委托工行每月出具备付金托管报告,在监管机构正式的管理办法出台前,率先树立行业自律的标杆
2005 年	06 月 20 日	支付宝对淘宝之外的网站开放
	03 月 03 日	支付宝与工行达成战略合作,开启了与银行战略合作的序幕
	02 月 02 日	支付宝率先提出"你敢付,我敢赔"的用户保障承诺
2004 年	12 月 08 日	支付宝网站(www.alipay.com)正式上线并独立运营
	12 月 08 日	浙江支付宝网络科技有限公司成立

资料来源:根据网络资料整理。

三、阿里巴巴网络金融发展的两大"法宝"

金融经济学理论认为，金融中介利用金融创新缓解资金需求双方的信息不对称问题，实现资金在储蓄者与具有生产性机会的融资者之间更为平滑的转移。进一步地说，金融中介利用技术进步产生规模经济效应，从而显著降低交易成本，提高经济效率。蚂蚁金融作为互联网金融时代的典型金融中介，抓住了互联网金融时代大数据优势带来的发展机遇，这是蚂蚁金服发展的基础。而互联网技术的创新以及消费模式的变革为阿里巴巴商业模式的发展提供了良好的支撑。

（一）电子商务是基石

马云对阿里巴巴的阶段性定位是数据公司，做淘宝不是为了卖货而是为了获取所有零售和制造业的数据；做小微金服是为了建立信用体系。而电子商务不仅仅记录了交易记录，更是把点击、搜索、排序偏好、聊天记录等非交易数据一同存储起来形成了多样化的数据库。相比传统金融机构的数据量和数据形式，基于电子商务的多样化大数据可以在数据间形成交叉验证，进一步验证结论的合理性。这些数据的采集和挖掘可以显著缓解储蓄者和融资者的信息不对称问题。

近些年，在我国线下信用体系建设并不完善的前提下，网上交易需求实现了爆发式的增长。电子商务的快速发展使得对支付的需求速度远远快于支付的基础设施建设速度，这种矛盾极大地推动了网上支付的快速发展。支付宝就是在这样的大背景下诞生的，采取第三方担保交易的模式。这种模式的价值不仅仅局限于支付本身，支付活动所产生的信息和数据能够使得阿里金融对客户信用、行为和偏好有一个全面的了解和掌握，可以有针对性地进行市场营销，进而为投资者提供金融产品进行风险承担。

电子商务为阿里巴巴网络金融的发展奠定了雄厚的基础，而网络金融具有显著的降低融资成本的优势。 从负债端来看，大部分区域性银行通过货币基金的方式获取拆借资金，随着利率市场化的不断推进，负债端的成本在互联网金融的推动下会有进一步的降低。 相较于传统金融以碎片化的资金形成资金池然后定向投放的方式，网络金融的模式以碎片化的资金去满足碎片化的需求，实现了去中心化的过程。 网络金融实现了从间接融资到直接融资的改变，在这种模式下中间库存管理、流动性的准备对于交易成本的降低、效率的提升都有明显的促进作用。 互联网技术并不能起到降低信用风险的作用，但是可以起到对信用风险精准定价的作用。 传统定价模式往往针对大类客户群体、大类特征进行定价，结果是优质企业补贴劣质企业。 而在大数据时代，通过分析每个个体的信用状况、资产状况，互联网技术可以做到针对每个个体的差异化定价。

（二）"生态系统＋开放平台"商业模式是成功关键

蚂蚁金服总裁井贤栋表示：蚂蚁金服所做的一切不是为了让小蚂蚁成为一只大象，而是为了推进更多的生态参与者更好地进化。 从中我们不难看出，蚂蚁金服在一开始就没有按照"帝国"的思路去构造，蚂蚁金服要的是"生态"而不是"帝国"。 对于蚂蚁金服而言，投身具体买卖业务的意义并不大，作为核心的用户、数据和风控服务商，通过尽可能吸引金融机构进来从事金融服务所获取的价值已是非常具备想象力。 在成立不到一年的时间里，蚂蚁金服的合作伙伴遍及银行、基金、保险、各行业线下商户等众多领域。 正如蚂蚁金服所言，运用互联网开放、分享、平等、自由的技术和理念，让金融数据可以自由安全流转，进而构建一个为中小企业和消费者服务的生态系统和开放平台是其价值所在。"生态系统＋开放平台"的商业模式的重点是对自身价值进行维护，并处理好自身与竞争对手以及自身与战略合作伙伴的关系。 基于这样的理念，蚂蚁金服被打造成"完整的生态系统＋开放的金融服务平台"。

构建完整生态系统的首要任务是目标客户群的精准定位。 蚂蚁金服首席战略官陈龙表示：中国的消费形态正在发生非常大的变化，个性化、多样化消费成为主流，小微企业的作用会更加凸显，生产小型化、智能化、专业化将成为产业新的特征。基于这样的特征，阿里巴巴电子商务构建了一个国内线上的大市场，把多样化、个性化的消费和小型化、智能化、专业化的生产结合起来。互联网金融正是在这样的一个大背景下为商业服务的。因此，正如蚂蚁金服投融资事业群总裁韩歆毅所言，蚂蚁金服的策略是错位市场，用户正如一个金字塔结构，传统金融服务位于中上层，而蚂蚁金服服务位于中下层，为长尾用户提供普惠金融的服务，与传统金融形成互补的关系。

　　具体来看，蚂蚁金服依托阿里电商获取一定量的市场需求，通过支付宝为供需双方提供金融服务，借助各个场景不断发展壮大支付宝，提升用户体验，并将余额宝、招财宝、众安保险等理财产品嵌入支付宝，分别瞄准活期理财、定期理财和保险理财市场，还结合电商和支付平台记录的数据建立信用体系。因此，形成了以第三方支付、大数据和信用评级与征信为核心要素的互联网金融生态系统，依托众多的消费与生活场景，构建互联网理财、网贷、互联网银行、保险等多种经营业态，并完成借款者与传统和新兴金融机构的对接，形成一个自循环的金融生态系统。在蚂蚁金服构建的金融生态体系内，供需双方可以凭资金的快速流动，形成有效的交易市场。从蚂蚁金服业务结构来看，其金融体系完成了从低级到高级，从支付到资本的全面铺设。相对于京东和腾讯而言，蚂蚁金服的金融版图更为全面和独立，并形成内部循环。依托早期阿里积累的流量和入口，蚂蚁金服在其独立业务基础上形成自主体系。

　　开放的金融服务平台基于共享经济理念。在现实战略上，蚂蚁金服立足于为金融机构搭建平台，利用自身的支付、大数据、云计算等能力帮助金融机构从以能力为服务核心，转化为以数据为服务核心。韩歆毅表示蚂蚁金服坚持"平台、农村、国际"三大方向，平行拓展平台，下沉农村，向海外扩展，其中开放平台的建设是三大方向的核心。蚂蚁金服正在构建基础设施，搭建金融平台，而"芝麻信用"和"金融云"都是其中的一部分。例如，蚂蚁金融云的开放可以为金融机构大大降低成本。以转账为例，单笔支付的系统成本从传统 IT 架构的几毛钱降到了 1 分钱，单

账户成本降低到传统体系的几十分之一，单笔贷款的成本也只需要不到 1
元钱，从而让金融机构为用户提供无手续费转账、免小额账户年费的服
务。 井贤栋表示，开放蚂蚁金融云是蚂蚁金服"互联网推进器"计划的重
要一步，是技术领域向金融机构开放最重要的平台，可以直接帮助和推动
金融机构发展。

第六章
网络金融的主要形态(上)
——银行信托类

一、网络小额贷款——以阿里小贷(蚂蚁小贷)为例

(一)发展背景

　　根据官方数据,我国小微企业数量约占全国企业数量的90%,创造了约60%的GDP,解决了约80%的就业岗位,贡献了约50%的税收,但仅获得了约20%的贷款,融资难已经成为制约小微企业发展的主要因素之一。 为解决这一困境,近年来国家陆续出台了扶持小微企业发展的一系列政策,监管机构也出台了鼓励金融机构支持小微企业融资的措施,小微企业融资难的问题得到了一定程度的缓解。 但是,小微企业融资难问题并未得到根本解决,相对于大中型企业,小微企业仍相对较难获得贷款。

　　小微企业融资难的原因主要来自两个方面。 一是小微企业信息不透明、贷款风险高。 银行传统的放贷方式需要掌握企业的财务数据和信用数据,判断还款能力和还款意愿。 但是小微企业通常财务不规范、不透

明，使得银行的尽职调查难以获得真实数据。同时，小微企业规模小、实力弱、抗风险能力差，并且缺乏合格的抵押物，因此银行普遍认为给小微企业放贷风险较高，在银行内部实行不良贷款刚性考核的情况下，银行基层普遍缺乏发展小微企业客户的积极性。二是小微企业所需的贷款频率高、单笔额度小，银行的操作成本高。根据银行传统的贷款流程，大额贷款和小额贷款所占用的人力费用、办公费用、财务费用等大致相当，因此从单位成本看小额贷款属于"不经济"的高成本业务，银行会更倾向于贷款额度更大的大型企业。

据统计，传统信贷模式下银行每笔贷款的平均成本约 2000 元，在人力、资金等资源有限的情况下，银行作为营利性组织必然追求利润的最大化，舍弃小微企业，因此，小微企业融资需求这块"长尾市场"一直被银行所忽略。互联网金融企业同样是以营利为目的，但是这块"长尾市场"却成了互联网企业渗透金融的香饽饽。互联网企业可以借助电商平台上所累积的客户数据，掌握企业的营销情况，使得原本不透明的财务信息得到真实展现；电商平台还可以通过查封网上店铺、网络黑名单通告等方式，增加企业的线上违约成本；互联网企业可以利用在线的数据，降低人工成本。因此，在电子商务发展越来越迅速的情况下，越来越多的交易数据由电商平台所掌握，以阿里小贷为代表的电商小贷在弥补银行金融服务空白的情况下，利用新的解决思路拓展了小微企业融资的新"蓝海"。

（二）成长历程

蚂蚁小贷①（曾经的阿里小贷）的发展已经有了十余年的历程，最早可以追溯到 2002 年"诚信通"的成立。总结蚂蚁小贷的发展历程，主要可以分为数据积累期、经验积累期、独立发展期 3 个时期。

数据积累期（2002—2007 年）：阿里巴巴通过"诚信通"、淘宝等平台完成大数据的原始积累。2002 年 3 月，阿里巴巴推出诚信通业务，为

---

① 以下将蚂蚁小贷和阿里小贷视为同一概念。

从事国内贸易的中小企业提供网上贸易服务，以解决网络贸易中的信用问题。 2004 年 3 月，阿里巴巴又推出了"诚信通"指数，诚信通会员会在其"诚信通档案"的基础上获得阿里评分系统的评分，用以衡量会员信用状况，成为阿里巴巴信用评分模型的基础，帮助诚信通会员获得采购方的信任。 在这个时期，阿里巴巴 B2B 及淘宝等电子商务平台的规模大幅增长，为阿里小贷积累了大量的数据基础，完成了大数据的原始积累。

经验积累期（2007—2010 年）：阿里巴巴与中国建设银行、中国工商银行等金融机构合作放贷，积累了在信用评价、风险控制等方面的一系列经验。 2007 年起阿里巴巴与中国建设银行、中国工商银行开展深度合作，分别推出了"e 贷通""易融通"等贷款产品，服务对象主要为中小电商企业。 阿里巴巴作为销售渠道及信息提供商，向银行介绍业务并提供客户的风险信息，银行则利用阿里巴巴提供的信息向阿里平台上的中小企业放贷。 这一服务吸引了一些潜在借款者，使得电商平台上的中小企业有了一定的发展。 但是理想与现实总是存在一定的差距，电商平台上的企业大多达不到银行的准入标准，银行并没有收获特别多的大单，并且在业务合作模式上阿里巴巴与银行也存在分歧。 种种原因之下，第一次"银阿"合作基本以失败告终。 但是，与银行合作的失败并没有阻止阿里涉足金融领域的尝试，其后在 2008 年，阿里巴巴又推出了网商融资平台，来自400 多家国内外著名风险投资机构的 2000 多名风险投资人参与了该平台。

独立发展期（2010 年至今）：2010 年阿里巴巴开始自建小额贷款公司，服务电商平台上的小微企业。 2010 年，阿里巴巴联合复星集团、银泰集团、万向集团成立了浙江阿里巴巴小额贷款公司，注册资本为 6 亿元。 2011 年，阿里巴巴与宁波金润资产、上海复星工业、万向租赁共同设立了重庆市阿里巴巴小额贷款股份有限公司，注册资本为 10 亿元。2013 年，阿里巴巴又在重庆新设了一家小额贷款公司，命名为重庆市阿里小微小额贷款有限公司，注册资本为 2 亿元。 三家小贷公司的成立，使得阿里开始向部分城市的商户进行放贷。 但是由于电商客户众多，阿里也马上面临了资金不足的瓶颈。 阿里在 2012 年与嘉实基金子公司，2013 年与万家基金子公司、东方资产管理公司合作进行了证券化项目，扩充了其贷款额度。 2014 年 8 月,阿里小贷以现金作价 5.18 亿美元出售给小微金服,并更名为蚂蚁微贷。

(三)业务模式

阿里小贷在设立初期主要为 B 端(商户端)服务,主要产品为信用贷款和订单贷款两种。

1. 信用贷款

信用贷款是阿里巴巴为借款人提供的一款无须任何抵押物及担保的纯信用贷款产品,通常以借款人的信誉作为发放贷款的依据,用以满足借款人在生产经营过程中产生的短期流动资金的需求。 目前,阿里巴巴旗下的信用贷款主要有淘宝信用贷款、天猫信用贷款等。 以淘宝为例,淘宝店主无须抵押,在没有担保的情况下,可以凭借交易信用记录向阿里小贷取得贷款。 事实上在这一过程中,作为平台的淘宝通过日常经营积累的大量交易信息,当网店需要借款时,淘宝等平台式电商将需要借款的网店的数据提供给阿里小贷,阿里小贷根据店铺的交易记录进行信用评判,最终根据信用水平的不同决定放贷的额度,其主要流程如图 6-1 所示。 店铺的好评率、投诉、处罚、退款以及交易的稳定性等,都会影响店铺申请到贷款的成功率以及申请到贷款的额度。

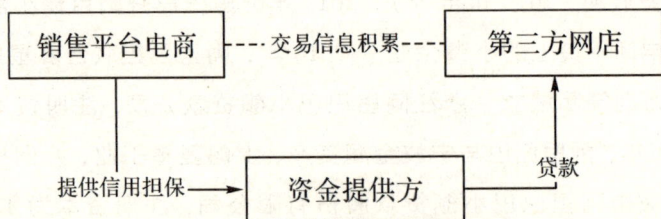

图 6-1 电商小贷的信用贷款流程

资料来源于黄海龙:《基于以电商平台为核心的互联网金融研究》,《上海金融》,2013 年第 8 期。

信用贷款的主要客户群体,是注册地在上海、浙江、江苏、北京、天津、山东、广东等地的,经营状况较好的,具有成长性的小微企业主和个体工商户,必须是阿里巴巴中国站或中国供应商会员,注册时间满 1 年,近 12 个月总销售额不小于 100 万元。 在放款额度上，诚信通会员的可贷额度为 5 万—100 万元，中国供应商会员的可贷额度为 5 万—300 万元。在放款形式上，阿里巴巴的贷款可以分为循环贷和固定贷两种。 循环贷即客户可以获取一定额度的信用额度作为备用金，7 × 24 小时随借随还、循环使用，适合于企业用于临时性周转的资金需求，但是这种贷款方式已经被取消。 另一种是固定贷，固定贷在获得贷款额度后一次性发放，按月以等额本息的方式还款，适合于企业正常经营的资金需求。 在利率方面，授信期为 3 个月和 6 个月的淘宝信用贷款日利率为 0.06%，授信期为 12 个月的信用贷款日利率为 0.05%，提前还款需要支付手续费，前 3 个月还款需要交纳归还本金 2% 的手续费，在第 4—9 月还款产生 1% 的手续费。天猫信用贷款和淘宝信用贷款大同小异，差别在于天猫 3 个月信用贷款的日利率为 0.05%，还款期为 12 个月的贷款在前 9 个月提前还款需收取对应还款金额 2% 的手续费。

2. 订单贷款

在电商交易中，为了解决双方的信用问题，阿里巴巴首创了担保支付模式。 当消费者购买网上商品时，所付款项不会立即进入卖家账户，而是先沉淀于电商平台（或电商的第三方支付平台），待消费者确认收货后，电商平台再将款项打入卖家账户。 担保交易虽然解决了信用问题，但是从消费者付款到卖家实际收款的过程中，一般会有若干天时间，这就造成了第三方对卖家资金的占用。 电商平台推出的订单贷款，正是为了解决这一实际需求。 在阿里电商平台上，当有符合条件的卖家已发货而买家尚未确认收货的订单，卖家可以凭借此类订单向阿里小贷申请贷款，电商平台为资金方提供信用担保，并以已发货、未支付的订单作为质押物，贷款金额最高可为订单金额的 95%，且贷款后买家支付的货款将自动被用于还款。 订单贷款的实质是卖家将未来的现金流提前支取，加速资金周转，主要解决了极短期的资金流转与头寸调拨的需求，通常贷款数额较小。订单贷款的整体流程如图 6-2 所示。

阿里小贷订单贷款的条件和信用贷款类似，只是因为有抵押物，申请

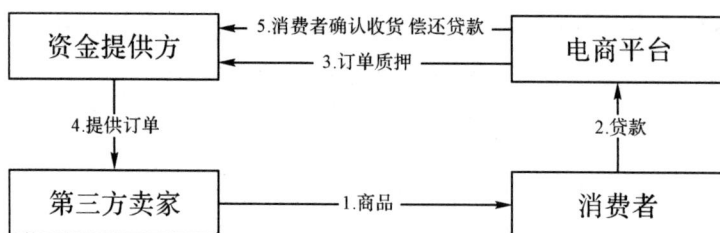

图 6-2   第三方的订单贷款流程

资料来源于黄海龙:《基于以电商平台为核心的互联网金融研究》,《上海金融》,2013 年第 8 期。

条件有所降低,持续有效经营 2 个月以上的商户便可以申请。 每笔订单贷款的最长期限为 60 天,日利率为 0.05%。 由于一般抵押订单交易到账后系统会自动还款,所以实际上订单贷款通常在未到期之前便已结清。

（四）放贷流程

阿里小贷利用其数据和技术优势,搭建了一套标准化的信贷流水线,除了某些特殊情况需要进入人工审批阶段外,普通贷款可以全流程的线上完成放贷。 阿里小贷的线上放贷包括提交申请、收集资料、视频调查、审批通过、签署合同、获得贷款 6 个环节。（如图 6-3 所示）阿里小贷根据申请者在阿里巴巴平台上的数据,以及企业销售走账的银行流水、财务报表、纳税记录、电费凭证等申请材料对客户进行评价。 在信贷人员的操作屏幕上,可以看到生产线上每个环节的运作情况以及客户的滞留情况,整个流程相对快捷,迎合了小微企业"短、频、快、急"的融资需求,最快 3 分钟完成贷款审批,当天完成放款。

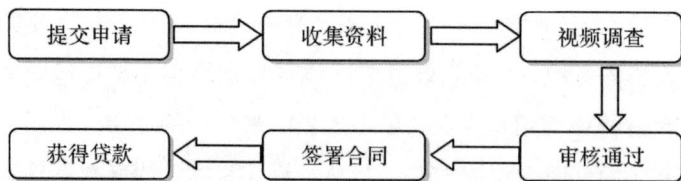

图 6-3   阿里小贷放贷流程

在提交申请阶段,申请贷款企业的法定代表人及配偶、实际控制人及配偶需要提供身份证及婚姻证明复印件,提供近 6 个月企业销售的银行账户对账单,提供信用报告授权查询委托书以及近 3 个月企业缴纳的电费凭证。 制造业客户年销售额在 3000 万元以上的，还需要提供近 3 年年度财务报表和本年最近的月度财务报告，以及相应的纳税申报表、固定资产清单、企业贷款卡号等信息。 这些材料在签章后，可以通过传真、扫描、快递、电子邮件等多种方式递交。

在视频调查阶段，当收到客户申请材料后，阿里小贷的调查员将通过电话、旺旺视频等工具与客户进行沟通，要求客户在线提供个人银行流水、水电费单票据，对企业的经营情况和财务状况进行了解，对客户的还款能力和还款意愿进行判断。 此外，对于部分特殊的需要实地走访的客户，阿里小贷引入了外部公司协助调查。

在合同签订与贷款支用阶段，若贷款审批通过，客户可以在线上阅读贷款合同条款，输入绑定的支付宝账户及密码完成合同签署。 如若客户需要续贷，阿里小贷对续贷客户的申请材料有所简化，调查时间也相应缩短，主要关注企业近期的变化，并且有可能享受到优惠利率。

（五）风险控制

传统银行发放小微企业贷款最大的制约在于成本和风险。 小微企业财务制度不健全，资金流动存在绕过公司账户、不反映在财务报表中的情况。 社会上流传的一个说法是，小微企业通常有三本账，一本给税务看，一本给银行看，一本才是自己真实的财务记录。 在这种情况下，银行无法掌握小微企业真实的财务数据，难以控制风险，只能要求企业提交抵押物。 但是小微企业缺乏抵押物，限制了银行向小微企业发放贷款。

在利用在线流水线放贷解决成本问题的同时，阿里小贷通过利用大数据技术，使得对小微企业和个人借贷的风控能力有了巨大的提高。 阿里小贷的风控核心在于其拥有一个庞大的电商生态系统，对客户的运营情况十分熟悉，相当于建立了一个详细的征信系统数据库，解决传统信贷模式下的信息不对称问题。 同时，阿里在贷前、贷中以及贷后建立起一套较为完善的风险预警和控制体系。

在贷前阶段，阿里小贷一方面利用阿里平台收集到的详细客户交易数据进行分析评级，另一方面也结合第三方数据认证服务取得海关、税务等验证数据。 此外，客户评级还要结合客户的软信息、上下游评价等。 目前阿里小贷掌握和运用的商户网络行为数据包括：（1）阿里巴巴/淘宝数据：淘宝交易数据十分庞大，包含店铺基本信息、店铺交易数据、会员信息、会员浏览数据、旺旺信息等。（2）支付宝数据：支付宝的资金交易数据也是十分重要的信息，可以了解客户真正成功交易的数据以及资金周转能力，几乎所有阿里巴巴的中小企业客户都有相应的支付宝账户信息，有些背景资料缺失的企业会员数据，甚至都可以在这里得到一些补充。（3）其他相关子公司/合作公司互联网数据：其中的地址、社交数据也对信用风险管理起到了非常重要的作用。 在评级过程中，阿里小贷基于上述数据开发了信用风险 PD 评分模型，如图 6-4，阿里小贷的信用风险评分模型的开发过程中包含了海量的互联网数据，根据客户已有信息预测该客户的违约风险概率，通过模型的方法得到 PD 评分，以区分出好坏客户。 信用风险 PD 模型被应用到自动申请贷款审批、贷中风险监控等场景，根据 PD 模型的风险评级可以决定准入客户，细化客户授信等。

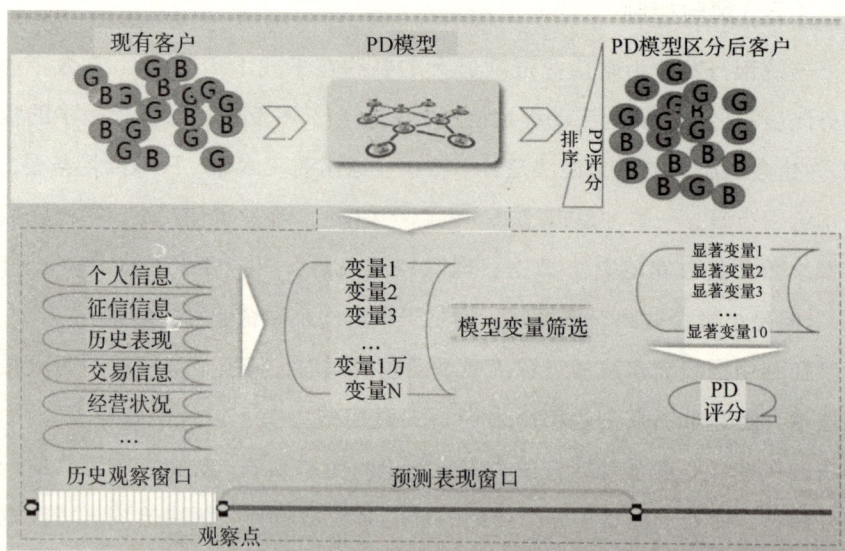

图 6-4　信用评分模型的开发过程（资料来源：蚂蚁小贷）

在授信过程中，蚂蚁小贷基于互联网和大数据开发了"水文模型"（图 6-5）。"水文模型"顾名思义，参考了城市的水文管理形式，根据历史及周边数据判断当期水文的高低。 在实际应用中，蚂蚁小贷在授信时，结合水文模型，通过该店铺自身数据的变化，以及同类目类似店铺数据的变化，判断客户未来店铺经营情况的变化，从而系统可以判断出店铺的资金需求，与传统模型相比，其主要优势在于有效剔除了季节性波动影响。"水文模型"按照小微企业类目、级别等分别统计一个阿里系商户的相关"水文数据"库，然后用其预测得到的销售额以及其 PD 评分值来确定店铺的授信额度及价格。

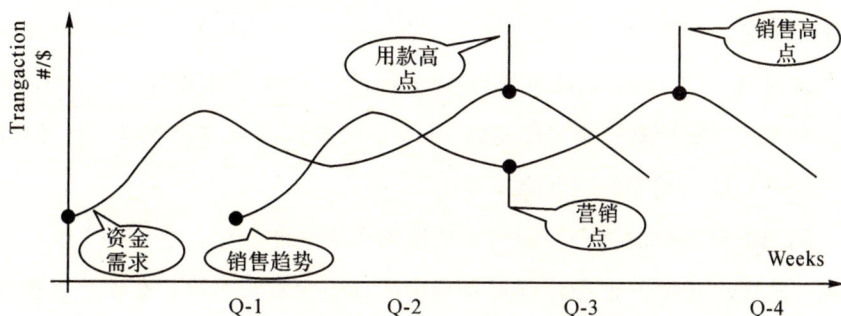

图 6-5 水文模型的应用场景(资料来源:蚂蚁小贷)

在贷后管理方面，阿里小贷建立了 7×24 小时的监测预警。 在阿里小贷办公室内建有一面由 12 块液晶屏组成的屏幕墙，在一张地图上显示着实时更新的贷款规模、客户数量、业务完成进度、不良率等。 一旦客户拿到贷款，便进入了阿里小贷的监控范围。 阿里小贷在监控系统中建立了数千条实时监测指标和预警规则，包括营业额、利润、平台广告投放量、流量等，监测贷款使用是否发生偏离。 阿里小贷采用三级预警，配备差异化的处置方式。 当出现黄色和橙色预警时，将采取人工排查；当红色预警出现时，将直接进行贷款催收，减小坏账风险。 当风险发生之后，阿里小贷会采取多样化的风险处置方式。 除了以 1.5 倍收取罚息以外，还将采用封网店、网络信用披露等措施，提高违约成本。 当然，对于非恶意欠贷且具有一定资质的客户，阿里小贷还推出了信用恢复机制，并协助其恢复还款能力。

（六）发展趋势

阿里小贷成功解决了部分中小企业和个人创业者的融资困境，但是其模式最大的发展瓶颈来自资本金的限制。根据《关于小额贷款公司试点的指导意见》规定，小额贷款公司的主要资金来源为股东缴纳的资本金、捐赠资金，以及来自不超过两个银行业金融机构的融入资金，且从银行业金融机构获得融入资金的余额，不得超过资本净额的50％，这从一开始便限制了小贷公司的放贷规模。目前阿里小贷的注册资本，三家注册公司合起来只有18亿元，即使阿里小贷所在的浙江和重庆都出台了鼓励政策，允许其将银行融资额度提高到100％，最多也只能放贷36亿元，仍远远不能满足线上电商的庞大融资需求。

阿里小贷将解决这一问题的目光放到了资产证券化。从2013年6月底起，阿里小贷资产证券化项目获得中国证监会发行批准，专项计划发行总规模上限50亿元，每个计划规模2亿至5亿元，优先级份额：次优先级份额：次级份额为7.5：1.5：1，次级份额由蚂蚁小贷自身持有（图6-6）。每只期限1年至2年优先级份额可在交易所平台上市交易，利率在6.0％—6.9％之间，为固定利率。至今，阿里小贷共计发行7个专项计划，募集资金35亿元，认购人均为机构投资者，包括银行、保险、财务公司。

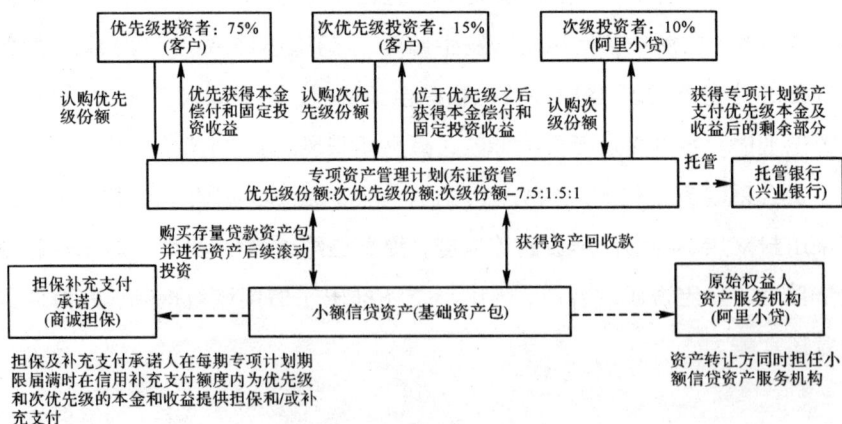

图 6-6 资产证券化模式图

阿里小贷资产证券化突破了其资金的瓶颈,并且由于资产端和负债端都为固定利率,基本也不存在利率风险。 未来,阿里小贷在有效控制信贷风险的前提下,有望蓬勃发展。

二、网络银行——以浙江网商银行为例

(一)成长历程

早在 2010 年年底,淘宝网上开展的一项问卷调查便引发业内极大关注,最早透露了阿里巴巴办银行的想法。 该问卷以阿里小贷公司升级成 ABCD 银行为假设,向淘宝网用户了解其提供存贷款及虚拟信用卡服务的可行性。 2011 年 3 月以后,阿里巴巴开始同人民银行和银监部门多次接触,商讨"网商银行"申报的可行性。

2014 年 9 月 26 日,浙江网商银行作为我国首批民营银行试点之一,获得银监会同意筹建,成为国内首批互联网银行之一。 浙江网商银行由蚂蚁金服、复星、万向、宁波金润、杭州禾博士和金字火腿等六家股东发起,注册资本为 40 亿元,具体股东结构如图 6-7 所示。

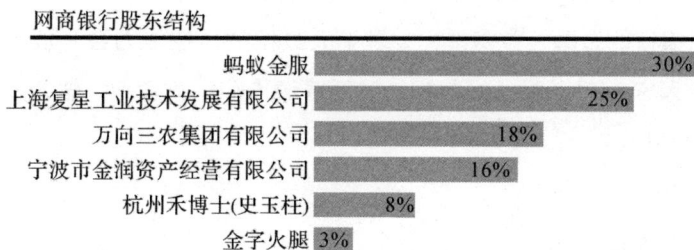

网商银行股东结构

蚂蚁金服	30%
上海复星工业技术发展有限公司	25%
万向三农集团有限公司	18%
宁波市金润资产经营有限公司	16%
杭州禾博士(史玉柱)	8%
金字火腿	3%

图 6-7

浙江网商银行采取"小存小贷"的纯网络银行模式。 与传统银行相比,纯线上银行既无营业网点和柜台,也无须财产担保,而是通过互联网技术,依托大数据信用评级发放贷款,这就对系统提出了更高的要求。2015 年 3 月,浙江网商银行完成了系统开发,并于 3 月 26 日向浙江银监局提交了验收申请报告。 浙江网商银行的核心系统是中国第一家完全基

于自主可控技术开发、架构在分布式的金融云上的商业银行系统。

2015 年 5 月 27 日，浙江网商银行正式获开业批复。银监会核准其金融业务范围为吸收公众存款，发放贷款，办理国内外结算，办理票据承兑与贴现，发行金融债券，代理发行、代理兑付、承销政府债券，买卖政府债券、金融债券，从事同业拆借，买卖、代理买卖外汇，提供担保，代理收付款项及代理保险业务，经国务院银行业监督管理机构批准的其他业务。

2015 年 6 月 25 日，浙江网商银行经过近 9 个月的筹备，宣布正式开业。在开业仪式上，马云以及蚂蚁金服集团董事长兼 CEO 彭蕾都对网商银行的发展方向发表了期望。马云表示，希望网商银行能够真正做到无微不至、与众不同，真正做到有担当、有情有义，能够帮助到需要金融服务的中小企业。彭蕾则具体提了对网商银行的四点期待：第一，网商银行的考核目标不是资产规模、利润率，最看重的是服务的中小企业客户数和海量消费者。第二，期待从业务模式本身出发，以信用数据为基础，在开展业务的同时，记录点滴信用，缩小城乡差距。第三，普惠金融是网商银行一直践行的方向。希望可以利用互联网技术、云计算、大数据将普惠金融的公益属性和商业属性得以有效区分，这样才能更有效率地解决借贷双方的错位与不匹配问题。第四，小银行，大生态。网商银行是平台化的，网商银行的金融云技术能力、基于大数据的风控能力会开放给其他金融机构，大家一起来服务好客户，贴近普通人和小微企业，做令所有人感到骄傲的银行。

（二）主要特点

从马云和彭蕾的期望中，也可以看出网商银行的一些特点，具体来看有以下 4 个主要特点：

1. 网商银行是无网点的高科技银行

网商银行是一个完全去 IOE 的银行，也是中国第一家将核心系统架构在金融云上的银行。它不设物理网点，不做现金交易，没有线下服务团队。 基于金融云计算平台研发的银行核心系统,让网商银行拥有处理高并发金融交易、海量大数据和弹性扩容的能力,金融云引入了诸多数据建模,如客户模型、账务模型、产品模型等,让网商银行有了提供金融产品的能力;此外,网商银行还引入金融云本身的严谨、周密和安全因素,以及各种细节的服务等,形成了一个立体的云上银行。

2.网商银行的目标客户是长尾群体

网商银行一诞生就反传统而行之,其目标客户不是那"20％能带来80％"收益的大企业。 它提出只做80％的、只能带来20％收益的长尾客户,以贷款为例,网商银行非常明确不会做500万元以上的贷款业务。 从客户定位上来看,我国中小微企业的金融服务一直没有跟上,在过去,这类企业的融资途径除了银行,多转向民间借贷,而民间借贷在风控上并没有做得很好。 此外,虽然一些民营银行也明白这80％中小微客户的商业价值,也把目标定位在此,但通过大数据、互联网等手段去服务于这个群体的银行,目前基本上没有。 从这个角度来看,网商银行用数据建模的方式把控金融风险,利用贸易中产生的金融需求了解客户的真实需求,开创了一种新的玩法。

3.网商银行利用技术手段降低成本

在平台、大数据的支撑下,网商银行用技术手段将银行的运营成本、获客成本降到最低。 其一,网商银行所有的产品设计都是随借随还,做到资金占用成本最低和服务效率最高。 其二,网商银行利用大量的数据模型控制风险,降低坏账成本。 其三,网商银行的调查审查审批全部在线完成,不需要人工,降低了运营成本。 其四,网商银行采取自营＋平台的方式获取资金,把社会上更便宜的资金通过网商银行的平台引入融资场景中来,降低资金成本从而降低融资成本。 其五,网商银行的新型架构降低了IT成本。 从传统商业银行的经验看来,每年在IT系统的软硬件采购上要耗费上亿资金,而网商银行利用金融云大幅降低系统成本,而且随着业务范围的扩大,金融云的成本优势还可能会不断增大。 以账户维护为例,采用传统 IT 系统的银行，每年维护单账户的成本大致在 30 元—100 元，单笔支付成本约 6 分—7 分，而基于金融云的网络银行系统，每年单账户成本只有约 0.5 元，单笔支付成本约 2 分钱。

4. 网商银行拥有特殊的组织结构和人才队伍

网商银行更关注"技术＋合规＋业务"。在高管方面，高管团队的配备很精炼，按照实际业务需要来配备，不介入的业务就没有，比如说投资银行部和衍生品业务是不做的，就没有相应的团队和部门。高管团队下面就是直接负责对应的具体业务部门，结构较为扁平化，一共有 12 个部门，包括业务、风险、技术三大块，还有一些财务、运营、客服、人力资源等中后台的部门。由于互联网银行对技术要求更高，网商银行在管理人员和人力上配备都有倾斜。目前网商银行一共有 300 多名员工，其中近一半是 IT 团队，第二大的团队是数据部门，有 80 人，主要负责数据挖掘分析建模风控等。具体到业务板块一共有 3 个方面：小微企业、个人业务、农村金融，各有十多人，因为纯线上的运营模式，所以员工人数比起传统银行来说少了很多。这些与普通的银行相比，还是凸显出了区别。

（三）业务模式

1. 流量贷

2015 年 8 月，网商银行推出了首款产品——流量贷。8 月 24 日，网商银行宣布与全球最大的中文网站流量统计机构 CNZZ 合作，面向中小规模的创业型网站推出信贷产品，帮助中小网站解决创业过程中融资难融资贵的问题。

CNZZ 是国内互联网最权威的流量统计网站，目前有 500 万家网站采用 CNZZ 的流量统计服务，覆盖全中国 90％以上的上网用户。使用 CNZZ 流量统计服务的网站有很多是创业型的中小网站，他们为广大网民提供吃、穿、住、行、玩各个方面的信息服务，但是他们自身的发展却很少得到关注，很难从金融机构得到融资。流量贷产品为的就是帮助创业阶段的中小网站解决融资难问题,满足他们发展过程中的资金需求。

拥有注册域名、在 CNZZ 平台上有流量统计数据,并且信用记录良好的个人或者公司均可以申请流量贷。 申贷者登录 CNZZ 网站,就可以看到自己网站的初始授信额度,点击"信+"标签进入申贷页面后,登录支付宝实名认证账户发起申请即可,无须提交其他的额外资料。 网商银行将基于大数据风控模型对申贷者进行身份、信用、流量以及经营状况等要素的审核,综合考量网站的经营状况、网站经营者的个人信用等因素,审批过程最快能在 1 分钟之内完成。 而在审核通过后,最快 3 分钟款项就能打入申贷者的支付宝账号内。

另外,流量贷的贷款期限最长是一年,每个申贷者的申贷额度区间在2000 元至 100 万元,贷款日利率为万分之 4.5,申贷者可以选择分 12 个月每月等额还本金的方式,也可以随时提前还款且无任何手续费或者服务费。 应该说,这是网商银行首次向阿里巴巴平台之外的小微企业发放贷款。

2. 口碑贷

2015 年 10 月,网商银行推出了面向线下实体商户的贷款产品——口碑贷,并将在口碑平台上的小微餐饮商户中试行。 根据商户的信用资质等情况来决定授信额度,每户的授信额度最高可以达到 100 万元,最长用款期限为 12 个月。

口碑平台是一家新兴的本地生活服务平台,2015 年 6 月底,由阿里巴巴集团和蚂蚁金服集团联合出资 60 亿元设立,致力于推动 O2O 服务的转型和升级。 据蚂蚁金服提供的数据,上线 3 个月,口碑上的餐饮商户已经超过 20 万家。 在 2015 年的十一国庆假期,口碑平台上餐饮交易的日均笔数突破 160 万笔。 因此口碑平台拥有极强的人气。

口碑商户可在线申请口碑贷,通过登录支付宝 PC 端的"商家中心"或者新推出的口碑商户版 App,无须抵押物也无须担保。 系统自动审批通过之后,商户便可立即拿到贷款。

3. 旺农贷

继推出流量贷、口碑贷等面向小微企业和个人创业者的产品后，浙江网商银行又研发了一款面向农户和村淘小二的纯信用贷款产品——"旺农贷"。2015 年 11 月 9 日，网商银行宣布，面向农村农户的互联网小额贷款产品——"旺农贷"正式上线，其为农村种养殖者、小微经营者等提供无抵押、纯信用小额贷款服务。旺农贷是网商银行首款专门面向农村市场的金融服务产品。

具体来看，有贷款需求的农户，可以在当地农村淘宝服务网点工作人员的帮助下，进入旺农贷无线端进行申贷，申贷时提供身份信息及相应的土地、房屋或者门店等资产证明。网商银行在审核通过后将实时放款。旺农贷针对不同的农村经营场景提供最高 50 万元的贷款，无抵押物、无担保，贷款期限分 6 个月、12 个月和 24 个月，还款方式包括按月付息、到期还本和等额本金还款两种。所有申贷均通过旺农贷无线端在线签约，平均 3 到 5 天放款，最快当天即可到账。

旺农贷的优势在于本地化线下推荐和大数据线上审核相结合。一方面本乡本土的村淘工作人员在择优授权并且培训之后，可以帮助农户进行申贷；另一方面，蚂蚁金服小贷业务多年来积累的经验和数据，都将运用于线上审核及贷后监控等环节。另外，网商银行已经与中和农信签订合作协议，双方将在资金、渠道、客户、风控等方面实现共享合作。

旺农贷从 2015 年 9 月中旬开始试点运行，在试运行的两个月里，其已在山东、河北、河南、安徽、甘肃、黑龙江、广东等 17 个省份 60 个县域的下辖村点开展业务试点，未来旺农贷将伴随农村淘宝及其他合作伙伴为更多农村用户提供服务。截至 2015 年年底，"旺农贷"已经覆盖国内 17 个省、60 多个县。在近 6000 个村淘点中，"旺农贷"的覆盖面大约为 10%。

（四）发展趋势

互联网运营是网商银行最大的优势，但从某种角度来讲，这也是其局限。比较标准化的不太复杂的产品适合互联网，但个性化的很复杂的定制化产品就不适合互联网。 此外，"小存小贷"的经营模式也意味着网商银行暂不能从事大型"对公业务"。 简单地讲，"20万以下存款和500万以下贷款"这样的限定，使得银行几乎无缘大型企业和国家单位的存款和借贷。

但是，这些和网商银行的发展目标并不冲突。 网商银行的目标是做中国小微企业客户数最多的一家银行。 现在的小微企业有1000多万家，个体工商户4000多万，合计约6000万，网商银行希望五年内覆盖到一千万的小微企业或者个体创业者。 1000万是什么概念？ 民生银行作为国内首家实施小微金融战略的商业银行，从2009年至2015年，小微客户数才突破300万，授信余额逾4100亿元。 而目前的蚂蚁小贷近五年来服务过的小微企业只有160万家。 可以说，未来小微企业还是一片巨大的"蓝海"，留给网商银行充足的发展空间。

三、个体网络借贷——以招财宝为例

（一）成长历程

上海招财宝金融服务信息有限公司成立于2013年，是蚂蚁小微金服全资设立的一家金融服务公司，注册资金1000万元。 "招财宝"产生于阿里巴巴另一款明星产品"余额宝"之后。 阿里旗下的余额宝自2013年6月上线后，用户数量和规模急剧增长，一跃成为市场上的最大的基金产品。 余额宝之所以能在短期内吸引到如此之多的用户，除了其流量大、门槛低、流动性强、与电商平台对接的特点外，也与其所处的货币市场环境密切相关。 余额宝诞生于市场流动性紧缺、货币市场出现利率高点的时候，利率曾一度达到7%以上。 因此，高收益也使得余额宝聚集了大量对收益敏感的客户。 当余额宝收益逐渐走低时，为了使因高收益而来的客户不会逃离阿里及蚂蚁生态体系，阿里巴巴开始试图为这些资金寻求更好的投资理财渠道，招财宝正是在这一背景下诞生的。 2014年4月招财宝平台上线，在经过4个月的试运行后，招财宝于2014年8月

25 日被正式推出。

2014 年 4 月 9 日，一款期限为 18 个月的"新华阿里一号保本混合基金"低调上线，且在收益栏标注浮动收益，13 天以后，这支 10 亿元规模的基金售罄；2015 年 10 月，招财宝的成交额突破 110 亿元，其中 90%的资金来自余额宝，覆盖 20 多万家小微企业；截至 2016 年 1 月 8 日，平台累计投资额 4223.69 亿元，成交笔数 6739.2 万笔，投资用户数 1051.24 万，其中借款总成交金额 2580.55 亿元，借款用户数 343.17 万，借款产品平均年化收益率为 5.65%。

（二）业务模式

招财宝的商业模式和余额宝完全不同。余额宝的实质是一款货币市场基金，而招财宝是一个为理财产品提供发布渠道的互联网平台，通过收取手续费获利。根据招财宝官方介绍，其自身定位为"投资理财开放平台"，一般收取成交额的千分之一作为手续费。

在试运行阶段，招财宝的主要产品为"票据贷"。至 2014 年 5 月 12 日，招财宝的票据贷产品有 221 个，成交量为 4828 笔（交易金额不显示），状态均为"已抢完"。票据贷的购买流程主要分三步：第一步，融资方与平台、合作银行签订三方协议，委托平台代为将票据收益权转让给投资方，并质押持有的银行承兑汇票，以该银行承兑汇票托收款作为还款来源。第二步，票据贷平台通过与银行、保险机构的合作，对票据贷产品进行增信，包括通过合作银行机构对质押的票据进行验真、要求融资方以投资方为被保险人对所抵押的票据进行投保等，公布收益率，吸引广大投资人认购。第三步，平台待产品认购成功后汇集资金交付给融资方，并向融资方收取服务费（招财宝公布的中介服务费为购票面额的 0.1%），银行承兑汇票到期时，由融资方在兑付后还款，或由平台统一代理投资方实现质权，并在 2—3 个工作日内向投资方支付本息。

招财宝正式上线后，其产品也在不断调整。目前招财宝平台上的主要产品包括两类，一是中小企业和个人的借款产品，二是金融机构或监管认可机构发布的理财产品，包括万能险、分级基金以及地方交易所发布的理财产品等。

招财宝有几个特点。 首先，招财宝是一个 B2P 平台而非陌生人间的 P2P 借贷平台。 不像普通 P2P 网络借贷平台，企业和个人并无法在招财宝平台上自主发布原始的借款需求，因此平台对于基础借款需求的进入有一定的把控能力，可以控制进入平台基础产品的质量。 同时，由于它的定位其产品收益在余额宝和普通 P2P 平台之间。 根据观测和统计，招财宝平台上全部产品的收益率都高于银行存款利率，将近 80％ 的产品收益率高于余额宝，最高达 6.69％。 因此招财宝在收益率方面无疑是非常具有吸引力的。 第二，招财宝提供"变现"功能，为投资者提供流动性。 当购买招财宝可"变现"产品后，若投资者需要流动性，可自行设定需要"变现"的金额和利率申请"变现"，平台将自动生成一笔"个人贷"借款并发布，当其他用户通过招财宝平台购买该笔借款后，"变现"申请者将获得资金。 其实质是申请人以他在招财宝平台所购买的产品作为质押品向平台上的其他用户借款。"变现"过程中所产生的"个人贷"是平台中派生的借款需求，可以称为派生借款产品。 招财宝在对基础借款需求进行控制的同时，并未对派生借款产品进行任何控制，一个产品可以被多次"变现"流转。 第三，由金融机构或担保公司为平台上的产品提供增信服务。 保险公司等增信机构在每笔交易中收取一定的费用，当借款人还款逾期时，此类机构将履行还款保障增信措施，完成代为偿付的义务。 如对个人贷产品则提供两重保障机制：以投资人持有的理财产品到期本金和收益作为质押，以及由第三方保险公司承保，保障资金安全。 而中小企业贷的购买页面中都注明了"该笔借款由指定银行提供到期兑付凭证等还款保障"。

（三）主要创新

从上文可以看出，招财宝不仅仅是发布理财产品的信息平台，其最引人注目的地方还在于商业运作模式上的创新，主要包括"变现"功能和"预约"功能。

1."变现"功能

流动性是投资者在选择是否进行投资和投资何种理财产品时需要考虑的重要因素，特别是对于尚处于财富积累初期、日常消费意愿较强的年轻人。这一类人群容易接受新生事物，对互联网持较为开放的态度，是互联网理财产品的潜在用户。招财宝平台上的理财产品目前是期限在一个月至三年的定期产品，通常来说，定期理财产品是不允许在到期前提前取出资金的，即使像存款一样允许提前取出，收益也会大幅下降，失去了投资理财的价值和意义。但是招财宝通过"变现"这一功能在保证一定收益的同时，提供了流动性。

招财宝对"变现"功能的官方解释为"变现借款是用户基于自己在招财宝平台持有的指定理财资产数据发布借款申请，由保险公司提供还款保障措施，由借出人直接向借入人借出资金的直接融资'个人贷'项目"。因此，"变现"功能实际上并不是真正的"变现"，不是从已购买的理财产品中撤回投资，也不是债权债务关系的转移，而是将所购产品作为抵押物、借助于 P2P 交易而实现。当用户购买理财产品后产生流动性需求时，可以点击相应理财产品下的"变现"按钮，平台将自动生成为一笔"个人贷"借款，该笔借款以"变现"申请人在招财宝已经购买的理财产品的本金及收益作为质押物，申请人可以自行设定"变现"金额、期限和利率，其他用户通过招财宝平台购买该笔借款后，实质是将相应资金出借给变现申请人，从而满足变现申请人获得现金的需求。金融机构授信系统则根据风险评估结果实时为该笔变现请求提供担保措施，从而生成一笔个人贷进入招财宝交易平台系统，支付给用户。正如招财宝 CEO 袁雷鸣所言，招财宝是通过互联网方式，用时间的错配完成了一场资金的马拉松，在这场接力赛中，每一位选手随时可以退出，随时找到下一个接棒的人。

至于招财宝为何不采用其他一些平台所使用的债权转让模式，袁雷鸣在接受采访时有所解释。他介绍招财宝之所以没有采用债权转让模式是由平台上的一些产品的特性决定的，如保险产品涉及不同投保人、不同费率,因此转让存在困难。此外,债权转让需要通知债务人,袁雷鸣表示要履行这一通知义务的成本较高。

2. "预约"功能

招财宝的第二大创新亮点便是"预约"功能。预约抢购是招财宝平台推出的一项便捷增值服务。30岁左右工作繁忙的上班族是理财产品所面向的人群中很重要的一部分,他们既希望在理财产品市场分一杯羹,又没有太多时间可以投入,尤其在理财市场火爆的情况下,招财宝上很多产品在上线后的几小时甚至更短时间内就会售罄,要想成功购买到特定产品,需要有足够的时间盯紧理财产品、刷新页面、及时抢购。而"预约"功能的推出则解决了这一问题。用户把资金存入余额宝后,每日已开始产生浮动收益,与此同时一键启动招财宝预约功能,设置好自己期望的产品收益率、投资期限、产品类型等条件,系统将自动进行指定理财产品的信息搜索。在未来的30天内只要有符合条件的指定理财产品在平台上架,系统将按照用户授权自动下单交易。如若预约用户过多,产品供不应求,则系统自动进行"摇号"抽签,中签客户获得购买资格。这一人性化的措施节约了用户大量的时间,也提升了理财产品的购买体验。

"预约"功能的作用远不止于此,大量用户积累起来的预约需求,包含了投资者预期的收益率、投资期限等关键因素,从而使得与招财宝对接的金融机构能够准确地知悉市场需求,进而针对这些需求设计和提供相应的理财产品。这就大大减少了金融机构以往为了了解市场需求所需耗费的大量人力、物力成本,实现了理财产品的特定化、定制化,帮助金融机构更好地有的放矢。同时理财用户也能享受到成本降低所带来的收益的增加,进而吸引更多的客户进入理财市场,积累更多的预约需求,实现市场的良性循环。应当说,"预约"功能是极具开创性的,其价值在日后或将会有更为突出的显现。

(四)发展趋势

随着互联网金融的发展,大量类似招财宝的互联网理财平台及创新产品不断涌现。 未来，一定会有更多的资产、资本"触网"，以更加方便的方式服务于老百姓。

根据中国互联网络信息中心（CNNIC）在京发布的第 35 次《中国互联网络发展状况统计报告》显示，截至 2014 年 12 月，购买过网络理财产品的网民规模达到 7849 万，网络理财产品在网民中使用率为 12.1%。 随着传统金融"触网"、互联网"淘金"，有特色的平台逐步"广、精、专"，得到互联网用户群的青睐，将有较好的发展空间。

就招财宝本身来看，招财宝平台是当今互联网时代利用"长尾理论"关注和服务于不被主流理财机构所看重的众多"小客户"的典型案例。 作为互联网理财平台，招财宝还需要较长的市场培育过程。 我国的商业银行以及大型的保险公司、基金公司等金融机构均拥有自己较为完善的电子销售渠道，如何才能吸引这些金融机构将自己的优势产品放到招财宝平台上来？ 如何在确保安全性的基础上持续上线较高收益的理财产品来吸引投资者？ 这些都是招财宝不得不面对的问题。 招财宝平台能否像天猫商城一样聚集众多理财产品的"卖家"和"买家"，成为互联网时代理财产品的"天猫商城"？ 让我们拭目以待！

四、互联网信托——以娱乐宝为例

（一）成长历程

2014 年 3 月 26 日，阿里巴巴在互联网金融领域推出了跨界创新产品"娱乐宝"，进入文化产业。（如图 6-8）网民出资 100 元即可投资热门影视作品，预期年化收益率 7%，并有机会享受剧组探班、明星见面会等娱乐权益。 一年发 6 期、两期产品接近 2 亿元的规模、首个保险资金通过信托计划投向文化产业等标签，都是"娱乐宝"创下的纪录。

梳理娱乐宝的发展路径，第一期娱乐宝的合作伙伴为国华人寿，对接的是国华一款投连险产品，该投连险产品借信托计划将资金投向 4 部电影，资金方和融资方谈好约定收益率，同时还通过银行出具信托履约保证函,保证资金安全。 数据显示,娱乐宝首期 4 个投资项目全部售罄,共计 78.5 万份,总金额为 7300 万元,共有 22.38 万网友参与投资。

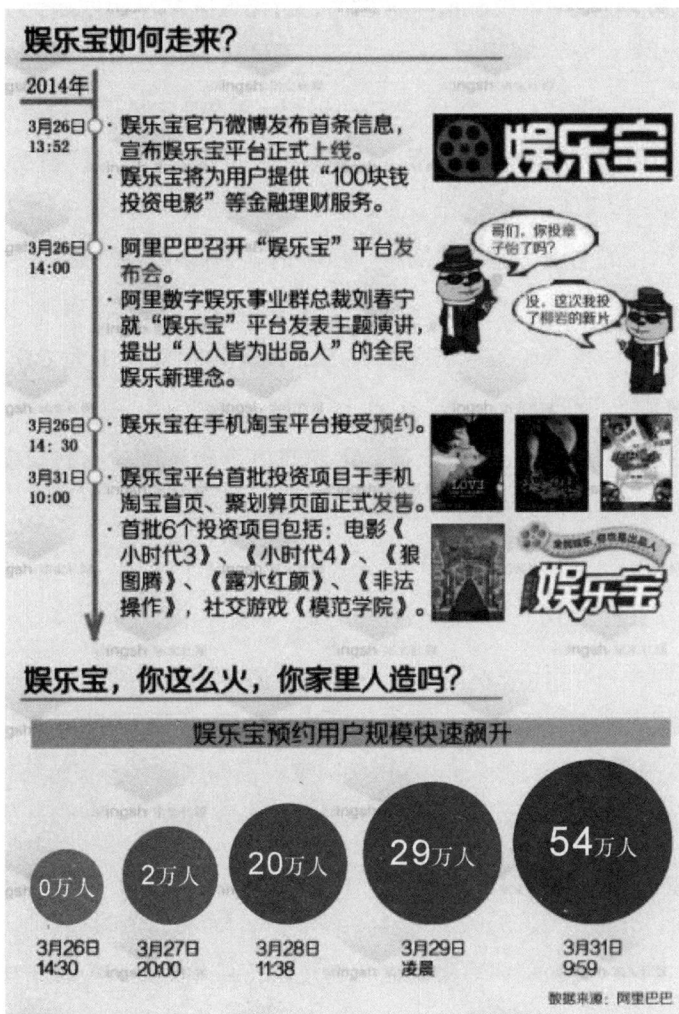

图 6-8

该模式持续发酵,两个半月之后,二期产品发售,除了"100 元可拍电影"额度、预期年化收益率 7% 不变之外,最大的变化是每个项目的投资上限提升到 2000 元,即每个项目每人限购 20 份,合作伙伴依旧为国华人寿。 包括《露水红颜》《绝命逃亡》《边缘线》《老男孩》《魁拔 3》5 部电影的娱乐宝二期被 16 万粉丝抢购一空,募集资金达 9200 万元。 统计发现，购买娱乐宝第二期的用户有 40% 购买了第一期投资项目，如此之高的重复率说明娱乐宝受到了投资人的热捧。

第三期，娱乐宝不仅更换了合作方，对接保险产品也变更为分红险，投资期限亦明确为三年，合作方换为中国太平洋保险，不过第三期也是受到争议最多的一期产品。 第四期之后，娱乐宝的关注度开始持续下降，第四期的投资规模和收益率都有所下调。 第五期的规模继续下调至 3000 万元，第六期和华夏保险的合作规模有所上调，为 4000 万元。 在第六期，投资项目对接的为由著名导演高希希执导的电视剧《马上天下》和刘江执导的电影《咱们结婚吧》，项目募集资金 4000 万元。 据了解，此次保险产品的一端为华夏保险一款万能险产品，预期年化收益率为 6%，180 天后领取，无任何服务费用。

从最初的 7300 万元一路上行，再到峰值下转，娱乐宝的规模变动曲线也体现了投资人从火热到理性的转变过程。

（二）业务模式

简单而言，阿里巴巴"娱乐宝"通过保险渠道将所筹集的资金交给信托基金公司，再由信托基金公司将其投放于影视、网络游戏等文化娱乐项目。 以第一期娱乐宝为例，其本质是阿里巴巴与国华人寿保险公司合作，推出的一款名为"国华华瑞 1 号终身寿险（投资连结型）A 款"的产品。 与传统的保险产品一样，该产品具有保障的特点，给予投保人意外身故的保险金。 然而，有别于传统的保险产品，该产品同时兼有投资的特点。

国华人寿保险公司将筹集的保费通过信托基金的渠道投资于电影和网络游戏等项目中，使该产品的收益价值取决于上述这些项目的收益水平。 在保险学上，这种保险产品称为投连险，其目的更倾向于投资，属于保险公司提供的一种新型理财产品。 需要注意的是，"国华华瑞 1 号终身寿险（投资连结型）A 款"不保本、不保底，同时其投资连结的领域也极具风险，因此，其属于高风险的理财产品。

娱乐宝首期产品筹集的资金全部投向上海爱建信托股份有限公司的一款集合信托计划，以信托贷款的形式间接投向杭州缪斯客网络科技有限公司的电影和游戏项目，招商银行出具《银行履约保函》，对贷款资金本息进行担保。作为业务合作方之一的阿里巴巴数字娱乐事业部仅负责通过网络和媒体向社会宣传关于打造娱乐宝平台、推出娱乐宝的有关信息，联合影视作品方面的合作伙伴，为购买娱乐宝的用户提供影迷会、首映礼等娱乐增值服务，提升产品娱乐性和用户参与度。（见图6-9）

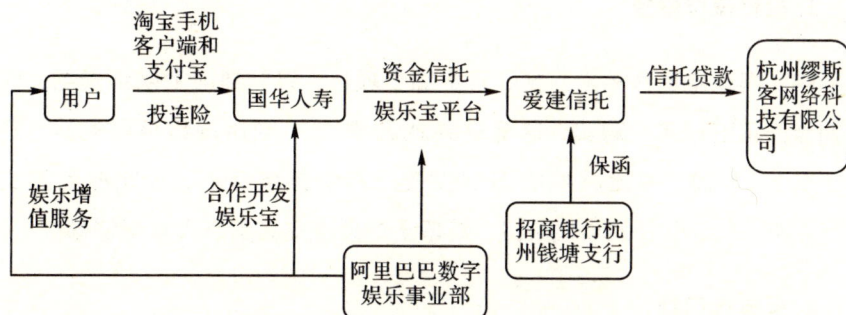

图6-9　娱乐宝产品结构及资金流向

国华人寿为产品资金运作设立了4个专用投资账户，分为激进型、稳健型、保守型和灵活型四类，主要投向固定收益类资产、流动性资产、金融产品和权益类资产四类，根据账户的风险偏好配置各类资产投资比例。（见表6-1）

表6-1　娱乐宝产品投资账户说明　　　　单位:%

资产类别	资　产　标　的	账　户　类　型			
		激进型	稳健型	保守型	灵活型
固定收益类资产	债券、回购、银行存款协议、债权型基金、基础设施债权投资计划等	0—50	0—80	0—100	0—80
流动性资产	现金、货币市场基金、银行活期存款、银行通知存款、剩余期限不超过1年的政府债券和准政府债券	0—20	0—20	0—50	0—30
金融产品	银行理财产品、券商专项资管计划、信托公司集合资管计划和不动产投资计划等	0—80	0—95	0—95	0—95
权益类	二级市场股票、股票型或偏股型证券投资基金、一级市场新股申购、定向增发、因可转债或权证转股形成的股票、因持有股票所派发的权证以及因可分离债券产生的权证等	0—80	0	0	0

（三）主要创新

娱乐宝作为一种新型的电影投资的方式，在投资操作、门槛、投资人群体等方面具有其鲜明的特点和创新之处。

1. 投资操作便捷

购买娱乐宝操作相当方便，看中哪个项目，只需提前上网络预约，到抢购当天再下订单、购买，这笔交易就完成了。利用网络平台购买，简单、方便、快捷，相比其他的理财投资产品的条条框框，眼花缭乱的文件、证明，以及漫长的审核阶段，娱乐宝的投资交易更令人感到舒畅。

2. 投资低门槛

之前，一部电影的资金来源通常来自赞助，或者是由对影视产业感兴趣且具有实力的企业投资，一次资金投入少则几百万元，多则上千万元，甚至上亿元，这样高的投资门槛实际上限制了很多投资者。而现在，娱乐宝正是意识到"团结就是力量""积少成多"的本质含义，召集众多对电影感兴趣的人形成一个庞大群体，一起对一部电影投资，俗话说"不积小流，无以成江海"，而娱乐宝正是通过购买者的"小流"，汇聚成了"江海"般庞大的资金并对电影进行投资，正是这样"碎片化"的投资方式，降低了投资门槛。娱乐宝作为一个投资产品，其投资面向一般人群，这样的做法具有创新性，巧妙地化解了个人资金不足而无法投资的尴尬，使电影投资群体发生明显转变。

3. 投资中加入营销

娱乐宝作为国内第一个以电影为投资对象，并借助电商平台进行销售的投资产品，迎和了当下新媒体网络时代的发展，也发展成为一种新的电影营销模式。当前，一部电影的营销成功与否，甚至能决定一部片子的生死，而娱乐宝的出现让人们眼前一亮。通常在电影开始制作之前，电影制作方与观众之间缺乏沟通，制作方单方面的想法往往并不能被广大受众接受,但这一棘手的问题通过娱乐宝可以解决,普通观众用自己的钱做出选择,即"用钱投票"。 同时,制作方也可以通过这一方式评判这部电影未来的市场效应。 另外,购买者普遍不会贸然投资,在投资之前一定会对这些电影的导演、演员、剧本进行了解,才会决定投资哪一部电影,而这样的过程就是一个很好的营销过程,哪怕最后没有购买,这些电影已经走进他们眼里,甚至心里。

4. 挖掘潜在用户

一部分娱乐宝的参与者也可能是其他潜在电影消费者的意见领袖,可以通过向自己的朋友圈介绍"我最近投资了一部电影,大家有空去瞧瞧啊"等这样的方式,发掘潜在用户,这既可以由此增强购买者的参与感,引导用户的电影消费,为电影造势,又能保证用户对影片的持续关注。

即便娱乐宝有如此多的特点,但是从本质来说其仍属于一款高风险的理财产品。 该产品一期投资的项目包含四部国产电影和一个网络游戏,而二期投资的项目包含五部国产电影。 仅以国产电影产业为例,有关统计显示,国产电影在 2007 年至 2013 年累计的投资回报率约为－42%,整体处于亏损状态;与此同时,成功上映比率仅约为 5%,有绝大部分国产电影最终无法上映。 虽然近几年国产电影成功上映比率有所提高,但年均也不超过 10%,即每 10 部国产电影里最终能成功上映的只有一部,这意味着投资国产电影风险极高,而娱乐宝实则存在不少风险。

但是,据资料可看出,阿里巴巴也从两个方面入手控制风险。 一方面,投资者分散投资后风险已受控。 娱乐宝一期产品限额 7300 万元,每份投资额为 100 元,个人投资上限为 1000 元/项目,即每个项目每人限购 10 份。 娱乐宝通过限制购买机制以降低购买者所面临的投资风险。 而在采访中,其拥趸者的心态也反映了这种情况。 很多人表示"区区 100 块钱,能赚点钱挺好的,赚不到浪费了就浪费了,我们就是想过把投资者的瘾"。 因此,对于投资人来说就算风险再大,把本金全赔进去了,也不过几盒烟、几顿饭钱，都还是承受得起的。由此，不难看出，许多人投资娱乐宝，并非完全没有看到风险，只是他们根本就没把那点风险后果当回事，他们想要的是一种心理上的慰藉，是面对朋友或是在网上调侃时得以增添的话题。

另一方面，在产品运作模式中有银行担保，阿里巴巴公众与客户沟通部工作人员张启在接受《第一财经日报》记者采访时表示，娱乐宝非常重视资金风险问题，也与国华人寿就投资结构达成了共识，收益不会和票房绝对挂钩。为了保障资金安全，阿里巴巴还通过商业银行出具保本保息的保证函，如果项目出现违约，商业银行将代替电影企业履行还款义务，即在整个运营链条中，投连险的资金是放到一个结构化信托计划的优先级中的，在一个大盘子中占据一定比例。

因此，关于娱乐宝的投资风险，阿里巴巴通过限制购买机制、引入保险公司以及与银行的合作，在一定程度上降低了个人投资者的风险，将风险尽可能地最小化。

（四）发展趋势

娱乐宝作为新生事物，在未来还有一定的发展空间。娱乐宝未来将为新晋电影人的发展拓展空间。新晋的电影工作者往往都是那些热爱电影事业、追逐电影梦想的人。他们富有创造力，对电影也有着各自深刻的见解，是中国电影业潜在的新兴力量。然而，他们常常会因为没有人脉、没有资金而错失了展现自己、让别人认识自己的机会，这对于中国电影事业不能不说是一个重大的损失。"娱乐宝"模式的出现无疑给这样一群新晋的电影工作者提供了拓展发展空间的可能，他们可以通过这样的渠道来获取资金，同时让大家认识并了解自己和自己的作品。

娱乐宝未来还可以为更多"草根"电影人提供机会和展示自己的平台。可以让大众"用钱投票"，更多地参与到包括前期剧本、导演、演员的选择以及后期制作、宣传等环节，让网民的力量影响影视产业链。在这个由大众投票的过程中，是购买者不断了解、跟进的过程，使更多电影人才得以发掘，令其在中国电影业中崭露头角，打造全民电影。

　　从自身风险来看，阿里巴巴"娱乐宝"作为一个纯粹的中介平台，本身不存管资金，资金交由保险公司和信托基金公司管理，相比 P2P 信贷模式下平台存管资金所带来的问题，其更能保障投资者的资金安全。 当然，作为一种新兴的互联网金融产品，其在监管方面也尚待完善。 未来能否形成一种独立的互联网金融模式仍是一个未知数。

第七章
网络金融的主要形态(中)
——证券保险类

一、互联网基金销售——以余额宝为例

余额宝是蚂蚁金服旗下第三方支付机构支付宝打造的余额增值服务产品。 通过余额宝,用户在支付宝网站内就可以直接购买基金理财产品,获取相对较高的收益,同时余额宝内的资金还能随时用于网上购物、支付宝转账等支付功能。 余额宝本质上是一款基金理财产品,全称为天弘余额宝货币市场基金①。

(一)发展背景

余额宝业务是一种通道业务,其通过支付宝内的虚拟账户,一端连接

① 天弘基金 2015 年 5 月 15 日发布公告称,即日起,将"天弘增利宝货币市场基金"变更为"天弘余额宝货币市场基金",基金代码不变。

支付宝海量用户,另一端连接天弘余额宝货币市场基金。 余额宝爆发式增长主要有以下背景和原因:

1."政府放权、允许试错性监管"使金融市场力量焕发生机

党的十八大以来,在政府简政放权和发挥市场在资源配置中决定性作用的大背景下,传统"风险零容忍"的金融监管理念和监管政策出现了阶段性调整,金融管理部门开放的态度为互联网金融留下了一定的"容错、试错"空间,这才使得余额宝这类跨界产品有了创新发展的时间窗口。

2.低风险投资渠道的缺乏使得大众理财需求一直缺少释放途径

从近十年大众理财渠道来看,或是投资效果不佳,或是进入门槛过高:股票市场曾长期于低位徘徊,近期波动频繁;债券市场、信托市场进入门槛较高;定期存款市场流动性较差;银行理财市场存在摩擦成本较高、客户体验较差等问题。 这使得大量闲散资金以活期存款的形式存在,满足大众理财需求缺乏有效途径。

3.互联网技术大幅降低了活期存款转化为货币基金的交易摩擦

活期存款向货币基金转换存在着交易摩擦,包括学习成本、拜访银行的物理成本和机会成本(经济学上讲的"皮鞋成本")等。 货币基金近似于活期存款,两者间存在高度可替换性。 根据国外经验,如果市场利率与活期存款利率间存在正利差,即使没有互联网,货币基金发展也是迟早的事。 但是交易摩擦的存在延缓了这种趋势,将小额储户阻挡在货币基金之外。 余额宝接近于零的边际交易成本,使得中低端用户的理财需求在经济上变得可行。

4.余额宝利用理财和现金管理两种功能的结合,深度挖掘支付宝用户

支付宝的 8 亿注册用户[①]无疑是余额宝的客户基础,而余额宝挖掘客

---

① 同一个人可以注册多个支付宝用户。

户的手段，便是理财和现金管理功能的结合。 理财功能通过货币基金专业投资团队实现，其门槛较银行五万起的理财起点大大降低。 现金管理功能通过有条件的 T＋0 赎回到账实现，部分替代了活期存款的功能。 这两种功能的组合使大量支付宝用户同时也成为余额宝用户。

5. 短期的资金结构性紧张间接推动了余额宝的热销

2013 年，货币市场上的两次"钱荒"，进一步加大了市场利率和银行活期利率间的利差，这为货币基金的爆发性增长提供了重要商机，这也是余额宝高收益的重要基础。 余额宝的诞生可谓恰逢其时，在高收益率的诱惑下，大量闲散资金纷纷流入余额宝等各类"宝类"产品。

6. 货币基金监管政策的放松给了余额宝等产品腾挪的空间

在货币基金与银行签订协议存款时，允许双方自主商定是否采用"提前支取不罚息"的补充条款，为货币基金提供了潜在流动性支持。 2011年证监会下发《关于加强货币市场基金风险控制有关问题的通知》，明确"协议存款"不属于"定期存款"，货币基金投资协议存款不再受制于先前 30％投资上限的限制，使得市场资金紧张时货币基金的投资选择范围进一步扩大。 2012 年证监会允许部分货币基金开展网上直销 T＋0 赎回模式，为余额宝等产品提供高流动性服务提供了参照。

7. 支付宝希望利用余额宝降低备付金存量,并形成平台内资金的闭环

根据《非金融机构支付服务管理办法》规定，支付机构的实缴货币资本与客户备付金日均余额的比例，不得低于10％，这给拥有上百亿元沉淀资金的支付宝以巨大的监管压力，支付宝希望通过余额宝 降低平台备付金金额，进而降低实缴资本压力。 2013 年 6 月 7 日，人民银行正式发布了《支付机构客户备付金存管办法》，对支付机构的客户备付金（沉淀资金）进行了更加严格的监管。 紧接着，支付宝在 2013 年 6 月 13 日推出了"余额宝"产品，实现了客户备付金营利模式的变革。 通过余额宝，支付宝将沉淀资金利息收益返还给客户，解决了沉淀资金收益的归属问题。

此外，余额宝具有直接消费功能，从而形成了"余额宝—电商平台"这样一个资金闭环。以往大量交易通过不同银行进行，资金流动的跨行划款手续费用占用了一部分成本。而资金闭环的建立可以简单通过与备付金银行、基金托管行的协议，降低跨行划款手续费的支出。

（二）成长历程

1 元起购的余额宝引来众多的平民粉丝，充分发挥了鲇鱼效应的作用，带动了原来不景气的基金业，"碎片化"理财等成为市场关注的热点。余额宝产品的推出不仅让原本并不起眼的天弘基金扭亏为盈，同时也使得天弘基金成为全国最大的基金公司。纵观余额宝的发展历程，自推出以来，经历了 3 个季度的迅猛发展后，余额宝的资金规模逐渐步入稳步发展阶段，但是用户数量依然保持较快增长态势。（见表 7-1）

表 7-1　余额宝发展历程中的重要事件

日　期	事　件
2013 年 6 月 13 日	支付宝联手天弘基金正式上线余额宝
2013 年 7 月 8 日	内置余额宝的支付宝钱包安卓版上线，满足用户随时随地理财的需求
2013 年 7 月 28 日	内置余额宝的支付宝钱包 IOS 版上架 App Store
2013 年 9 月 5 日	余额宝承诺对用户的被盗资金进行全额先行补偿保障，补偿金额无上限
2013 年 9 月 26 日	天弘基金加入阿里云，余额宝进入 2.0 时代
2013 年 12 月 8 日	阿里巴巴以 11.8 亿元成为天弘基金的控股股东，持股比例为 51%，从而使得天弘成为基金业注册资本最大的公募基金，除阿里巴巴之外，天津信托持股 16.8%，内蒙君正持股 15.6%，天弘基金管理层持股 11%
2013 年 10 月 15 日	余额宝资金总规模超过 1300 亿元，用户数突破 1600 万，天弘基金成为我国用户数最大的公募基金
2013 年 11 月 11 日	余额宝首次参加双十一活动，全天支付 1679 万笔，单日资金赎回 61.25 亿元，购物消费 37.93 亿元
2013 年 11 月 14 日	余额宝资金规模突破 1000 亿元，用户数突破 3000 万，成为国内基金史上首支规模突破千亿的基金

续　表

日　　期	事　　件
2013 年 11 月 30 日	12306 网站支持余额宝购买火车票
2013 年 12 月 14 日	荣获《新周刊》"2013 中国年度新锐优化生活特别贡献奖"
2013 年 12 月 17 日	荣获《证券时报》"2013 年度中国最佳互联网金融产品"
2014 年 1 月 15 日	余额宝规模超过 2500 亿元,用户数超过 4900 万,在全国单只基金中排名第一,在全球货币基金中排名第 14 位
2014 年 2 月 8 日	"余额宝用户专享权益 2 期"产品上线并开放预约。该产品对接保险产品,预期年化收益率达到 7%,并承诺保本保底
2015 年 3 月 23 日	在北京、上海、南京等全国十大城市,方兴地产放出了 1132 套房源支持余额宝购房:买房者通过淘宝网支付首付后,首付款将被冻结在余额宝中。在正式交房前或者首付后的 3 个月,首付款产生的余额宝收益归买房人所有
2015 年一季度	余额宝规模达到 7117.24 亿元,晋升为全球第二大货币基金
2015 年末	余额宝用户数达到 2.6 亿,较年初增长 42%,蝉联全国单只基金用户数冠军;规模为 6207 亿元

经过两年多的发展,投资者对余额宝的关注热度在逐渐降温,但是余额宝的发展并没有止步。 虽然自 2014 年一季度以来,余额宝的资金规模已基本趋于稳定,收益率逐渐回归常态,但是用户数量还在不断攀升。

从用户数来看,截至 2015 年年末,余额宝用户数达到 2.6 亿,较年初增长 42%,蝉联全国单只基金用户数冠军。 这意味着,平均每 5 位中国人中即有 1 位宝粉,宝粉人数约等于英德意法人口之和,仅次于世界第三人口大国,相当于 5 个韩国、12 个澳大利亚的人口。

从吸纳资金规模来看,截至 2015 年年末,规模达到 6207 亿元,连续 3 个季度稳定在 6000 亿元以上,4 个季度的季末规模均值较 2014 年上浮超过 14%。 (见图 7-1)

从收益率来看,2015 年余额宝共为用户赚取收益 231 亿元,成立 2 年多,已累计为用户创造 489 亿元的收益。 余额宝收益与货币市场的利率水平息息相关,2015 年 6 月份以来,货币基金收益持续向常态回归,余额宝收益率也在顺势回归常态。 (见图 7-2)

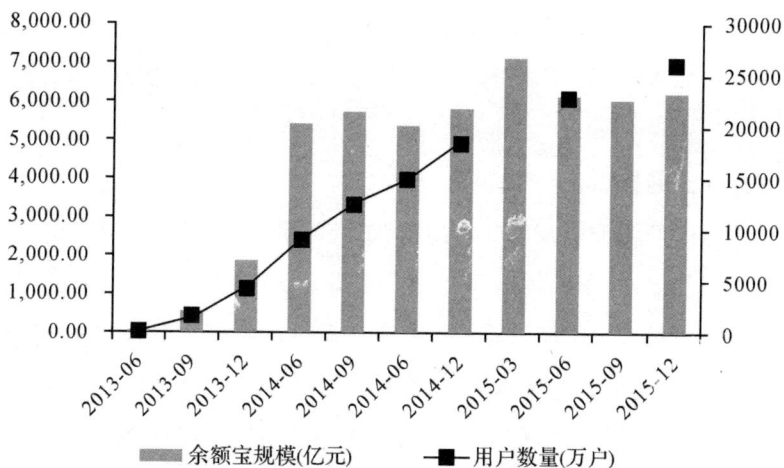

图 7-1　余额宝用户规模和资金规模发展情况

天弘余额宝货币

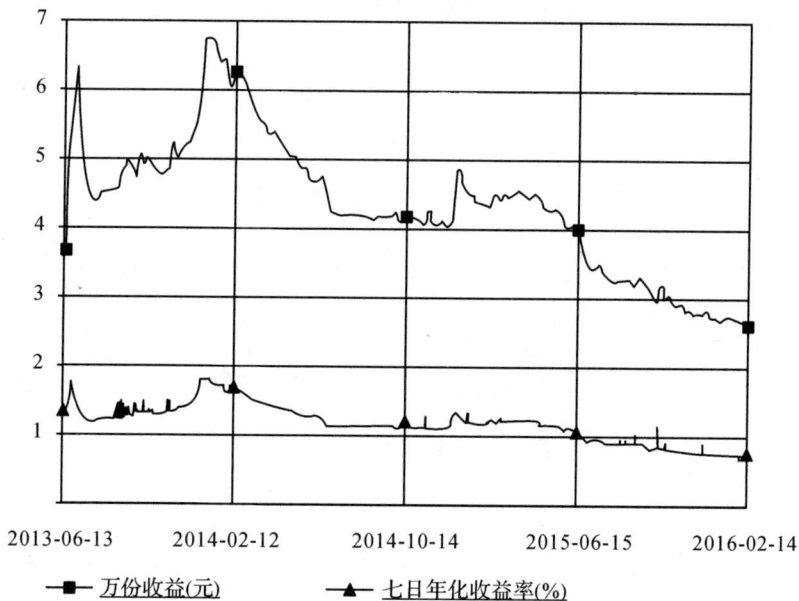

图 7-2　余额宝的收益率变化情况

虽然收益随市场回归,但用户数没有减少,反而年增四成;基金规模也并未如市场所担忧出现大幅缩水,而是在多数时间稳定在 6000 亿元的水平上。可以说,余额宝经受住收益回归考验的背后,凸显出其强大的网购支付属性带来的客户黏性。秒杀速度快、体验简单、余额理财,以及余额宝强大的支付功能，确保了余额宝如此长久的生命力，使得它得以脱离传统理财产品收益影响规模的"地心引力"，影响力稳步攀升。

（三）业务模式

余额宝的业务流程其实非常简单，实际上就是通过支付宝网络渠道购买货币市场基金。在具体操作上，天弘基金公司将基金直销系统内嵌到支付宝公司网站中，用户只需要将资金从支付宝账户余额转入余额宝（或用关联储蓄卡快捷支付），即可完成基金开户、购买等过程，相应资金均由基金公司进行管理，余额宝的收益也不是"利息"，而是用户购买货币基金的收益。若用户将资金从余额宝转入支付宝或者选择使用余额宝内的资金进行购物支付，则相当于赎回货币市场基金。整个流程就跟给支付宝充值、提现或购物支付一样简单快捷、易于操作。（如图7-3）

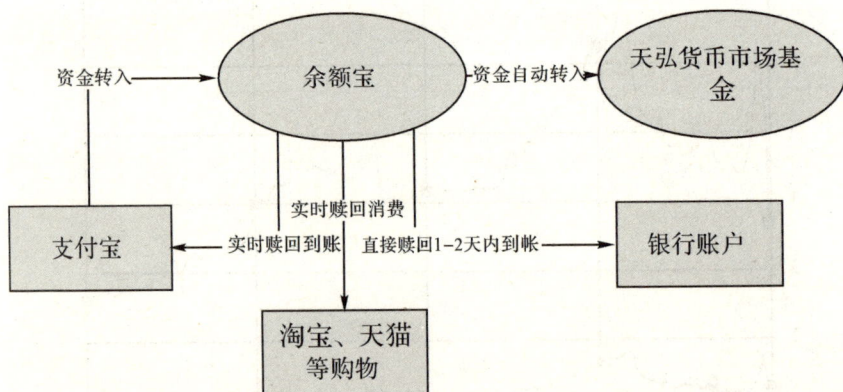

图 7-3 余额宝资金运作流程

（四）营利模式

2015年，余额宝产品共为用户赚取收益231亿元，累计为用户创造489亿元的收益。这些收益来源于天弘基金公司的资金运用①。余额宝

---

① 投资范围包括：现金；通知存款；短期融资券；1年以内（含1年）的银行定期存款、大额存单；期限在1年以内（含1年）的债券回购；期限在1年以内（含1年）的中央银行票据；剩余期限在397天以内（含397天）的债券；剩余期限在397天以内（含397天）的资产支持证券；剩余期限在397天以内（含397天）的中期票据；中国证监会认可的其他具有良好流动性的货币市场工具。

发展初期，资金主要投向银行同业存款，占比一度高达90％以上。目前余额宝的资金运用项目并无太大变化，但是比例更加均衡。截至2015年年末，债券投资占资金运用规模的24.6％，买入返售金融资产占比5.72％，而同业存款下降到69.50％。（见表7-2）

表7-2 2015年余额宝的资金运用

序号	项 目	金额(元)	占基金总资产的比例(％)
1	固定收益投资	153,894,532,446.03	24.60
	其中:债券	153,894,532,446.03	24.60
	资产支持证券	—	—
2	买入返售金融资产	35,770,778,406,57.00	5.72
	其中:买断式回购的买入返售金融资产	—	—
3	银行存款和结算备付金合计	434,709,383,890.41	69.50
4	其他资产	1,145,967,217.30	0.18
5	合 计	625,520,661,960.31	100

资料来源:天弘基金网站。

余额宝向客户收取费用，从而为天弘带来收入。天弘基金作为余额宝货币基金的管理者主要收取管理费、托管费和销售服务费，其费率分别为0.3％，0.08％和0.25％，目前大部分货币市场基金的申购费和赎回费率均为0。

(五)主要特点

天弘基金官网上关于余额宝的介绍只有一句话:首只互联网基金，专为支付宝定制，兼具理财与消费，一键开户，1元起购，真正T＋0支付。相比其他货币市场基金和理财产品，余额宝主要有以下特点:

1. 投资门槛低

相比其他货币市场基金和理财产品，余额宝以吸收小额、零散资金为主，投资门槛极低，1元起购，且申购、赎回环节均没有手续费。可以说余额宝开创了平民理财和碎片化理财的先河，极大地拓宽了理财客户的范围。 余额宝的长尾效应如图 7-4 所示。

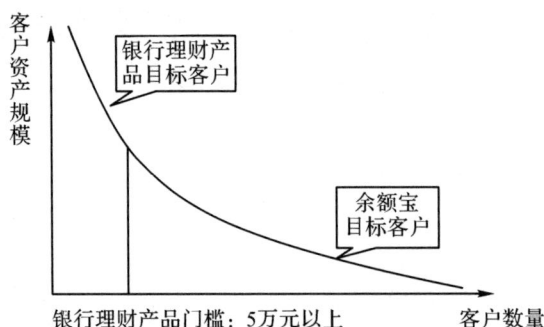

图 7-4　余额宝的长尾效应

2. 用户体验好

余额宝与支付宝平台无缝对接，拥有转入即购买、收益每日可见，可以直接用于购物操作等多方面的优势。

3. 流动性很高

余额宝的流动性堪比活期存款，余额宝的钱可以随时转移到支付宝账户上，也可以直接在淘宝等电子商务网站上购物，目前已具有越来越广阔的线上线下应用场景，这种转账和支付可以即时完成；同时余额宝也可以转账到银行账户，大部分关联银行支持 2 小时到账。

4. 管理费用低

余额宝采用直销模式，其费率比一般货币市场基金要低，余额宝的总费率为 0.63%，约比一般货币市场基金低 0.05 个百分点。（见表 7-3）

表 7-3　余额宝费率　　　　　　　　　　　　　　　单位:%

基　金	管理费率	托管费率	销售服务费	总费率
余额宝	0.30	0.08	0.25	0.63
一般货币基金	0.33	0.1	0.25	0.68

5.收益率较高

余额宝从成立至 2016 年 2 月 16 日，七日年化收益率为 2.705％，最高时年化收益率接近7％。虽然余额宝的年化收益率已经回归常态，但是依然相当于利率为 0.35％的活期存款的 7—8 倍。天弘基金不承诺收益率，也不对收益率进行补贴。

(六)风险控制

余额宝作为货币市场基金，属于证券投资基金中的低风险品种，其预期收益和风险均低于债券型基金、混合型基金及股票型基金。余额宝的最大风险在于"T＋0"支付可能引发的流动性风险。对此，天弘基金主要有以下风险控制措施。

1.依托大数据分析

目前，余额宝拥有 2.6 亿用户，天弘基金可以充分利用阿里的大数据优势，根据消费分布规律和余额宝自身的申赎规律，对未来可能出现的申赎情况进行预测，针对有预期的大额支出或者净赎回拐点提前做好准备。

2.控制单户金额上限

余额宝单户持有上限为 100 万元，截至 2015 年年末，户均持有份额仅为 2300 多元，从而减少了大额资金频繁进出对基金运用的冲击。

3.调整资产期限结构

据了解，目前余额宝货币基金投资组合到期日比较短，且通过资产的到期日分布，在季末、节日等重要消费时点，安排较为充足的资产到期以提供流动性保障。

4.银行流动性支持及存款提前支取条款保护

余额宝与部分银行达成合作约定，在一级申购、现券及资金业务上相互支持,当遭遇大额赎回时,有关银行可提供流动性支持;同时,余额宝投向的存款基本都签订了提前支取不损失利息条款,若超预期赎回,可根据与银行的约定提前支取存款,化解流动性危机。

5.相对保守的债券配置方式

债券配置上以流动性较好的利率债和高等级信用债为主。 在超预期赎回发生时,可以通过银行间回购或者卖出债券等方式变现资产,应对赎回。

6.完善应急响应机制

若在未预料的情况下,当日净赎回超过基金资产的5％、10％、20％或连续2日累计净赎回超过基金资产20％[①],天弘基金将协调支付宝共同启动应急风险响应机制,利用双方的资源共同应对巨额赎回。

(七)发展趋势

自余额宝热销以来,来自传统金融机构和互联网企业的竞争对手纷纷推出了各种"宝"类产品,如苏宁的零钱宝、中国平安的壹钱包、东方财富的活期宝、腾讯的理财通等,可以说互联网理财或互联网基金销售市场已呈现出群雄并起、逐鹿中原的态势。 从收益率来看,余额宝早已不在众多"宝"类产品中占优势,未来,余额宝不会跟其他类似产品比拼收益率,而是要将余额宝打造成一种提供增值服务的现金管理工具,同时满足用户在消费、存款、理财、社交等方面的需求。

1.推出各种新型消费场景

未来余额宝的消费场景也将不再局限于单一的线上模式和网购模式,而是将延伸至包括线上、线下的多维度、多元化的模式;不再局限于小额

---

① 据了解,若当日净赎回超过基金资产的10％,货币市场基金可以在报证监会同意后暂缓赎回。

的、即时发生的支付,同时将瞄准金额更大、期限更长的支付,比如旅游、汽车,甚至房产。余额宝要增强客户黏性,不仅要依靠良好的回报率,更要依靠良好的用户体验和丰富的应用场景。

2. 嵌入到更多的投资理财平台中

不可否认,收益率依然是影响用户选择的重要因素,由于余额宝具有媲美活期存款的流动性,要单方面提高余额宝收益是不可能的。未来余额宝更多地将作为一个基础资金账户,并引导客户资金流向更高收益的理财产品,比如2014年2月上线的余额宝用户权益专享2期、2014年4月推出的余额宝用户专享的招财宝理财平台等。目前,余额宝已嵌入到支付宝、天弘爱理财和蚂蚁聚宝等多款App中,未来还将可能融入整个蚂蚁金服和阿里巴巴的生态体系中。

3. 拓展余额宝的功能属性

后余额宝时代,天弘基金除了优化余额宝支付属性、理财属性外,还大力拓展其社交属性。为宝粉量身打造了"宝粉网",喊宝粉们"回家",目前注册用户数已达2000万,成为行业首家金融社交网站;天弘基金几大自媒体平台的粉丝数也接近千万;天弘基金还基于2.6亿宝粉的海量数据,打造了全球首只大数据情绪指数——余额宝入市意愿情绪指数,通过对余额宝资金流入股市的数据进行挖掘,刻画散户入市意愿的指数,为做投资的宝粉们提供了有价值的投资参考。

按照天弘基金副总经理周晓明的说法,"未来余额宝会朝着两个方面发展:一是利用余额宝的技术为金融机构服务;另一方面则是将余额宝做成一个平台,将更多机构的更多活动接入进来"。按照阿里小微金服(现为"蚂蚁金服")事业部运营总监问天的说法,"余额宝的真正用意,是作为一个基础资金账户,刺激消费者进行周期性消费"。

二、互联网保险——以众安保险为例

众安保险,全称"众安在线财产保险股份有限公司",2013 年 11 月 6 日揭牌,由蚂蚁金服、腾讯、中国平安等知名企业发起成立,是中国首家互联网保险公司①,也是一家以技术创新带动金融发展的金融科技公司。众安保险总部设在中国上海,注册资本为 12.40625 亿元人民币,不设任何分支机构,完全通过互联网进行在线承保和理赔服务。 作为首家互联网保险公司,众安保险自身就是"互联网+"行动计划的实践者。

(一)成长历程

众安保险在成立的短短两年多时间里已经取得了长足的发展,在财务融资方面,2015 年 6 月,成立仅 17 个月的众安保险获得 57.75 亿元的 A 轮融资,新增摩根士丹利、中金、鼎晖投资、赛富基金、凯斯博 5 家财务投资机构,估值达到 500 亿元。 2015 年 12 月,在澳大利亚知名金融科技风投机构 H2 Ventures 联手 KPMG(毕马威)发布的全球金融科技百强榜中,众安保险摘得桂冠。 众安保险持股 5% 以上的股东如表 7-4 所示。

表 7-4 众安保险持股 5% 以上的股东 单位:%

序 号	股 东 名 称	持股比例
1	浙江蚂蚁小微金融服务集团有限公司	16.0403
2	深圳市腾讯计算机系统有限公司	12.0907
3	中国平安保险(集团)股份有限公司	12.0907
4	优孚控股有限公司	12.0907
5	深圳市加德信投资有限公司	11.2846
6	深圳日讯网络科技股份有限公司	6.5290

---

① 一般认为网络保险营销分为四种模式:保险公司自建网络销售平台、电商平台、专业第三方保险中介平台、专门的网络保险公司。

在产品开发方面，在全新的互联网保险领域，作为拓荒者，众安保险最初从电商场景切入业务，从退货运费险、保证金保险等创新型产品起步，如今已完成投资型产品、信保产品、健康险、车险、开放平台、航旅及商险等多个事业线的搭建，开发了步步保、糖小贝、摇一摇航空延误险、维小宝、极有家综合保障服务等 200 多款产品，并推出了国内首个 O2O 互联网车险品牌保骉车险（如表 7-5 所示）。业务经营范围包括：与互联网交易直接相关的企业/家庭财产保险、货运保险、责任保险、信用保证保险；短期健康/意外伤害保险；机动车保险以及上述业务的再保险分出业务；国家法律、法规允许的保险资金运用业务；保险信息服务业务等。

表 7-5　众安保险陆续推出的部分产品

2013 年 12 月	第一款为电商解决资金压力的保证金保险——众乐宝上线
2014 年 3 月	第一款面向 B2C 市场的电商保证金保险——参聚险上线
2014 年 4 月	第一款为手机安全领域量身定制的商业保险——百付安上线
2014 年 5 月	第一款面向个人用户的天气指数保险——37℃高温险上线
2014 年 7 月	第一款为 P2P 金融平台量身定制的借款保证险——招财宝变现借款保证保险上线
2014 年 7 月	第一款在线实时提供维修服务的手机意外保险——小米手机意外保障计划上线
2014 年 9 月	联合同城旅游、中国气象局公共气象服务中心推出天气保障服务
2014 年 9 月	联合阿里巴巴 1688 网站推出"1688"保证金保险
2015 年 3 月	第一款保障美业 O2O 会员人身和财产安全的保险产品——河狸家安心保障计划
2015 年 4 月	第一款保障食品安全的互联网保险——美团食品安全责任保险
2015 年 5 月	第一款与互联网平台合作的保障轮胎意外损坏的保险产品——(途虎/新焦点)轮胎意外保险
2015 年 6 月	代驾无忧:众安保险携 e 代驾发布国内首款代驾司机意外险
2015 年 8 月	推出国内首款诉讼保险——维小宝
2015 年 8 月	推出首款智能健康险——步步保
2015 年 11 月	推出国内首个互联网车险品牌——"保骉(biāo)"车险

在经营业绩方面，2015 年，众安保险实现保费收入 22.83 亿元，较 2014 年的 7.94 亿元，同比增长 118％。截至 2015 年 12 月 31 日，众安保险累计服务客户数量超过 3.69 亿，保单数量超过 36.31 亿（如图 7-5 所示），在 2015 年"双 11"，更是创造了 2 亿张保单、1.28 亿保费的纪录。此外，值得关注的是，众安保险还委托平安资产管理有限公司进行多项投资，2015 年累计投资资金达到 17.5 亿元。众安保险保费收入和市场占比变化情况如图 7-6 所示。

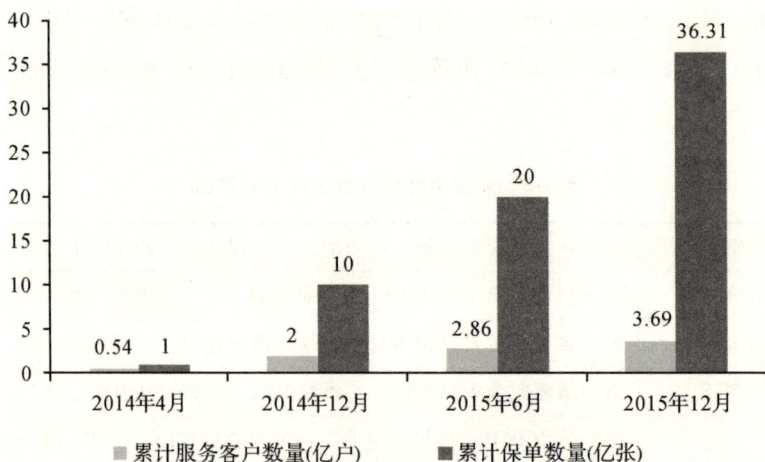

图 7-5　众安保险的客户数和保单数发展情况

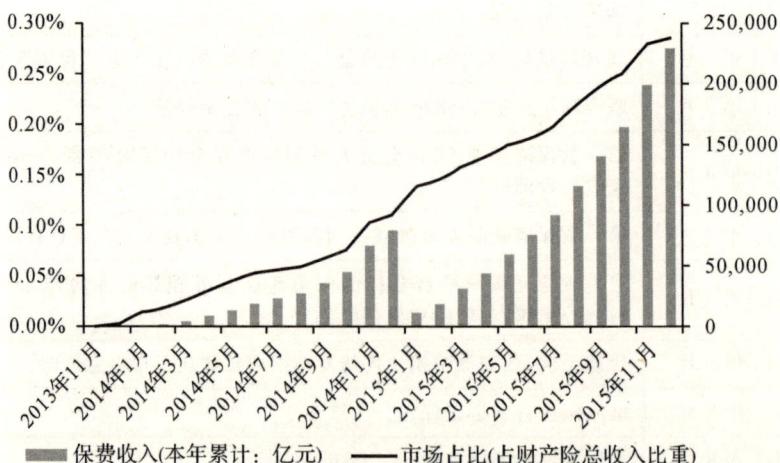

图 7-6　众安保险保费收入和市场占比变化情况

在业务合作方面，作为一家服务互联网生态的公司，众安保险已与100余家公司开展了基于不同行业场景的业务合作，其中既有阿里巴巴、百度、腾讯等大型互联网企业，也有招财宝、小赢理财等互联网金融平台，还有 Airbnb、大疆科技、华大基因、蘑菇街等知名创业公司，甚至有平安保险等传统保险公司。

(二)业务模式

一般而言，有风险的地方就是保险的市场，随着国家"互联网＋"行动计划的推进，保险行业也将插上"互联网＋"的翅膀，并将引发保险领域的大变革。众安保险无疑是保险市场重要的"搅局者"，其创新速度之快、产品种类之多，对传统保险市场带来了重大冲击。

1. 退货运费险

退货（售中）运费险是一种运费保险，分为退货运费险（买家）和退货运费险（卖家）两个类别。众安保险分别针对买卖双方提供网络购物退货运费损失保险（众安备—其他〔2013〕主 1 号）和网络购物退货运费损失保险（买家投保版）（众安备—其他〔2013〕主 5 号）两种类别。退货运费险是众安保险早期基于阿里巴巴电商场景推出的创新产品之一。阿里巴巴旗下电商买家只需要花费 0.5 元，就能够获得退货运费保险，如果买家对商品不满意，退换货所需要的邮费将由保险公司承担，这种保险有效解决了商家和客户退换货产生的邮费纠纷。该类保险具有保险费用低（0.5 元）、投保方便、理赔速度快和额度高等特点。

2. 众乐宝

2013 年 11 月 25 日，众安保险联合阿里巴巴推出了"众乐宝——保证金计划"。该产品是众安保险联合淘宝网推出的国内首款网络保证金保险，旨在为加入淘宝消保协议的卖家履约能力提供保险，帮卖家减负，确保给予买家良好的购物保障。作为众安保险的首个创新型产品，其面向对象为淘宝集市上的卖家，在"定价、责任范围、理赔"等方面进行了全方位的创新,具有鼓励小微企业创业支持,针对互联网实时、便捷的特征。 投保流程是:买家登录淘宝——进入消保页面——选择保证金计划——填写信息并投保——投保成功。

该保险产品主要有以下特点:一是费用超低,释放资金。 投保卖家加入众乐宝,自行选择保险额度,只需缴纳所需保证金的 3% 作为保费,且无须缴纳消费者保障服务金。 二是额度灵活,最高至 20 万。 根据店铺规模与经营状况等,可给予最高 20 万的保障额度。 三是先行赔付,周期一年。"众乐宝"在理赔时采用"先行垫付、事后追赔"的模式。 一旦交易双方发生消费纠纷,只要判定是店铺的责任,需要先行赔付,那么众乐宝就会先行代淘宝店主为消费者垫付赔款,在理赔结束后再向卖家追款。"众乐宝"的上线也可以看作金融企业首次介入互联网商业信用领域,由此中国商业信用保证体系的建设,也产生了质的飞跃。 2015 年 3 月 28 日,众乐宝荣获中金在线颁发的"最具创新性保险产品"称号。

3. 参聚险

2014 年 3 月 17 日,众安保险推出了 "参聚险"产品,该产品是由众安保险联合"聚划算"专为聚划算卖家量身打造、用于替代保证金缴纳而推出的一款保险服务产品。 参聚险包括卖家履约保证责任保险与聚划算平台责任保险。 卖家选择保险产品后,无须再按以往方式冻结大额聚划算保证金,只需缴纳相对较低的保费,即获得对消费者和聚划算平台的保障服务资格,并可以享受由众安保险公司提供的先行垫付赔款的服务①。 该产品的投保流程是:商家选择活动——报名提交商品——商品排期——投保参聚险——冻结保费——保单生效,退还多余保费。 该产品有效降低了聚划算商家参聚成本,无须占用全额保证金,最低保费 300 元起,费率仅需 0.3%。

---

① 由于聚划算卖家参加聚划算活动通常需要缴纳相对高额的保证金,而这笔保证金在活动结束后的 15—30 天内被冻结且无法使用,且参加聚划算的都是天猫平台上的优质卖家,数量上较淘宝更大,这使得聚划算商家所面临的资金挤占的压力比一般的小卖家更加大,对资金流的渴望也更加明显和迫切。相比众乐宝来说,参聚险所面向的客户群更加聚焦,解决的问题也更加贴近聚划算商家的需求。

4. 保骉车险

该车险是由众安保险、平安保险联合推出的国内首个互联网车险品牌，是国内首个以 O2O 合作共保模式推出的互联网车险，也是国内车险费改后首个"互联网＋"样本。 保骉车险率先在首批费率改革 6 个地区中开展，并随着费改节奏推广到全国。 该车险主要有以下特点：

（1）O2O 合作共保，共保模式是本次保骉车险的最大亮点之一，"共保"意味着数据共享、风险共担、系统互通。 保骉车险双方将利用各自优势，全面实现线上线下的高度融合。 在核保方面，保骉车险将充分参考平安多年积累的赔付数据，并应用风险识别模型对车主的历史赔付情况进行全面分析；在服务方面，则充分依托平安的线下理赔服务体系。

（2）多维度定价因子，即在自主核保因子中，尝试引入更多的维度，比如驾驶区域、家庭、信用、驾驶习惯、行车历史等对车险进行定价。 依靠双方大数据资源，以 OBD（车载诊断系统）、ADAS（高级驾驶辅助系统）、多通道场景式理赔服务体系等创新技术为驱动，力图将差异化定价和精准服务等未来车险概念变为现实。

（3）差异化车险服务，即根据用户的驾驶习惯等多维度因子实现差异化定价，为不同用户提供差异化的车险服务。 未来保骉车险的用户都将受赠 OBD 设备使用权，在消费者授权后记录用户的驾驶行为数据，之后，保骉车险将对用户的驾驶行为习惯进行分析，根据用车的频次、程度，来设计不同的产品，为车险的多维度定价和服务推送提供参考。

（4）互联网车险产业链，未来，以 OBD、ADAS 等为代表的车载硬件技术将成为车险乃至整个车险产业链的助推器。 有业内专家认为，互联网车险中最重要的就是数据的获取。 保骉车险的用户都将受赠 OBD 设备使用权。

（三）主要创新

众安保险的创新主要体现在基于场景、小额、定制化、快速响应市场的产品设计理念，良好的风险管理、实时动态承保的产品定价规则，无缝接入场景直面客户的交叉销售方式，匹配高度自动化、更加迅速、便捷、透明的客户理赔服务，基于灵活的架构和开放的平台模式等。 具体体现在产品、营销、运营和平台等方面。

1. 产品创新

这主要体现在：一是领域创新。 众安保险从最初的众乐宝、参聚险、退货运输险等单薄的几款产品，经过短短两年多的发展，已在健康险、意外险、信用保证险、家庭/企业财产险、责任险、货运险等七大领域，创新出 200 多款保险产品，部分产品在全国乃至全球都具有首创性。 比如众乐宝是国内首款网络保证金保险，保骉车险是国内首个以 O2O 合作共保模式推出的互联网车险等。 二是设计创新，众安保险在产品设计上体现简约思维，尽可能简化产品形态，更加贴合场景，易理解、易销售，主要从场景化、碎片化和定制化三方面来设计产品。 场景化是指基于互联网场景设计产品，保障范围更加具体化，产品融入业务流程中，比如众乐宝等；碎片化是指利用互联网低成本优势，设计更细碎的产品，降低保险门槛，满足更细分需求，比如针对"吃货"开发的急性肠胃炎健康保险；定制化是指结合互联网新兴业务形态，根据合作伙伴需求，研发定制产品。三是组织创新，众安保险遵从跨境思维和平台思维，将不同背景的员工组织在一起，激发出不同的创新想法，将公司作为一个平台，员工的任何创意随时可以利用公司资源来实现。

2. 营销模式创新

这主要体现在 3 个方面：一是嵌入式营销，众安保险将产品嵌入到电商等多个平台上进行营销，使得产品更加贴近用户场景需求，购买过程无感化，比如众乐宝嵌入到淘宝平台进行营销，个人网络信用支付保险嵌入到支付宝、微信支付中进行营销等。 二是基于数据的精准营销，比如基于用户行为习惯数据来筛选数据，针对不同客户群体来进行差别化定价等。三是用户社交传播营销，目前这已经成为网络营销的重要方式，如通过各类活动开展事件性营销，通过社交网络开展社会化营销等。

3. 运营创新

这主要包括 3 个层次：一是基于数据的自动化风险控制，比如自动核保、自动核赔、反欺诈等；二是高度自动化的服务流程，比如在线承保、在线支付、自助批改、自助理赔等；三是人性化的客服手段，比如可通过微信、QQ、旺旺、电话等多种途径来反映客户需求和投诉建议。 此外，还包括利用社会化资源来提供服务，比如充分利用"双 11""店庆"等活动来进行社会化弹性运营安排。

4. 平台创新

众安保险针对传统保险的三大"痛点"进行了平台创新。 一是传统保险系统架构复杂化、集中式、重量级，无法支持高并发交易和海量数据，而众安保险的互联网平台简单化、分布式可扩展、轻量级、支持高并发交易和海量数据。 二是传统保险开发模式以外包为主、成本高、效率低、周期长，而众安保险的互联网平台自主开发、高速迭代、能够快速满足市场需求。 三是传统保险的数据管理以报表为主、相对封闭，而众安保险注重大数据思维、大数据挖掘、精准营销、个性化定价等。 众安保险的"IOE"平台创新，注重业务场景注入、分布式扩展、自动化和大数据分析，使得产品上线周期少于 10 天、每日可处理交易 5000 万件、扩容一台服务器少于 10 分钟。（如图 7-7 所示）

（四）风险控制

众安在线面临的主要风险包括保险风险、信息安全风险、网络欺诈风险、声誉风险、市场风险等五大风险。 针对以上风险，众安在线采取了相应的风险防控措施。

1. 保险风险

众安在线注重互联网大数据的应用与分析，全面考察产品会受到的影响因素。 建立产品数据模型后，及时根据实际情况反馈结果，并不断改善

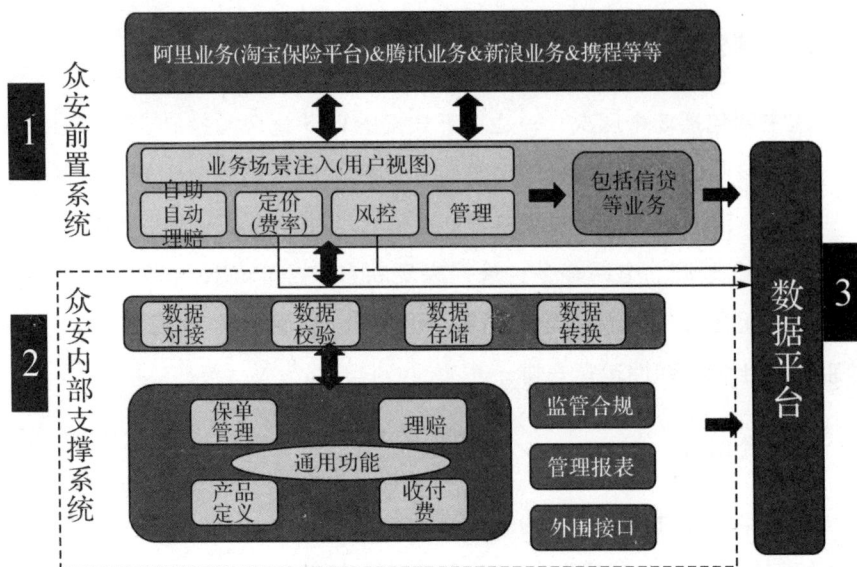

图 7-7 众安保险的平台创新

和及时调整。 同时，在新产品推出初期，采用相对保守的定价策略，设置相对较短的保险期来控制风险。 通过一定时间的试点，积累一定的经验，逐步优化产品定价，降低公司面临的保险风险。

2. 信息安全风险

众安在线与阿里云计算有限公司进行了深度合作，信息系统中的业务与财务数据都存储在阿里云计算机平台，所有数据在同一机房保留三份镜像，并定时远程批量复制到远程存储设备上保存。 同时，为保障数据安全，众安在线制定了安全的、可靠的、全面的备份机制和策略，建立信息系统重大突发性事件紧急预案，以预防与妥善处置由信息系统重大突发事件引发的公司经营风险。

3. 网络欺诈风险

众安在线主要基于高时效性的自动数据交互和大数据分析。 这是因为在互联网保险领域，所有的互联网用户对服务的时效性要求越来越高，传统的反欺诈分析在时效上已经无法满足互联网的需求。 互联网业务的反欺诈分析应当基于更实时的数据交互能力，更强大的在线计算能力。众安在线通过大数据分析，可以对欺诈者的模式进行提前甄别，更加主动地防范网络欺诈。

4. 声誉风险

众安保险一方面制定了《众安保险重大突发事件应急管理规定》，明确了重大群体性事件处理的组织体系、监测预警、应急处理等工作。 另一方面设立重大突发事件应急领导小组，负责向保险监管机构报送相关信息，采取积极有效的应急响应措施，实时监测重大突发事件扩散速度与预测损失程度，组织相关专业人员查找事件原因，及时评估事件损失程度和危及范围。

5. 市场风险

众安保险一方面注重资产配置的整体流动性，保险资金主要投资于现金及等价物、固定收益类资产和资产管理计划投资等具有较高流动性的资产。 另一方面加强资产负债匹配管理，最大限度地防范与稀释市场利率波动给公司带来的风险，这主要是结合自身投资情况和财务状况对各类资产设定风险限额，并采用情景分析、压力测试等方法，对市场风险进行有效管理，确保市场风险在公司可控范围之内。

案例：基于数据的风控体系——以众乐宝为例

众安保险在常规的风险控制制度建设之外,将互联网思维和大数据思维注入风险控制管理中,这里以众安保险的众乐宝产品为例简要介绍其风险控制体系。众乐宝产品的风控体系主要包括 5 个方面,覆盖了事前、事中和事后 3 个阶段。

在产品设计上,主要是防范保险风险,由于互联网保险产品才刚刚起步,众乐宝采用了较为保守的定价策略和设置相对较短的保险期间来控制风险。

在准入控制上,主要包括分批准入、及时清退、偿付能力监控和再保安

排等措施,店铺的信用信息数据和网络行为数据被大量采用并用于准入风险控制中。(如图 7-8、图 7-9 所示)

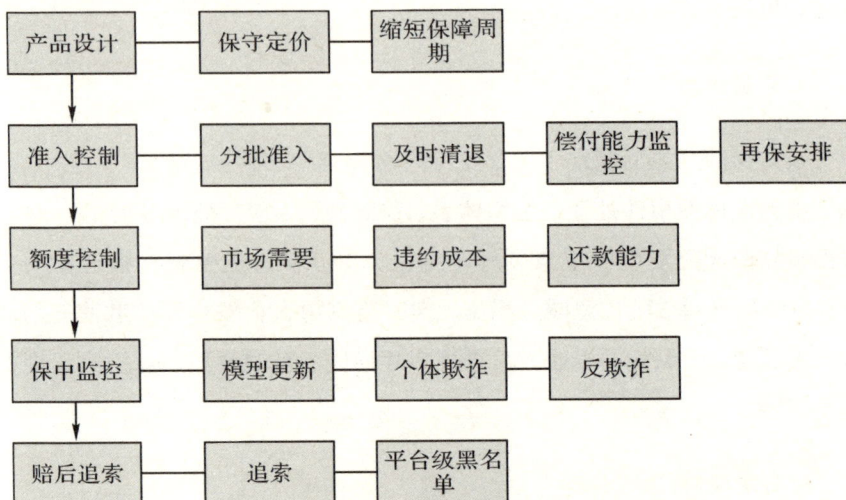

图 7-8 众乐宝产品的风险控制体系图

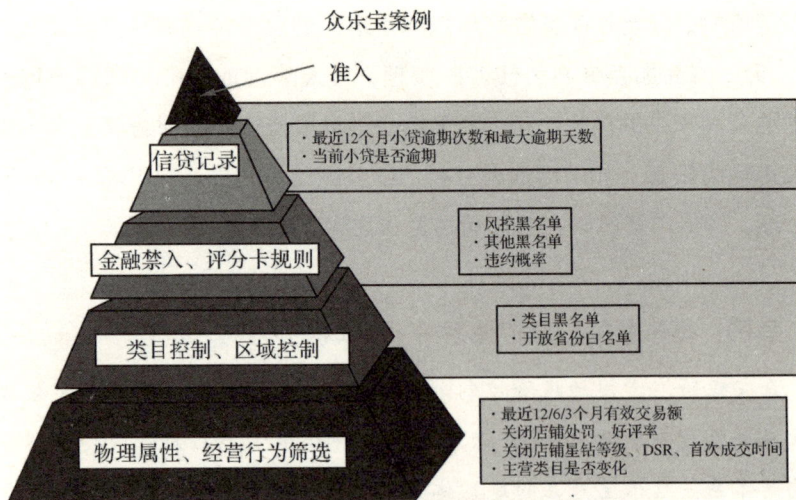

图 7-9 众乐宝市场准入控制中的数据分析图

在额度控制上,众安保险会分析电商的市场需求、违约成本和还款能力。额度上与店铺经营实力及违约概率挂钩,确保好的卖家可以获取更高额度;保额与卖家赔付周期内平均交易额挂钩,确保卖家有足够的偿还能力。

在保中监控上,主要是防范网络欺诈风险,众安保险基于大数据分析和在线计算技术的应用,可以对欺诈者的模式和个体异常情况进行提前甄别,从而更加主动地防范各类风险。

在赔后追索上,主要是责任追索,并根据履约情况,建立平台黑名单,这些黑名单将成为未来蚂蚁金服集团开展保险业务以及其他金融业务的重要信用数据,并将成为判断后续金融业务准入的重要依据。

(五)发展趋势

众安保险成立两年多来,已形成了自身的核心优势,这包括产品设计基于场景定制,快速响应需求;定价基于互联网大数据,动态承保;销售无缝接入场景,直面客户,交叉销售;理赔服务实现高度自动化,迅速而透明等。 此外,作为国内首家核心系统搭建在云上的金融机构,众安保险基于云服务平台,搭建更加开放、灵活、可扩展的核心系统,适应互联网海量、高速的业务需求。 从整个行业来看,互联网保险还处于起步阶段,未来互联网保险对传统保险业的冲击才刚刚开始,鉴于众安保险的先发优势、股东背景优势等,可以预见,众安保险还将在未来若干年里保持快速增长态势。 从具体发展态势看:

1. 坚持服务互联网生态圈

互联网的联结效应,让原本在传统模式下小到被忽视或无法满足的长尾需求得到满足。 长尾服务在互联网保险中爆发出惊人能量的同时,也令大家看到互联网保险绝不仅仅是保险的互联网化,更是服务互联网生态的保险创新。 可以预见,众安保险将坚持服务互联网生态的战略定位,针对更多的应用场景,开发出更多的贴近客户需求的创新性保险产品,做有温度的保险服务。

2. 走向跨界共创的 3.0 时代

过去几年,互联网保险已经从渠道创新的 1.0 阶段,迈向场景和产品创新的 2.0 时代,未来还将走向跨界共创阶段的 3.0 时代。 未来的经济是分享型经济，其实跨界共创的结果是由这些共创的主体去共同分享的，只有这样才能带来更大的发展动力。目前，众安保险正在推动"众安＋"的发展，"＋"后面就是更多的合作伙伴，通过与合作伙伴平台的合作可以为客户提供更多的创新性的保险体验，解决用户痛点，同时带动一个平台乃至一个领域的发展。

3. O2O 模式的重要性不断凸显

正如马云所说，未来 30 年中，互联网行业只有与传统行业结合起来，才能更好地生存和发展。由于很多保险产品以及保险理赔环节离不开线下服务，而众安保险不太可能会自建线下服务团队，而是更多采取跟其他具有良好线下队伍的保险公司或中介机构合作的方式。比如保骉车险就是众安保险和平安保险利用各自优势，全面实现线上线下的高度融合的典范。可以预见，未来该类合作性保险产品将越来越多。

4. 投资业务受到重视

截至 2015 年年末，众安保险已委托平安资产管理有限公司进行多项投资，涉及资金为 17.5 亿元。保险业界有观点认为，财险业务通过资产驱动负债业务发展的潜力比较大。财险公司可以通过资产端的积极运作，降低负债端费率水平，从而推动财险业的规模扩张。可以预见，未来众安保险参与的投资项目也将越来越多。

值得关注的是，目前，蚂蚁金服、腾讯和中国平安正在联手申请互联网寿险公司牌照，众安在线人寿保险有限公司名称已经在国家工商总局完成核准，有望成为我国首家互联网寿险公司。

三、股权众筹融资——以蚂蚁达客为例

央行等十部委出台的《关于促进互联网金融健康发展的指导意见》将

股权众筹融资界定为通过互联网形式进行公开小额股权融资①的活动，并提出股权众筹融资中介机构可以在符合法律法规规定的前提下，对业务模式进行创新探索，发挥股权众筹融资作为多层次资本市场有机组成部分的作用，更好地服务创新创业企业。可见，国家层面已将股权众筹融资提升到多层次资本市场有机组成部分的战略高度。

(一)发展背景

从融资市场看，长期以来，我国金融体系存在一定程度的金融抑制，金融服务的深度和广度都不够，存在社会投融资不能有效对接等问题。这一定程度上为股权众筹融资发展提供了滋生的土壤。一是小微企业和创业者面临融资难、融资贵的问题，需要股权融资渠道来满足融资需求、降低融资成本；二是商家和创业者缺少长期留住客户、提高客户忠实度的工具，若把粉丝变为股东则可以锁定一批忠实客户；三是草根用户缺少股权投资渠道，难以通过投资自己认同、信任的商家和创业者，参与创业，分享企业成长。因此，在我国金融市场发展土壤下，在当前"大众创新、万众创业"的时代洪流中，在多层次资本市场的金融变革中，以蚂蚁达客等为代表的股权众筹融资就应运而生了。

从行业发展历史看，2011年，众筹融资开始在我国出现，起初人们并未明确区分众筹融资的几类广义模式，整个行业主要围绕产品众筹及债权众筹发展。直至2013年年初，国内才出现首个以股权为标的的众筹产品：美微传媒公司在其淘宝店铺出售会员卡形式的公司原始股票，每股1.2元，100股起售；经过两轮众筹，该公司共募资387万元，参与人数1191人，占到美微传媒股份的25%。随后国家证监会以不具备公开募股主体条件的理由紧急叫停了该公司的众筹融资行为，责令其退还投资人资金。这引起了国内财经业界的深度讨论，股权众筹才逐渐进入人们的视野。可见，2013年是股权众筹在我国发展的元年。

---

① 根据《关于促进互联网金融健康发展的指导意见》，公开小额股权融资活动应该属于公募范畴，受法律法规限制，当前大多数股权众筹平台采用私募发行方式。

从行业发展现状看，受"美微传媒事件"广泛传播以及国外同行业发展动向的影响，国内几家专门从事私募股权投资的社区网站迅速变身，成为首批股权众筹融资平台，比较有代表性的是天使汇、创投圈、原始会等。 2014 年，在国家提出发展直接融资、建设多层次资本市场以及鼓励创新创业等政策的精神鼓舞下，整个股权众筹行业发展有所加速，2015年，蚂蚁金服、京东金融、平安集团、中信证券、36 氪等一批行业巨头纷纷开始布局股权众筹平台。 融 360 大数据研究院和中关村众筹联盟联合发布《2016 中国互联网众筹行业发展趋势报告》数据显示：截至 2015 年年底，全国正常运营的众筹平台达 303 家，全国众筹平台分布在 21 个省份。

从行业发展政策看，2014 年年底，中国证券业协会发布了《私募股权众筹融资管理办法（试行）》（征求意见稿），将股权众筹界定为私募性质。 鉴于互联网金融的普惠特征以及国外股权众筹发展较快的国家的发展经验，一般将股权众筹界定为公募性质，众筹平台可向公众进行募集。2015 年 6 月，监管层开始开展公募股权众筹试点，率先获得公募股权众筹试点资质的三家平台分别为京东金融的"东家"、平安集团旗下的"前海众筹"以及蚂蚁金服的"蚂蚁达客"，股权众筹行业再次迎来重点突破。

（二）成长历程

蚂蚁达客[①]的成立时间非常短。 2015 年 5 月，蚂蚁金融服务集团筹备上线股权众筹平台，并将其命名为"蚂蚁达客"；2015 年 6 月，蚂蚁达客在上海获得工商登记确认为股权众筹企业，其营业执照编号为"001"；2015 年 11 月，蚂蚁达客测试版正式上线，在测试阶段，仅提供 PC 网站服务，目前已上线连咖啡、零碳科技、芥末金融和人人湘 4 个项目，总融资目标为 7700 万。 从融资结果来看，首批上线的 4 个项目共募资超过 1.05亿元，其中用户投资人认购 5509 万元，合格用户投资人已超过 4 万人。

从发展定位看，蚂蚁达客致力于打造服务企业和创业者的互联网股权

---

① 全称为蚂蚁达客(上海)股权众筹服务有限公司。

融资平台,计划利用互联网技术和大数据优势,以股权为支点,撬动企业的成长梦想。 企业可通过蚂蚁达客筹措资金,并获得生产、渠道、经营、品牌等环节的全方位支持。 投资人可以通过蚂蚁达客寻找投资机会,基于对特定行业的理解,投资自己理解、认可的企业,分享企业的成长。

(三)业务模式

目前,蚂蚁达客以提供非公开股权融资信息展示及需求对接服务为主,其业务流程主要分为融资流程和投资流程。

1. 融资流程

对于融资需求方来讲,主要是筹资源、筹资金和筹影响。 筹资源就是要高效、全方位地帮创业企业和个人对接有价值的战略发展资源;筹资金就是为创业者提供一个主要靠梦想和产品打动合格投资人的低成本融资渠道;筹影响就是为创业者提供一个永不落幕、永远有观众的自由发挥的大舞台。 资金无疑是创业者的重要资源,创业者可以通过蚂蚁达客申请股权融资,其具体流程如下:企业的融资申请报名审核通过后,将由蚂蚁达客小二协助企业完成融资资料的准备和填写,项目上架后进入预热路演和募集阶段,融资企业将在此阶段全程对接各类投资人直至募集成功。

2. 投资流程

股权众筹的投资流程主要分为五步:

第一步:注册用户,认证合格投资人。 满足以下任一条件的用户投资人即可认证为合格投资人:(1)最近三年年均收入不低于 30 万元人民币的个人;(2)金融资产不低于 100 万元人民币的个人,金融资产包括银行存款、股票、债券、基金份额、资产管理计划、银行理财产品、信托计划、保险产品等;(3)其他符合合格投资人要求的个人。 第三个条件比较灵活,相对于为未来公募股权众筹的投资人审核留有余地。

第二步:查看项目,申请投资。 投资人选择心仪的融资项目,在申请投资后,投资成功前,资金将冻结在余额宝里,继续享有余额宝收益。 投资人可在冷静期内随时撤销投资，一旦撤销，申请投资的资金将被解冻。

第三步：投资成功，开始缴款。 入选的用户投资人投资资金会一起注入专为该融资项目设立的有限合伙企业，通过有限合伙企业投资融资企业。 融资目标金额＝战略投资人投资金额＋财务投资人投资金额＋用户投资人投资金额。

第四步：陪伴企业成长。 使用融资企业的产品和服务，帮助企业成长，也共享成长收益。

第五步：投资退出。 如果融资企业得到新一轮融资、被并购、被大股东回购、上市等，投资者可以获取股权投资的增值收益，选择退出。 （如图 7-10 ）

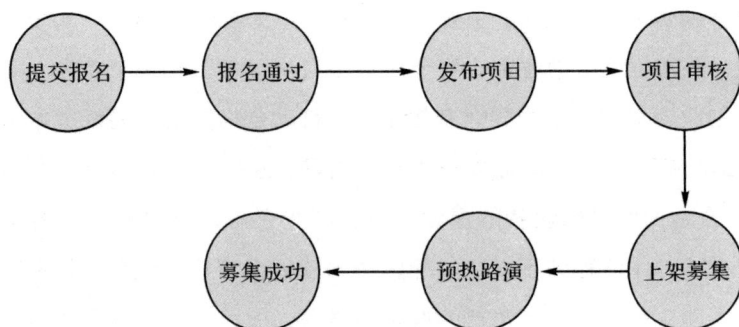

图 7-10　蚂蚁达客的融资流程

（四）风险控制

蚂蚁达客的风险控制措施主要表现在以下几个方面：

1.明确定位,规避法律风险

蚂蚁达客作为一个互联网股权融资平台，目前业务定位于非公开股权投资，也就是私募股权众筹，每个项目的投资人数控制在 200 人以内，通过引入有限合伙企业形式，来规避非法集资、非法证券发行等法律风险。值得注意的是：虽然蚂蚁达客获准开展公募股权众筹试点，但是毕竟法律尚未修改，依然存在一定的法律风险。

2.建立内部管理制度

开业伊始，蚂蚁达客就制定了《非公开股权融资服务业务管理规则（试行）》，对融资人管理、投资人管理、项目流程管理和信息披露管理等进行了明确规定。 同时制定了《非公开股权融资业务投资管理细则（试行）》，对投资人条件、权利、义务和禁止性行为等进行了详细规定。 此外，还编写了《非公开股权融资项目风险揭示书》等公司文件。

3.建立合格投资人制度,实施分级管理

蚂蚁达客在《非公开股权融资业务投资管理细则（试行）》中建立了合格投资人制度，并对投资人实施分级，根据属性将投资人分为战略投资人、财务投资人和用户投资人（如图 7-11）。 其中，战略投资人为能给融资人带来发展资源的机构或个人；财务投资人为能给融资人带来资金支持的专业投资机构或个人；用户投资人为认同融资人的品牌、产品、服务、企业经营理念的个人。 其中，线上投资人主要是用户投资人，战略投资人和财务投资人主要通过线下进行。 合格投资人制度是防范投资人不适当性风险的重要保障。

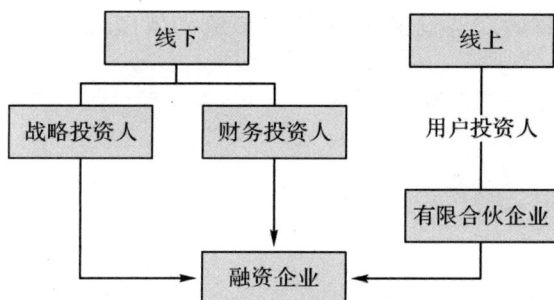

图 7-11　投资人分类情况

（五）经验启示

蚂蚁达客的经验启示主要有以下几点：

1. 从客户"痛点"入手开展业务

蚂蚁金服关注企业全生命周期的不同融资需求，着力于解决客户的"痛点"，蚂蚁达客具有的小额、分散、创新、创意等性质，正是为解决创新创业者的融资困境出发来打造的，也是推动"大众创业，万众创新"的重要措施。

2. 开放合作的发展理念

蚂蚁达客秉承蚂蚁金服的一贯理念，不寻求产业闭环，而是谋求与合作伙伴深度融合，开放共享能力。 2015 年 10 月，蚂蚁金服宣布与科技创业媒体 36 氪战略合作，加强在私募股权领域的协同发展。 蚂蚁达客还在谋划与 IDG、红杉等多家创投机构及淘宝众筹、"创客＋"等平台形成合作，为创业项目提供从初创融资到产品销售等全成长周期的融资服务。

（六）发展趋势

蚂蚁达客背靠蚂蚁金服和阿里巴巴等金融或商业巨头，具有广阔的发展前景，风险也相对较小。 除了继续深化私募股权众筹融资之外，还将积极试点或拓展公募众筹业务。 未来有望成为我国最大的股权融资平台之一。

第八章

网络金融的主要形态(下)

——金融基础设施类

一、互联网支付——以支付宝为例

(一)成长历程

支付宝的发展历程主要分为 3 个阶段,从最初的"植根淘宝",到"独立支付平台探索",到获得第三方支付牌照后的"全面布局",支付宝已经从一开始面向淘宝,发展为电子商务的一项基础服务,担当着"电子钱包"的角色。

1. 植根淘宝的陋室创业阶段(2003—2004 年)

淘宝在发展初期遇到了网上购物的信用问题。 2003 年,此时支付宝的前身还只是淘宝金融部的一种创意交易模式,并未进行长远的发展规划,阿里巴巴只是想为淘宝打造一种基于担保交易的支付工具,解决淘宝发展的支付和信用瓶颈问题。 2003 年 10 月 18 日,支付宝作为淘宝的一项功能第一次出现。 此时的支付宝还处于初级阶段，很多工作都由手工完成。 部门的配置也很简单，一两名技术人员、三名财务人员、几台电脑，靠着 Excel 表格开始工作。 2003 年时，网银等业务还未普及，用户给支付宝打款绝大部分是通过银行柜台进行，通过电话传真等方式将订单传真给支付宝进行确认。 支付宝的第一笔使用交易发生在 2013 年 10 月，远在日本横滨的淘宝卖家通过支付宝的"担保交易"，将一台九成新的富士数码相机卖给了西安买家。

随着支付宝的发展，人们发现支付宝对于买卖双方信用的建立不可或缺，同时淘宝网的发展也为支付宝带来了源源不断的用户。 2004 年，阿里巴巴管理层认识到支付宝不应该只是淘宝网的一个应用工具，除了解决淘宝信用和支付的瓶颈以外，支付宝可以成为一个独立的产品，为所有电子商务网站以及其他行业提供基础性服务。 同年 12 月，支付宝从淘宝网分拆独立，浙江支付宝网络科技有限公司成立，支付宝网站上线，从此支付宝开始向独立支付平台发展。

2. 独立支付平台探索阶段 (2005—2010 年)

2005 年 1 月，马云在达沃斯经济论坛上表示 2005 年将是中国电子商务的支付安全年，同年 2 月，支付宝便推出了全额赔付制度，打出了"你敢付，我敢赔"的广告语。 这句广告语打消了用户的顾虑，让用户感觉到了网络支付的安全性和保障性，为支付宝打开了局面，开启了支付宝的互联网金融旅程。 同年，支付宝与中国工商银行达成战略合作伙伴协议，进一步加强双方在电子商务支付领域的合作，随后支付宝又与中国农业银行、VISA 等达成战略合作协议。

支付宝在发展过程中也遇到了竞争对手。 如 2005 年 7 月，来自美国的 PayPal 推出了面向中国用户的 PayPal——贝宝，并直接与银联达成合作。 经过 2004—2007 年的"战斗"，淘宝和支付宝最终战胜了 eBay 和 PayPal，成为中国最大的第三方支付公司。 在这三年中，中国电子商务市场与电子支付市场也逐渐成熟，支付宝成为中国用户与银行之间最强的纽带。

支付宝在发展中也意识到了将淘宝作为单一用户存在外部的发展瓶颈,支付需要与更多的应用场景相连。 于是支付宝开始切入网游、航空机票等非淘宝商家。 2007 年,支付宝分别与第九城市、南方航空等一系列外部企业达成合作。 2007 年支付宝全年交易额约 500 亿元,其中来自淘宝的约占 70%,外部商家占比为 30%。

2008 年 8 月,支付宝用 3 年多时间使用户数达到了 1 亿,超越了当时淘宝的 8000 万客户,占总网民数的 40%。 10 个月后,支付宝用户数就达到了 2 亿,成为全球用户最多的第三方支付平台。 同时,支付宝宣布进入公共事业性缴费市场,通过支付宝可以网上缴纳水、电、煤以及通信费等日常费用,另外与卓越亚马逊、京东商城、红孩子等独立 B2C 展开合作,并推出 WAP 手机版。

截至 2009 年 12 月,支付宝外部商家已经增长到 46 万家,全年交易额达 2871 亿人民币,占据 49.8%的第三方支付市场份额。 2010 年 12 月,支付宝用户突破 5.5 亿,同时支付宝推出"快捷支付",用户无须开通网银便可用银行卡进行网上交易支付,从此又打开了支付宝的新局面。

3. 获得牌照后全面布局阶段(2011 年至今)

2011 年 5 月,中国人民银行宣布支付宝、财付通、易宝支付等 27 家公司获得央行颁布的首批第三方支付牌照,支付宝业务范围涵盖货币汇兑、互联网支付、移动电话支付、预付卡发行与受理(仅限于线上实名支付账户充值)、银行卡收单等。 这意味着支付宝以及第三方支付的发展受到了监管层的认可,新一轮业务深耕开始了。 支付宝的广告语也从"你敢付,我敢赔"悄悄地变成了"支付宝,知托付"。

2011 年 7 月,支付宝推出了手机支付产品——条码支付,进军线下支付市场。 随后,支付宝将移动支付作为布局的重点,先后推出了摇摇支付、二维码扫码支付、"悦享拍"、声波支付等移动应用特色服务。 2012 年 12 月,支付宝开始公测支付宝新版客户端。 该款手机客户端不是简单地将网上支付宝平移到手机终端,而是可以绑定多张银行卡,可以进行个人账户管理,也可以管理各种优惠权、会员卡、球赛门票、礼券,形成了

"以用户账户为中心"的移动金融雏形。

为抢占移动支付市场，积极应对微信支付，支付宝于 2013 年 12 月 3 日起对在计算机上进行支付宝账户间转账的费率进行了调整，并投资快的打车、高德地图、UC 等进行 O2O 布局，引导支付从 PC 端向移动端转移。 在 2013 年年底，支付宝注册用户已突破 8 亿，支付宝钱包用户突破 1 亿。 支付宝拥有庞大的用户基础，涉及的业务与消费者日常生活紧密相连，成了阿里面向消费者最重要的金融工具，也成为阿里消费金融新的支点。

（二）业务模式

与 PayPal 类似，要成为支付宝的用户，首先必须经过注册流程，用户需要有一个私人的电子邮件地址，以便作为支付宝账号，然后填写个人的真实信息，包括姓名和身份证号码。 在接受支付宝设定的"支付宝服务协议"后，支付宝会发送电子邮件至用户提供的邮件地址，然后用户在点击邮件中的一个激活链接后，激活支付宝账户，才可以通过支付宝进行下一步的网上支付步骤。 同时，用户必须将其支付宝账户绑定一个实际的银行账号或者信用卡账号，与支付宝账号相对应，以便完成实际的资金支付流程。 基于交易的进程，支付宝在处理用户支付时有两种方式。

第一种方式是，买卖双方达成付款的意向后，由买方将款项划至其支付宝账户，支付宝通知卖家发货，卖家发货给买家，买家收货后通知支付宝，支付宝于是将买方先前划来的款项从买家的虚拟账户中划至卖家支付宝账户。

第二种方式是即时支付功能，即"即时到账交易"，交易双方可以不经过确认收货和发货的流程，买家通过支付宝立即发起付款给卖家。 支付宝发给卖家信息，告知卖家买家已通过支付宝发给其一定数额的款项。支付宝提供的这种即时支付服务不仅支持淘宝，也支持其他的网上交易平台，而且还适用于买卖双方达成的其他的线下交易。 并且，如果实际上没有发生交易，用户也可以通过支付宝向任何一个人进行付款。

(三)营利模式

目前,支付宝营利模式主要来自以下几个方面:

1. 广告费

第三方支付平台最显著的收益便是广告费。 登录支付宝,可以看到其利用网页投放了各种广告。 支付宝首页上的横幅广告、按钮广告、插页广告等,是支付宝最直接的利润来源。

2. 手续费

支付宝与银行确定一个基本的手续费率,缴给银行,然后在此费率上加上自己的毛利率,向客户收取费用。 通常,支付宝主要向商家和用户收取交易手续费。 当然,当前第三方支付市场竞争激烈,行业集中度高,巨头之间的竞争日趋激烈,手续费如果过高就有可能失去用户。 并且在互联网大行的免费模式之下,向商家和用户收取手续费的持续性有待观察。

3. 服务费

包括理财相关业务的服务费以及代缴业务费。 对于理财相关业务的服务费,在余额宝出现后,支付宝对这种全新理财产品收取的服务费如下:以日均保有量计算,无论是哪种类型的产品,淘宝销售 1 亿元以下的基金,向基金公司收取 20 万元服务费;销售规模为 1 亿到 3 亿元,收 50 万元,销售规模为 3 亿到 5 亿元,收 90 万元;销售规模达 5 亿到 10 亿元,收 150 万元;销售规模为 10 亿到 20 亿元,收 250 万元,销售规模超过 20 亿元,则收 400 万元封顶。 在代缴费业务方面,支付宝向第三方合作商户收取部分服务费用。 如支付宝增值功能中的缴纳水电费、校园一卡通等功能,其实际是用户向第三方商户缴费,支付宝向第三方商户收取代理服务费。

4.数据服务的收入

经过十多年发展，支付宝积累了海量的数据。除了商户等静态信息外，还有商户和消费者在支付宝上产生的大量动态数据和信息，包括各种交易情况、支付情况等。支付宝可以利用这些大数据，为相关机构提供和定制数据服务，并收取一定的费用。如芝麻信用利用支付宝数据进行信用评级等。

5.沉淀资金带来的收入

根据《支付机构客户备付金存管办法》，第三方支付机构需要按照备付金银行账户利息总额的一定比例提取风险准备金。目前对于提取后的利息归属问题并无明确说法，但是从实际操作来看很多第三方支付机构将其作为自身利润，成了第三方支付的一块利润来源。

6.其他增值服务收入

其他增值服务收入主要建立在支付宝基础上形成的增值服务以及延伸金融服务，如2014年6月，支付宝推出的个人资产证明业务，专门为用户开具与银行类似的资产证明和流水明细等等。

可以看出，支付宝营利模式呈现多元化趋势，其成功建立在淘宝强大生态系统的基础上。对于第三方支付企业来说，只有不断强化平台经营，推进生态模式创新，做大规模和提高流量，才能真正找到适合企业自身发展的多元化营利模式。

（四）发展趋势

从发展前景来看，未来支付宝有三大发展趋势：

1.从支付账户向金融账户发展且不断升级

原本支付宝只做传统"存、贷、汇"中"汇"的部分，但是余额宝的推出，使得客户得到了一个信息，支付宝不但可以消费转账，还可以理财，能够获得收益。 未来支付宝理财账户的功能将进一步加强。 因为相对于国外成熟的市场，国内包括基金、保险在内的金融理财服务尚处于起步阶段，产品销售主要依赖传统渠道。 但是传统渠道较高的支付成本以及跨行基金支付的障碍使得基金、保险等金融机构对第三方支付资金中介的功能有较大需求。 随着年青一代逐渐成为社会消费的主力军，未来第三方金融理财服务将是第三方支付的主要发展趋势。 此外，支付账户的贷款账户功能也将不断完善。 支付宝已经结合资金交易数据分析，将收单业务与商户担保相结合，提供信用支付与信用贷款等服务，从而实现支付服务的不断升级。 银联做 POS 贷，以及一些支付公司做财务管理和供应链融资，也是基于相关原理。 未来这个领域有很大的发展空间。

2."支付＋"模式不断拓展

"支付＋"指通过支付的渗透，升级和改造商业行为的方方面面。 支付是日常交易和消费的重要环节，捆绑了商户最真实的资金利用，未来以支付作为基础，可以叠加更多有价值的服务。 例如在营销中，大多数线下传统商户迫切需要一个工具帮助他们具备电商一样的营销能力。 如何识别老客户，与消费者之间构建一个直销有效的沟通平台；如何主动及时地发起营销，让消费者第一时间看到企业的促销优惠信息；如何简化优惠凭证的现场验证过程，并对老客户进行有效的二次营销等。 未来在"支付＋"模式中，支付将串联起企业营销的闭环，实现业务盈利点的多元化发展。

3.支付成为大数据的重要来源

第三方支付企业有跨行、数据信息积累与挖掘优势。 当前支付宝等大力推行的移动支付方式更在数据方面具有独特优势。 移动支付让人们的消费习惯变得更加"有据可循"。 未来移动支付市场的应用场景将前所未有的丰富，移动支付的价值也将得到更大的提升。 目前互联网巨头热衷于推广移动支付应付，这背后不仅只是为了抢夺用户，更是为了固化用户的使用习惯，抢夺背后的数据。

二、信用基础设施——以芝麻信用为例

（一）发展背景

随着我国经济的快速发展和市场化程度的不断提高，客观上对社会信用体系建设的需求日益剧增。信用对电子商务的发展来讲尤为重要，信用缺失会使得交易成本提高，导致交易链条的中断，影响我国电子商务的持续健康发展，甚至影响经济发展的大局。2013 年，《征信业管理条例》颁布，意味着我国征信业从此步入了有法可依的时代，为征信业的发展和社会信用体系建设奠定了法制基础。2015 年 1 月，我国个人征信市场业务"开闸"，芝麻信用、腾讯征信、深圳前海等 8 家机构开始进行个人征信业务的准备工作，我国的民营征信迎来了发展元年。

与传统央行征信系统相比，这些机构各有特色。例如，阿里巴巴旗下的芝麻信用拥有庞大的网上商铺和消费者个人信贷数据库，这些网络行为数据很大程度代表着背后信息主体的真实信用状况。2015 年 1 月，蚂蚁金融服务集团（"蚂蚁金服"）公布，旗下征信机构芝麻信用管理有限公司（"芝麻信用"）正式展开公测，并推出中国首个个人信用评分—芝麻信用分。芝麻信用分是面向社会的信用服务体系，接入阿里巴巴集团的电商数据和蚂蚁金服的互联网金融数据，运用大数据及云计算技术，更客观全面评估并呈现个人的信用状况。蚂蚁金服首席运营官井贤栋表示："芝麻与信用颇为相似—看似小，但营养出色且重要，更需积少成多。以'芝麻'命名个人征信机构，是希望传达'信用是点滴珍贵，重在积累'的理念。我们期望，芝麻信用可为中国人带来全新的信用名片，引导推动全民信用意识的提升，未来我们会陆续推出信用报告等一系列产品，助力社会诚信体系的建设。"

（二）业务模式

互联网的发展促使电子商务等的征信需求快速增长，在新的金融发展

形势下，传统征信提供的征信业务和产品不能完全满足社会对征信服务的需要。相较而言，以芝麻信用为代表的互联网征信具备一定的数据优势和技术优势（见表 8-1），在征信数据、征信过程、征信产品及应用等多方面进行了改进，从而为社会提供更多的征信产品和服务。

表 8-1　芝麻信用与传统征信的比较分析

比较项目	芝 麻 信 用	传 统 征 信
数据来源	线上、线下数据相结合	以线下数据为主
数据类型	信贷数据、网络数据、社交数据等	以信贷数据为主，在某一领域（如信贷）采集的信息比较完整
数据格式	大量非结构化数据，有过程类数据也有结果类数据，但比较零散	结构化数据，以某一领域的结果数据为主
信用评价	用实时行为反映人相对稳定的性格，并由此推断履约可能性，模型较复杂	用昨天的信用记录来判断今天的信用，模型相对简单
评估方法	大数据分析、机器学习等	以定量为主，如专家打分法等
变量特征	传统数据、网络行为、交易记录等	信贷记录、还款记录、金额等
变量个数	较多，成千上万	相对较少，几百个
覆盖人群	有网上活动的人群为主	有信贷记录的人群为主
征信产品	较为丰富	相对较少
应用领域	金融、商业交易、生活中各种履约场景	以金融领域为主

1. 芝麻信用利用大数据技术采集多维度数据

芝麻信用开展互联网征信业务的数据主要是来自互联网上的行为数据，而传统征信业务的数据主要是线下渠道收集的数据，这是二者之间最基础的差异。表面上来看，互联网上获得的数据跟履约行为无关，但实质上，互联网的行为轨迹和细节更能反映人的性格、心理等，有利于信息主体信用状况的判断。

国外已经有一些商业上的实践，例如 Zest Finance，他们认为信贷记录属于强变量，而当强变量缺失（即信贷历史缺乏）的时候，就可以参考多种弱变量（如网上的行为轨迹），将这些弱变量组合起来形成征信产品，以服务于信贷风险。而在国内，芝麻信用也在利用大数据和云计算技术，广泛采集信用信息。目前，芝麻信用采集的原始数据主要来源于阿里电商平台、蚂蚁小微金服互联网商业机构、政府机构、金融机构、公开数据源等（如图 8-1），这些数据包含了丰富的信息量，覆盖的用户群体也比较大，但是数据的结构比较复杂，既有结构化的数据，也有大量的文本类非结构化数据，并且很多数据每时每刻都在产生。就信息具体类型而言，芝麻信用经授权采集的这些信息包括从阿里巴巴采集的千万淘宝、天猫卖家的实名注册信息、信用交易信息、履约行为记录、物流收货信息；从小

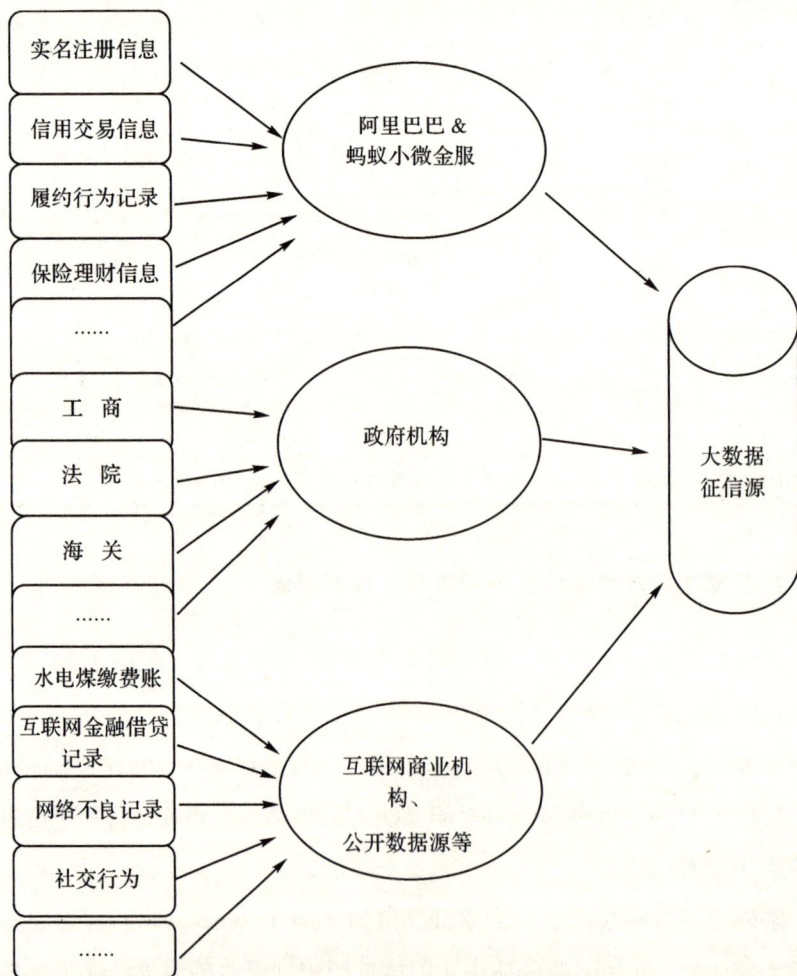

图 8-1 芝麻信用的多维度征信数据源

微金服采集的 3 亿支付宝实名注册信息、生活缴费记录、通过支付宝信用卡还款记录、保险理财信息等；从社会公共事业单位采集的工商、税务、法院、公安、学历学籍等公共信息；从外部合作机构采集的生活类消费记录、互联网金融类借贷记录、不良记录信息等。 总之，芝麻信用的征信数据采集渠道较多，数据类型复杂，使得芝麻信用能够不完全依赖于传统的征信方法，对个人消费者从不同的角度进行描述和进一步深入地量化信用评估。

2. 芝麻信用利用大数据挖掘技术开展信用评价

信息采集和使用是开展征信业务最重要的流程环节之一，传统信用评价由于数据的限制更加看重"过去"，而以芝麻信用为代表的互联网征信不仅可以采集线下数据，而且可以借助大数据和云计算等新技术，便捷、有效、低成本地采集、存储超大规模的线上数据，因此，芝麻信用在评价思路和方法上有所创新，不仅注重"过去"，还看重"现在"，即利用其所获取的网络、社交等成千上万个数据变量实时地反映一个人的行为轨迹，并以此推断个人未来的履约情况，这种评价思路更加符合信用风险评估的需求。 除此之外，芝麻信用由于涉及的信息数据量较大，在形成征信产品的过程中，充分利用了大数据挖掘技术，如把大数据变成小模块然后分配给其他机器进行分析，从而完成对超大量信息数据的处理和挖掘，尤其是对文本和图片等非结构化数据进行分析、预测，会使得决策更为精准，释放出更多数据的隐藏价值。

目前，芝麻信用在利用大数据技术形成征信产品方面做了一些研究和探索。 例如，芝麻信用为了更好地存储采集来的海量数据，采用数据存储虚拟化的阿里云存储，即将原有的服务器进行软件虚拟化，将其划分为若干个独立的服务空间，从而可以在一台服务器上提供多种存储服务，大大提高了存储效率，节约了存储成本，是大数据平台的最佳选择，这种虚拟化将有可能成为未来大数据存储的一个主流技术。

其次，为了下一步的数据处理，芝麻信用将数据通过云计算手段同步到数据处理中心数据库，并对各种原始数据进行归类整理，如芝麻信用对网上采集的原始数据的归类示意如表 8-2：

表 8-2 芝麻信用网络数据整理归类

信息大类	数据项目
基本信息	年龄、性别、职业、家庭状况等
注册信息	注册方式(邮件/手机),是否实名认证,注册时长等
兴趣偏好	购物时间偏好,支付渠道偏好,购物类目偏好,是否乐于分享等
购物习惯	购物频次,年度购物金额,购买类目数等
支付行为	信用卡张数,银行卡类型,笔均额度等
负面信息	是否有过交易作弊行为,是否有过欺诈行为,是否有过公检法不良记录等
外部应用	是否有信用卡还款逾期记录,是否是外部商户的黑名单用户等
社交信息	社交活跃度、粉丝数、朋友圈等
……	……

随后进入建模阶段,芝麻信用从数千种原始数据中寻找数据间的关联性并对数据进行归类、转换、整合,形成较大的变量,然后将这些较大的变量输入到不同的数据分析模型中去,形成最终的信用分数。目前,按照行业通行标准,并结合芝麻信用自身数据特点,芝麻信用将待选变量分为4大类(图 8-2):一是用户的身份特质类,主要包括公安网实名认证、消费记录、信息稳定性等;二是用户的信用历史类,主要包括信用卡还款记录、微贷还款记录、分期购还款记录、罚单等;三是用户行为类,

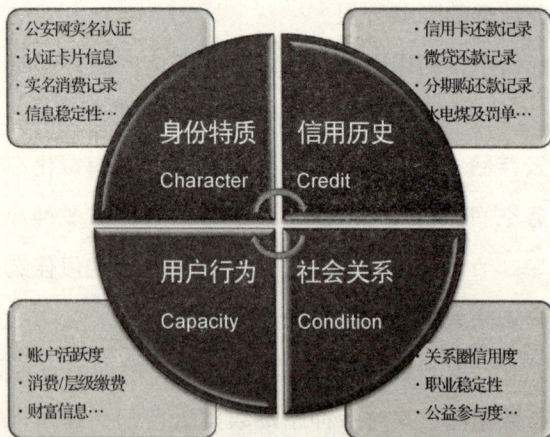

图 8-2 芝麻信用建模过程中的评分维度

主要包括账户活跃度、消费层级、财富信息等；四是社会关系类，主要包括关系圈信用度、职业稳定性、公益参与度等，将以上 4 大类变量输入逻辑回归算法等不同的数据分析模型中去，可以得出每个用户的信用评分值，并以此综合判断用户的信用等级。

　　总之，大数据和云计算共同完成了对海量数据的存储和加工，在形成互联网征信产品过程中应用了不同场景的行为信息，以充分反映信息主体的信用状况。

3. 芝麻信用形成更加丰富的征信产品和服务领域

　　以芝麻信用为代表的互联网征信相对于传统征信最大的优势在于拥有广泛的互联网信息来源，信息数量巨大且类型多样，且可以充分利用大数据和云计算技术。如此海量的互联网数据资源如果能够被很好地挖掘利用，通过分析互联网上这些信用主体的基本信息、交易行为信息和金融或经济关系信息，则可以较好地挖掘出信用主体的信用状况，形成信用报告、信用评分、信用认证等更加丰富的征信产品，且这种基于互联网行为习惯、网上交易的评价信息更趋于人的一些习惯的判断，可以运用于金融信贷、商业交易、日常生活等更加宽泛的场景。传统借贷场景相对单一，而互联网征信如果运用到生活中的不同场景，一定会有适用于各种场景的模型和判断方法，从这点上来说，互联网征信的应用领域更加复杂化。

　　以芝麻信用为例，其遵循"一切数据皆信用"的思路，在法律法规允许的范围内，广泛采集数据，将海量庞杂、看似无用的数据，经过加工、清洗、匹配、整合和挖掘，转换成信用数据，形成各类征信产品，例如：

　　（1）芝麻分。芝麻分是一种信用评分，在大数据环境下，通过建模分析个人在多种履约场景下的行为数据而得出，计算出来的芝麻分越高，代表信息主体未来一定时期内出现违约行为的概率越低，即信息主体信用程度越高。目前，芝麻分的评分维度包含"身份特质""信用历史""用户行为"和"社会关系" 4 个维度的信息，芝麻分的区间定位在 100—950分，根据历史数据测算，处于 650—750 芝麻分的人群较为集中，约占测试人数的40％以上。 芝麻信用分产品可以直接应用于一些需要用户出具其信用信息的生活服务场景，比如租车、租房、婚恋等，芝麻分的引入可以减少用户长传信息的数量，简化操作流程，可以很好地提升服务效率和用户体验。

（2）芝麻信用报告。 具体可以分为互联网小微企业信用报告、消费者个人信用报告。 互联网小微企业信用报告主要根据小微企业在蚂蚁小贷业务上的具体融资申请、信贷历史、网上店铺、经营特征、其他外部因素等对企业信用做出综合评价。 消费者个人信用报告又称芝麻微报告，按照多个维度展现互联网消费者的身份可靠度、财富等级、可信度、人际关系等，芝麻信用可以针对不同的评价或审核主题，为信贷机构提供个人的芝麻微报告。 一份完整的芝麻微报告（如图8-3）包括网上交易汇总、消费信息、经营信息和理财保险信息等，对于缺少信贷履约记录的用户来说，这是一个有利的补充，且这种基于线上数据的微报告已经被传统金融机构证明是有效的。 比如，广东发展银行卡中心的网上申请用户中，央行金融信用信息基础数据库查无记录的人群里，75％有阿里电商数据，可以辅助金融机构的审核。

（3）反欺诈服务。 芝麻信用可以依法合规从淘宝、天猫等平台采集信息主体的地址、手机、账户等真实的互联网交易信息，由于买家、卖家需要填写真实的收货、发货地址及手机信息，因此，这部分信息真实性高且一旦变动就会及时更新，因此，芝麻信用以此类信息为基础，通过大数据技术，可以提供手机、地址、个人银行卡的有效性验证、网络环境的可信验证等反欺诈服务。 通过反欺诈服务，可以帮助金融类商户验证业务申请的真实性，有效防范欺诈风险，同时辅助贷后风险管理、催收管理等。

（4）消费者标签服务。 芝麻信用通过信用分析和网络行为分析，为个人消费者标记各种人格属性、行为属性、生活属性，满足社会交往、购物消费等具体应用需求。

（5）消费者分群筛选。 芝麻信用可以通过大规模的数据处理、分群模型，筛选出满足一定条件的人群名单及属性，以满足社会化消费和社会

图 8-3　芝麻信用微报告模板

交往分群的应用需求。

　　此外，芝麻信用还研发了风险名单共享服务、资质认证服务、评分评级服务、交易担保服务等各增值类产品或服务。 这些产品和服务不仅可以应用于金融信贷领域，而且可以广泛应用于生活领域，满足信息主体交友、租房、征婚、航旅等各种日常生活的需求。

（三）存在问题

1. 经营瓶颈

以芝麻信用为代表的互联网征信是基于互联网金融和大数据时代背景的新型征信业态，以广泛多样的数据来源、先进的数据处理技术和多元化的产品服务为发展愿景，在业界引起广泛关注。然而，在当前的市场环境下，互联网征信尚处于培育阶段，诸多内外部条件均未成熟，芝麻信用等互联网征信机构未来的营利能力如何有待检验。

（1）数据来源受到限制。芝麻信用的数据来源主要包括电商平台、政府部门公开信息、企业公示信息等公共渠道。但是，其中许多数据来源渠道目前并不能提供稳定、连续、有效的数据流，芝麻信用也面临存在于大数据环境中却无法获得所有需要数据的困境。究其原因，主要有以下两个方面：一是存在信息割裂现象。数据是各个互联网征信机构的竞争力基础。因此，一些互联网数据拥有者更倾向于自身建立征信机构，而不是提供数据。此外，政府部门公开信息、企业公示信息等公共信息，由于部门、行业间的信息共享机制尚未健全，因此不易获得，现有的一些数据也存在较为严重的缺失、滞后等质量问题。二是数据标准尚未建立。互联网数据来源丰富，种类多样。将不同来源和种类的数据采集入库，需要有一定的数据标准做支撑。国内关于征信数据的标准并不多，互联网征信数据标准尚处于空白，一定程度上影响到芝麻信用对数据的引流。

（2）产品应用效果未知。虽然芝麻信用等互联网征信机构具有较强的技术研发能力，但是就目前的产品来看，其效果如何有待考察。一方面产品研发除技术外，还需要对行业、市场有专业的理解、深入的洞察，掌握市场需要什么、欠缺什么，才能有所创新和超越。另一方面，好的模型往往需要建立在一定规模的数据基础之上，即便是机器学习、神经网络等非统计学方法也是如此。并且，每一种新生的产品，都需要经历市场的检验，才能判断其真正的价值。

（3）市场拓展存在难度。 一方面，传统的征信市场，尤其是金融信用信息基础数据库已占据了一定的市场份额，且运行也已较为成熟。 依托其由上至下的垂直网络、相对稳定的数据来源以及作为国家数据库的地位优势，金融信用信息基础数据库在征信市场中的核心地位难以动摇，且随着产品的创新，市场占有度或将继续提高。 而芝麻信用等新设立的征信机构，由于数据来源等方面的原因短时间内将形成只在各自领域内发展的局面。 另一方面，市场的拓展需要不断挖掘需求，进而进行产品创新，而我国目前的征信市场主要活跃于金融圈内，对于圈外的市场挖掘较少。芝麻信用等互联网征信机构虽然对未来发展都有美好愿景，但是对于市场的研究刚刚开始，对于业务、产品和服务的规划还较为单薄，众多蓝图尚待转化为具体的可实施的方案。

2. 法律风险

以芝麻信用为例：

（1）采集个人新增数据的授权问题。 对于天猫、淘宝、支付宝等集团内部平台，芝麻信用目前的计划是在用户注册时与其签订数据采集、报送相关协议；对于外部平台，芝麻信用计划采用的方式有两种：一是用户自主绑定，二是跟平台合作。 事实上，内部平台和外部平台对于芝麻信用而言均属于信息提供者。 若采用注册或绑定的方式，那么，是否等同于永久授权，是否等同于可以采集用户在所注册或绑定平台上的所有数据？若采用与平台合作的方式，由平台将数据提供给芝麻信用，则平台需取得信息主体授权，且授权的合法性取决于平台，但是芝麻信用对此依然具有法律责任。

（2）采集个人存量数据的授权问题。 天猫、淘宝、支付宝等平台运行时间较长，且市场份额占比可观，积累了大量数据，是芝麻信用的宝贵资源，是芝麻信用数据研究和建模的基础。 但是存量数据并非由芝麻信用直接产生，而是由集团内各平台汇集为芝麻信用所用，数据采集的过程涉及授权问题。 芝麻信用目前对于这方面的考虑有所欠缺。

（3）个人信息采集的范围问题。作为典型的互联网征信机构，芝麻信用对未来的规划，自然包含了对社交、行为等典型网络数据的采集。《征信业管理条例》虽然对禁止和不得采集的数据做出了说明，但对于什么是信用信息，却未有明确解释。社交、行为数据本身不反映信息主体的履约情况，却能帮助判断信息主体的履约意愿和能力，且利用这些数据还能产生许多诸如营销方案等其他产品。然而，从法律层面，对于社交、行为数据的采集是否合法，目前尚无相关法律依据。

（4）征信产品的使用授权问题。征信产品的使用同样面临授权行为发生方和责任担当方不一致的问题。例如某金融机构向芝麻信用查询某信息主体个人信用报告，按照《征信业管理条例》，金融机构需取得信息主体书面授权并约定用途。但是，若该金融机构未经授权查询，则芝麻信用需承担法律责任。对此，芝麻信用目前计划采取的方式较好地避免了这一风险，即将传统的"信息主体——授权信息使用者——向征信机构查询信用报告"模式转变为"信息使用者——向征信机构发起查询信息主体信用报告申请——征信机构取得信息主体授权——征信机构向信息使用者提供信息主体信用报告"的模式。尽管如此，仍然存在其他方面的法律风险：由于芝麻信用和信息主体仅通过互联网产生关联，因此信息主体只能通过互联网（或通信）渠道进行授权，这种方式无法满足《征信业管理条例》书面授权的要求，且较难判定授权的真实性。

（5）与其他征信机构或平台的信息共享问题。随着业务的开展，芝麻信用必然趋向于更加开放的模式，例如芝麻信用计划中的"风险名单共享平台"，其中涉及与其他征信机构的合作，这也是其他征信机构或整个征信市场未来发展的需要。但是对于征信机构之间的信息流动问题，目前在法律法规方面没有明确的依据或说法。因此，对于芝麻信用或其他征信机构而言，是否存在法律风险有不确定性。

3. 信息安全

由于开放、共享等技术特征，互联网的信息安全被广为诟病，因此相比传统征信机构而言，以芝麻信用为代表的互联网征信机构在信息安全保护方面所面临的挑战也变得更为严峻。

（1）技术层面。 互联网不仅拥有海量的数据，而且数据的种类和形式也更加复杂，这些数据会吸引更多的潜在攻击者，成为网络黑客攻击的目标。 同时，数据的大量聚集，使得黑客一次成功的攻击能够获得更多的数据，无形中降低了黑客的进攻成本，增加了"收益率"，也会驱使黑客去攻击互联网征信机构的信息数据库。 并且，芝麻信用等互联网征信机构的信息提供者和使用者更多的是通过互联网接入，因此信息在流转的过程中更加容易遭遇攻击或感染，导致信息被非法访问、盗取或篡改，产生风险漏洞。

（2）管理层面。 芝麻信用等互联网征信机构的数据维度和量级都比较大，如果内控不严、管理不善，比如信息的操作权限、审批流程、数据脱敏等制度缺失，一旦发生泄漏，其影响也较大。

（四）发展趋势

在未来，介入到征信领域的独立第三方机构可能有以下几种类型：

1. 以芝麻信用为代表的大数据征信模式

此种模式采集用户在互联网交易中或在使用互联网服务中留下的信息数据，并结合线下渠道、第三方渠道采集的数据进行集合。 这种模式的优点在于数据来源广泛，可以弥补传统征信存在的覆盖面不足的缺陷，并不局限于信贷信息的多样化数据可以更全面地反映个人信用情况。 但是，除了法律风险以外，此类大数据征信的难点在于信息过多引发的数据噪音多且整合困难，同时数据中隐含的相关性需要较长的时间和实践检验，短期内信用评价数据的精准性较低。 未来这种模式适合实力强劲且具有较多行业经验的大平台。

2. P2P 网贷平台发展征信业务

目前相比于其他互联网公司来说，P2P 公司更有搭建自己征信体系的需求，如拍拍贷、人人贷等公司。 但是此类模式的难点在于出于隐私或利益等考虑，平台之间不愿意分享自己的数据信息，越是大的平台越是如此，且数据标准口径难以统一，影响系统体量扩充。对于 P2P 平台来说，征信是一条艰辛之路。

3. 专业的征信数据公司

国内专业的征信数据公司如北京安融惠众征信有限公司、中诚信征信有限公司、上海资信有限公司以及深圳鹏元征信有限公司等，在目前 P2P 等互联网金融平台无法直接接入央行征信系统的情况下，较多平台会选择专业征信数据公司。例如目前已有超过 200 家 P2P 平台接入了上海资信公司的网络金融征信系统（NFCS）。但是和大数据征信模式相比，其可以提供的数据多是与银行有业务往来的信贷客户，而更多人的信贷记录为空白，同时，其相对严格的审核流程、数据格式及质量要求也将众多平台客户挡在门外。未来此类专业征信数据公司也将受大数据征信公司的冲击。

三、技术基础设施——以阿里云为例

（一）成长历程

早在 2003 年，阿里巴巴便开始与 IBM 合作，利用科技手段解决用户、商品和消费信息分散的问题。至 2007 年，阿里巴巴在 IT 上的投入之大，一度成为 IBM、Oracle 等国外 IT 厂商在中国的标杆用户。然而，阿里业务的高速发展使得已有的 IT 设备使用出现瓶颈，阿里巴巴萌生了去"IOE"的念头。为了解决电商生态系统膨胀和海量数据分析的需求，2009 年 9 月，阿里集团首席架构师王坚牵头，组建"阿里云"公司，正式涉足云计算领域。从此以后，阿里巴巴在云计算领域的布局可谓是快步如飞。2013 年 8 月，阿里自主研发的单集群规模从 1500 台升级到 5000 台，同时实现了跨集群扩展，100T 数据 Tear Sort 算法在 30 分钟内完成，比当时的全球纪录快 2 倍；2014 年 1 月，阿里 ODPS 产品对外公测，7 月正式发布,这款产品具有 BP 级别的数据处理能力,为用户在数据仓库、数据分析、海量数据统计、数据挖掘、商业智能和模型训练等领域提供解决方案;2015 年 3 月 4 日,阿里云计算宣布美国硅谷数据中心投入试运营,向北美乃至全球用户提供云服务,这是阿里云继杭州、青岛、北京、香港、深圳之后全球第六个数据中心。阿里云计算进化史如表 8-3 所示。

表 8-3　阿里云计算进化史

时 间	关键词	备 注
大数据底层技术		
2009 年	淘宝 RAC 集群	基于 Oracle 产品架构的 RAC 集群达到顶峰,成为国内每天处理量最大、最忙的数据仓库
2009 年	淘宝云梯诞生	淘宝第一个分布式计算系统 Hadoop 集群,规模 300 台
2010 年年初	飞天	阿里自主开发的大规模分布式计算系统
2012 年	ODPS	阿里自主研发的离线数据处理平台,可以提供海量数据仓库的解决方案以及针对大数据的分析建模服务
2013 年 5 月	ADC	数据工作平台 ADC 全面启用,完善了云计算平台生态图
驱动底层技术的项目		
2010 年	去 O 计划	数据量大爆炸的一年,RAC 集群已不能满足业务发展速度,从 RAC 迁移到 Hadoop
2012 年 1 月	冰火岛	建立支持集团数据化运营、商业创新的数据交互平台,标志着阿里自主研发的分布式计算平台正式对全集团提供服务
2013 年 8 月	5K	单集群规模从 1500 台升级到 5000 台,同时实现了跨集群扩展,100T 数据 TearSort 30 分钟完成,比当时的世界纪录快 2 倍
2013 年下半年	登月计划	致力于将搜索、广告、物流等多个 BU 的数据统一,未来 ODPS 将成为承载阿里集团全部数据的统一处理平台
2014 年 1 月	聚无线项目	ODPS 产品 1 月对外公测、7 月正式发布,该产品具有 BP 级别数据处理能力,为用户在数据仓库、数据分析、海量数据统计、数据挖掘、商业智能和模型训练等领域提供解决方案

（二）发展现状

对于云计算的定义，美国国家标准与技术研究院（NIST）认为，云计算是指一种按使用量付费的模式，这种模式提供可用的、便捷的、按需的网络访问，进入可配置的计算资源共享池（资源包括网络、服务器、存储、应用软件、服务）。这些资源能够被快速提供，只需投入很少的管理工作，或与服务供应商进行很少的交互。而阿里巴巴曾鸣表示，云计算是使用分布式的方法，针对海量数据大计算的一种解决方案，用足够的低成本、商业化的模式来解决大数据计算的问题。

云计算有三种服务形式：基础设施即服务（IaaS）、平台即服务（PaaS）和软件即服务（SaaS）。基础设施即服务（IaaS），消费者可以通过 Internet 获得存储、计算等基础设施服务；平台即服务（PaaS），一般包括操作系统、编程语言的运行环境、数据库以及 Web 服务器，用户在该平台上可自行部署和运行应用，为用户提供可实施开发的平台环境和能力；软件即服务（SaaS），用户通过 Internet 租用 Web 软件来管理企业的经营活动。根据云计算服务的形态可以分为公共云、私有云和混合云。公共云和私有云之间的区别在于：一是网络连接不同，公共云是通过互联网（Internet）来进行连接访问，而私有云是通过企业内部网（Intranet）进行访问；二是公共云的服务对象是最终用户或者是最终用户开发的企业应用，私有云的服务对象是企业内部人员或者是供应商和客户在内的企业生态系统用户。而混合云就是公有云和私有云的混合，使用私有云作为基础同时结合了公有云的服务策略。（如图 8-4 所示）

阿里云自成立以来，已经成为阿里大数据分析的技术基础，扮演阿里集团后台服务者的角色，是阿里生态系统得以正常运转的基石：通过整合集团资源，为集团各个子公司提供统一的基础设施服务，从而降低运营成本、提高资源利用效率，同时深入挖掘整理阿里系统的用户数据。2013年年末，淘宝和天猫 80% 以上的网店进销存管系统已经迁移到阿里"聚石塔"云服务平台，超过 98 万客户直接或间接使用阿里云服务。

此外，云计算犹如发电厂一样，除发电自用的同时还可向外提供电力

公共云

公共云是由第三方提供商提供的云服务。由云提供商完全承载和管理，用户无需购买硬件、软件或支持基础架构，只需为其使用的资源付费即可，云提供商将为用户提供价格合理的计策资源快速访问等云服务。

➤ 优势：无需支付硬件带宽费用，投入成本低；免费使用或者按照使用服务付费，减少资源浪费；满足需求的扩展性。

➤ 劣势：数据安全性存在一定隐患。

私有云

私有云是在企业内部提供的云服务，由单个公司拥有和运营，该公司控制各个业务线和授权组自定义以及使用各种虚拟化资源和自动服务方式。

➤ 优势：保障虚拟化私有网络的安全；充分利用现有硬件资源和软件资源。

➤ 劣势：投入成本较高。

混合云

混合云是公共云和私有云的混合，使用私有云作为基础同时结合了公共云的服务策略。一般由企业创建出。而管理和运维职责由企业和云提供商共同分担。

➤ 优势：帮助企业降低IT成本，提高设备利用效率；提高数据安全性；可根据业务的重要程度有选择性的安排工作的负载是在公有云还是私有云执行。

➤ 劣势：投入的硬件和软件资源成本比较高。

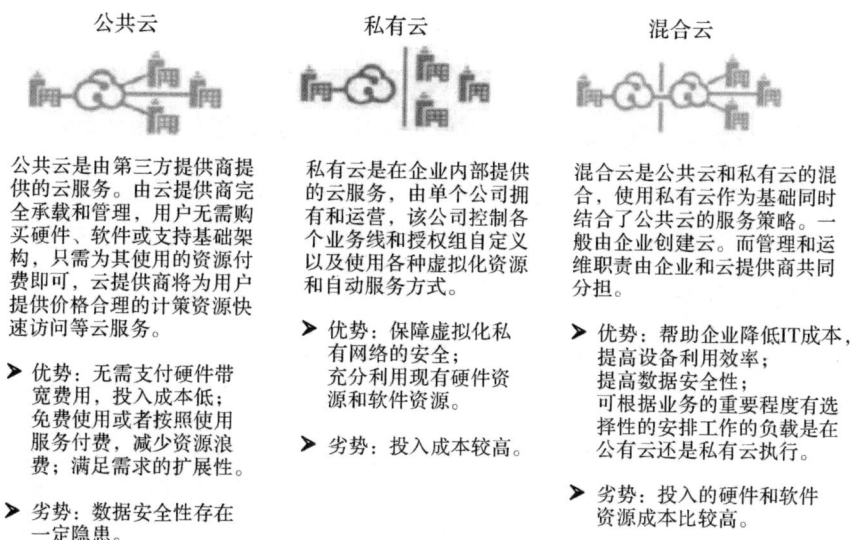

图 8-4 公有云、私有云和混合云

服务。技术积累升级使得阿里云计算在满足自身系统应用的同时也具备了向外提供云计算服务的能力。阿里云除了服务于阿里系公司（淘宝和天猫、天弘基金、众安保险等）和平台商家外，其服务客户还涵盖智能家电（美的空调、壹人壹本、TCL 等）、金融（浙商证券、珠江人寿、吴江农村商业银行等）、电商网站（12308 全国汽车票、特步官方商城等）、游戏（大掌门、刀塔女神等）以及大量中小企业、门户和社区网站等（见图 8-5）。仅在金融领域，目前已有包括 100 多家银行在内的金融机构向阿里云采购了云计算服务。并且，阿里云也喊出了"世界上唯一一家支持金融、保险等行

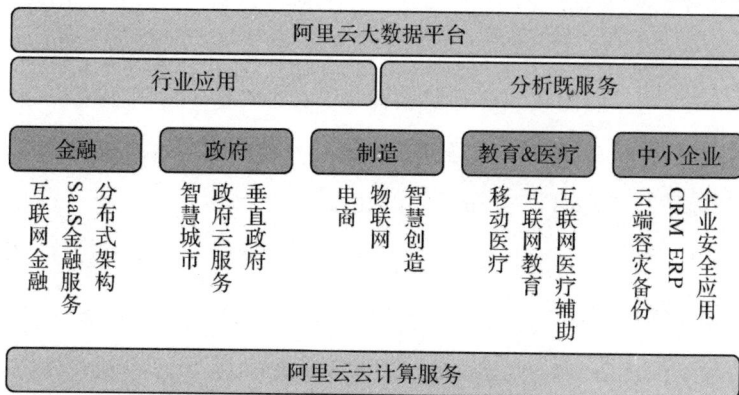

图 8-5 云计算是阿里体系的基石之一

业的云计算公司"的口号,例如帮助吴江农村商业银行、广东南粤银行、厦门银行、渤海银行、鹤壁银行、华润银行以及东海银行在内的多家银行快速实现了网上支付交易功能;支撑了支付宝和天弘基金合作的余额宝项目的海量高并发访问,余额宝 3 亿笔交易的清算可在 140 分钟内完成;解决了众安在线海量淘宝、天猫客户购买保险的技术支撑问题。 阿里云计算运用项目如表 8-4 所示。

表 8-4 阿里云计算运用项目

应用项目	描　　述
移动 APP 开发	用户包括领先的移动拍照应用、摄影及摄像分享应用和实时消息分享平台;利用云服务器(ECS)来运行移动应用软件;运用内容分发网络(CDN)来处理海量共享信息
网游和在线平台	主要利用云服务器(ECS)来运行游戏平台;运用软件负载均衡设备(SLB)找出最优方案,以免系统超载;使用内容分发网络(CDN)来提高媒体传输速度
电商及互联网金融	为中国零售市场上使用云服务器以及 Rational 数据库的客户提供后台支持;中小企业贷款运用开放数据处理服务(ODPS),利用零售平台的销售数据来对中小型申请贷款的企业进行信用以及风险管理评估
系统集成	用户包括地方政府、软件集成商和数字娱乐平台;系统运用云服务器,数据存储以及数据处理服务,包括系统稳定性的维护和系统线性构建

根据 IDC 数据显示,2014 年阿里云在中国公共云市场份额排名第一,市场占有率达 29.7%。 阿里巴巴 2015 年第四季度财报显示,阿里巴巴旗下云计算子公司——阿里云第四季度收入 4.85 亿元,比上年同期大幅增长 106%,成为阿里巴巴收入增速最快业务。 2015 年 7 月阿里巴巴宣布对阿里云战略增资 60 亿元,用于国际业务拓展,云计算、大数据领域基础和前瞻技术的研发,以及 DT 生态系统的建设。

(三)存在问题

虽然从国内来看,阿里云单个个体发展迅速处于国内领先地位,但是从全球来看,我国云计算仍处于发展初期。 国内云计算产业起步于 2007

年，整体上落后于欧美五年左右。 在国外，云计算创新和产业链从 2009 年开始就已逐渐成熟并开始广泛应用，而我国云计算市场到目前为止还处于起步发展阶段，还没有形成完整的产业生态链，技术路线和商业模式还处在百家争鸣的探索阶段。 根据 Gartner 数据显示，2013 年国内云计算市场规模为 3.53 亿美元，只占全球云计算市场的 1% 左右，从目前的 IaaS、PaaS 和 SaaS 三种云计算服务来看，SaaS、PaaS 和 IaaS 市场规模分别为 1.79 亿美元、0.78 亿美元和 0.96 亿美元，只占全球的市场份额分别为 0.8%、2.9% 和 1%。 同样，阿里云营收还远远低于亚马逊 AWS。 阿里巴巴集团于 2014 年 5 月向美国证券交易委员会（SEC）提交的 IPO（首次公开招股）招股书中显示，2010、2011、2012 和 2013 财年，阿里巴巴集团来自云计算和互联网基础设施业务的营收分别为人民币 1.44 亿元、4.25 亿元、5.15 亿元和 6.5 亿元（见表 8-5）。 亚马逊的 2014 年财报中，"其他"选项显示是 39.34 亿美元，这包含了它的云计算部门、AWS 业务和其他的部分业务。

表 8-5　阿里和亚马逊云计算营收

云计算营收/亿元	2010 年	2011 年	2012 年	2013 年
阿里巴巴	1.44	4.25	5.15	6.50
亚马逊 AWS	59.50	99.2	157.51	245.60

　　和国外相比，前几年我国云计算发展相对迟缓的原因主要有两个方面。 一方面，国内特殊的用户构成、客户习惯以及商业环境等因素制约了云计算需求的释放。 首先，我国 IT 支出最大的行业为政府、金融、电信、能源等，这些行业的共同特点是对资金的敏感性较低，然而对数据安全性和可靠性要求高，对于可能降低自身对数据控制权的云模式会采取相对谨慎的态度。 其次是受到国内信用体系的制约，由于我国信用体系不健全，数据和信息安全相关的法律法规不完善，常常出现泄露用户数据和信息的案例，使得新用户不敢参与。 最后是人才的制约，由于前期云计算的发展趋势不明朗，相关 IT 人员不愿学习和应用等原因，使得人才队伍的支撑面临大的威胁。 第二，云计算影响传统 IT 基础设施和

应用的营利模式，具备核心资源的企业不愿对外放开核心资源。 在 IaaS/PaaS 领域，电信运营商和第三方 IDC 拥有大量数据中心资源，但实施云计算会威胁其传统业务的营利，因此此类新的业务模式其将会缓慢推进。 在 SaaS 领域，国内传统的重硬件、轻软件的思维和服务模式也制约了云计算的发展。 我国传统软件即服务的模式存在"卖不上价"的尴尬，软件的价值往往通过包括上门安装、维护、后期升级服务等实现。 同时，传统软件公司拥有较大规模的销售团队，将是其转型云计算模式的障碍之一。

（四）发展趋势

未来，由于全球云计算发展态势总体向好，以及我国市场规模基数小和政府政策引导等原因，我国云计算产业将会迎来高速发展期。

国内外机构都对云计算整体发展趋势进行了判断。 市场研究公司 Market Research Media 发表报告预测，从 2015 到 2020 年，全球云计算市场年均复合增长率将为 30%，2020 年市场规模将达到 2700 亿美元。 科技部公布的《中国云科技发展"十二五"专项规划》显示，在"十二五"期间（2011—2015 年），国内云计算产业链规模可达 7500 亿元到 10000 亿元。 我国云计算产业规模将高速增长，产业格局迎来洗牌阶段，云计算企业全球影响力将扩大。 2010—2015 年全球及中国云计算市场规模如图 8-6、图 8-7 所示。

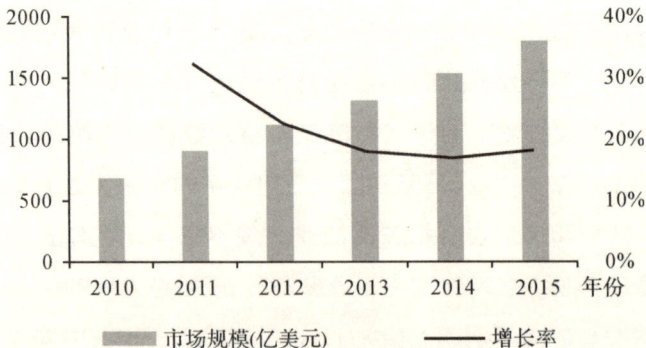

图 8-6　2010—2015 年全球云计算市场规模

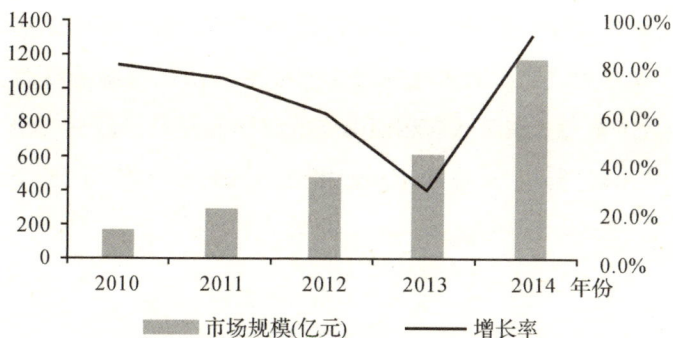

图 8-7 2010—2014 年中国云计算市场规模

在政策方面,目前我国各级政府对云计算发展给予了足够的重视,加速布局我国云计算的发展。 2015 年 11 月 9 日,工信部正式下发关于印发《云计算综合标准化体系建设指南》(以下简称《指南》)的通知。 该《指南》公布了云计算的 29 个重点标准研制方向,通过"三原则"加速推动我国云计算发展。《指南》通知的下发,让我国云计算标准工作迈上一个新台阶,加强在国际的"话语权"。 云计算是战略性新兴产业的重要组成部分,推进云计算健康快速发展,对加速产业转型升级、促进信息消费、建设创新型国家具有重要意义。 2015 年 8 月 31 日,国务院印发《促进大数据发展行动纲要》(以下简称《纲要》)。 该《纲要》分析了大数据发展形势和重要意义、指导思想和总体目标、主要任务、政策机制 4 部分。《纲要》指出,目前我国在大数据发展和应用方面已具备一定基础,拥有市场优势和发展潜力,但也存在政府数据开放共享不足等问题,亟待解决。 加快大数据部署,深化大数据应用,已成为稳增长、促改革、调结构、惠民生和推动政府治理能力现代化的内在需要和必然选择。 从"十三五"规划以及近期频繁颁布的政策法规来看,这些都表明了信息经济已经处于风口之中。 我国经济正处于转型升级的关键历史时期,信息经济作为一种新的经济形态,正在成为经济质量提升和增强产业竞争力的必然选择。 此外,各地政府也有采用云计算满足电子政务需求的做法,提升行政效率已取得了突出的效果。

未来,我国云计算发展可能存在两条路径:一是公有云在中小企业中的应用。 大量的中小企业已经在试用 IaaS/PaaS 服务,此类技术、服务已日臻成熟。 二是先私有云后公有云是政府、大型企业云计算落地最可能的路径。 这种模式在初期通过搭建安全性和可用性更高的私有云来解决数据安全性的隐患，满足政府和金融、电信等行业对于数据安全的高度重视，而当云市场成熟、云技术可靠性得到验证后，再将不同安全级别的业务系统向公有云平台迁移。

第九章
基于阿里巴巴网络金融实践的政策分析

一、加强市场环境建设，营造网络金融发展良好氛围

近年来，互联网支付、网络借贷、股权众筹、网络金融产品销售等基于互联网的金融服务模式迅速兴起。运用大数据、云计算、移动互联等信息技术手段，网络金融大幅降低了金融交易成本和信息不对称程度，拓展了金融服务的广度和深度，在满足小微企业和中低收入阶层投融资需求、优化金融资源配置、提升金融服务普惠性等方面发挥着独特的作用。但是，当前还存在许多不利于网络金融行业有序健康发展的制度和环境因素，为此非常有必要大力推进制度建设，为网络金融发展营造良好的市场环境。

（一）加强制度基础设施建设，创造公平竞争的市场环境

金融行业是契约密集型行业，网络金融作为现代金融行业，其发展离不开公平高效的营商环境。为此，应当加快推进法治建设，夯实市场经济

的法治基础,为所有市场主体创造公平开放的行业发展环境。通过制度保障,鼓励更多市场主体积极参与到网络金融服务中来,确保各市场主体在公平竞争的基础上开展相关业务。"金融＋互联网"和"互联网＋金融"同样是网络金融,既要鼓励传统金融机构运用互联网模式和平台,开展网络金融领域的产品和服务创新,实现传统金融业务和服务转型升级;也要支持符合条件的互联网企业利用互联网技术和线上线下资源优势,依法合规开展互联网支付、网络借贷、股权众筹、网络金融产品销售等网络金融业务;同样要支持互联网企业通过设立、并购重组等方式控股或参股实体金融机构,加快进入金融领域的速度。要引导新兴金融形态与传统金融机构共生竞合,鼓励互联网金融企业和传统金融机构摈弃"零和博弈"思维,开展良性竞争和互补合作,鼓励双方充分发挥各自优势,展开深度合作,创新产品服务和商业模式,培育衍生新型网络金融业态,实现优势互补、互利共赢。

(二)营造开放包容的舆论环境,鼓励网络金融发展

网络金融的兴起加速了金融脱媒,也在重构传统金融的格局,特别是对以商业银行为代表的传统金融中介形成了全面、系统、持续的冲击,挤压了传统金融行业的利润空间,给其带来了巨大的竞争压力。任何变革都会引发社会各界的广泛关注和热烈讨论,在新旧思维的交锋中,某些既得利益团体会有意无意地引导社会舆论,对新生事物施加压力。例如,以阿里余额宝为代表的网络金融产品曾一度被指为"金融寄生虫"(如表9-1),承受了非常大的社会舆论压力。网络金融作为高度契约密集型的现代金融行业,其发展离不开理性包容的社会环境。出现上述负面现象的一个重要背景是,当前社会大众普遍缺乏必要的金融基础知识,无法从各方的争论中甄别出有效信息,容易失去理性客观判断。为此,非常有必要通过多种渠道向公众普及现代金融常识,增强公众的金融思辨能力,积极引导公众以更为包容的态度来认识网络金融,为网络金融发展营造良好的舆论环境。

表 9-1 余额宝被指为"金融寄生虫"事件

事 件 概 要	
起因	2014 年 2 月 21 日,央视证券资讯频道执行总编辑、首席新闻评论员钮文新炮轰余额宝是趴在银行身上的"吸血鬼",是典型的"金融寄生虫",呼吁"取缔余额宝":余额宝和其前段的货币基金将 2% 的收益放入自己兜里,将 4%—6% 的收益分给成千上万客户,整个中国实体经济、也就是最终的贷款客户将为这一成本买单;余额宝冲击的是中国全社会的融资成本,冲击的是整个中国的经济安全;余额宝是不该被容忍的"邪恶金融"行为
支付宝回应	支付宝官微以一篇"卖萌"文章《记一个难忘的周末》回应:利润率并非 2%,余额宝加上增利宝,一年的管理费率是 0.3%,托管费率是 0.08%,销售服务费率是 0.25%,除此之外再无费用,费率合计是 0.63%
后续	2 月 24 日,钮文新再次发文:余额宝并没有创造价值,而是通过拉高全社会的经济成本并从中渔利。余额宝冲击的不只是银行,还冲击到了全社会的融资成本
再次回应	支付宝回应:余额宝的核心价值观是用创新的思路、市场化的方法,让普通人零门槛、低成本地享受适合自己的金融服务。余额宝并没有威胁到国家经济安全,相比银行存款总量,余额宝乃至货币基金的总体规模都较小,无法干扰到利率市场
各 方 观 点	
中国工商银行前行长杨凯生	互联网金融不应该是一个无底线、无限制的空间。我国互联网金融的飞速发展在很大程度上可能是"得益于"在监管方面享有了一定的"法外治权"。融资类的业务方面,究竟能不能允许互联网企业承担信用风险?如果允许,是否应该有资本充足率的要求和提取拨备的规定?在投资理财业务中,对有关产品变相吸收存款的做法究竟能不能够允许?对它的资金来源和应用应不应该提出要求,要不要对相关的资金实行严格的托管监督?等等
中国农业银行首席经济学家向松祚	余额宝等货币市场基金的本质不过是将大量小客户的资金集中起来,转手高息借给急需头寸的银行,其实是利用互联网手段的"存款掮客或二道贩子"。一旦银行开始自己和货币市场基金直接对接,整个市场利率将一起大幅上涨
国务院发展研究中心宏观经济部研究员张俊伟	互联网公司跨界做金融是一种商业模式创新,简单地把其贬为"换汤不换药""寄生虫",是一种偏见。互联网公司跨界发展金融业务,首要目标是为了营利,不能指望它立竿见影地解决中小企业融资难的问题。但互联网金融的发展,为市场引入了新的参与者,为金融服务带来了全新的经营理念和经营模式。从推动提高存款利率、降低贷款利率、挤压利差的角度看,互联网金融动了传统银行业的奶酪。但从社会角度看,互联网金融打破银行垄断,为利率市场化注入新的推动力,有助于改善金融服务

续 表

事 件 概 要	
北京大学金融与证券研究中心主任曹凤岐	有人提出"余额宝是吸血鬼，要取缔，征收存款准备金"，这是以狭隘的眼光看问题。互联网金融是一种创新，代表了金融创新的方向，打破了银行对金融的垄断，促进了利率市场化，倒逼银行的改革与创新，政府应为其发展创造良好环境，同时要防范金融风险
中央财经大学中国银行业研究中心主任郭田勇	余额宝把小额资金募集起来，起到了聚沙成塔的效果，还把客户的收益与流动性结合了起来，这些是传统银行做不到的。在互联网金融兴起之前，影子银行就已经出现了，怎么能说是互联网金融推高了社会的融资成本？应该说，由于金融制度设计的问题，造成影子银行大量存在，加上互联网金融的异军突起，对市场利率造成了不小的冲击
中央财经大学金融法研究所所长黄震	如果说余额宝是吸血的寄生虫，那要看吸了谁的血，现在主要吸取的是银行这一暴利行业的血，还没有到该大呼小叫的时候，毕竟银行的储蓄存款有40万亿元之巨

（三）加强知识产权保护，激发网络金融创新

熊彼特曾指出，市场中真正占据主导地位的是新技术、新产品的竞争。网络金融正是通过金融创新——将信息技术创新成果与金融领域深入融合，推动了金融业的效率提升和组织变革，增强了金融服务的普惠性。因此，内在创新是推动网络金融行业持续健康发展的动力源泉。但由于缺乏有效的知识产权保护，网络金融领域的跟风模仿问题较为严重，产品同质化、名称同类化、平台同态化现象突出。比如余额宝一经推出，各种跟风模仿者接踵而至，"宝宝"俱乐部快速形成（见表9-2）。这一现象凸显知识产权保护在网络金融领域的缺失问题。知识产权保护不到位将打击企业创新的积极性。为了激发网络金融行业创新的内在动力，要以实施国家知识产权战略为契机，提高全社会的知识产权意识，加强知识产权政策支持、公共服务和市场监管，构建公平公正、开放透明的知识产权法治环境和市场环境，加大对于网络金融企业专利、商标、域名权、商业秘密等知识产权的保护力度，充分发挥知识产权制度在激励创新、促进创新成果合理分享方面的关键作用。

表 9-2　与阿里集团有关的网络金融模仿和侵权现象

事件类别	主　要　现　象
商标侵权	一些不法分子试图借"阿里金融"打擦边球,在未经许可的情况下擅自注册 alijiedai.com、alijiedai.net 等域名,并使用"阿里借贷""A LI JIE DAI"等标记进行贷款信息和金融咨询服务,侵犯了阿里金融的商标权
创意抄袭	一些互联网金融企业在官网设计、文案创意、系统网络架构和系统安全保障计划等方面大量抄袭,侵害了阿里集团的合法权益
产品效仿	余额宝"网络金融接口＋货币基金"的模式一经推出,互联网企业、电商平台以及银行金融机构等竞相效仿,推出了各种类余额宝理财产品,如:微信理财通、百度百赚、新浪微财富、壹钱包活钱宝、网易现金宝、京东小金库、苏宁零钱宝、工行薪金宝、中银活期宝、平安平安盈、兴业掌柜钱包、广发智能金、民生如意宝等

（四）加强信用体系建设，完善信息共享机制

　　金融业是信息密集型行业，市场主体的信用信息在金融交易中非常重要，完善信用体系能够有效降低金融交易双方的信息不对称程度，保障金融交易顺利进行。相比于传统金融，网络金融对于信用信息的依赖度更高、需求更为迫切。欧美国家 P2P 信贷平台、股权众筹平台等网络金融业态之所以能够迅速发展，很大程度上依赖于其成熟规范的信用体系以及市场化运作的信用评级机构。阿里金融的壮大也正是源于其强大的互联网技术实力及以此为基础形成的一整套信用评价体系，芝麻信用的数据源如表 9-3 所示。但就整体环境而言，我国的信用体系建设仍然相对滞后，信息共享机制也很不完善，尚无法为网络金融发展提供足够的底层信用数据支持。尽管国内目前已有人民银行征信系统、地方政府公共服务平台数据库、网络金融企业基于网络行为的数据库等征信数据库，但由于缺乏统一的信用信息标准、各部门缺乏统筹协调、互联网征信与传统征信存在巨大差异、涉及企业核心竞争力等诸多原因，信息的条块分割和区域分割现象严重，给信息交流共享造成了较大障碍。为支持网络金融发展，需要加快推进我国征信体系建设，建立覆盖全国的征信系统，完善信用服务市场体系，规范发展信用服务机构和评级机构，实现信用信息互联互通，充

分发挥信用信息对失信行为的监督和约束作用。 一是要制定信用信息标准规范，建立有效的利益激励机制，打通传统征信机构和互联网征信机构、线上和线下之间的信息壁垒，为信息交流与共享提供技术和制度保障；二是要支持网络金融征信平台建设，大力支持市场化征信机构面向网络金融领域加强信用产品研发和服务创新力度，开展商业性征信系统开发和应用；三是要进一步开发整合各政府部门的信息数据，加快推进政府公共信用信息平台建设，并做好与金融信用信息数据库的对接和共享；四是要在加强信息主体权益保护和信息安全监管的前提下，支持网络金融企业充分利用各类信用信息查询系统。

表 9-3　阿里巴巴征信系统（芝麻信用）的数据源

信息来源	数　据　内　容
阿里巴巴 （淘宝、天猫）	淘宝、天猫卖家实名注册信息,商品交易量,商铺活跃度,用户满意度,履约行为记录,物流收货信息,库存、现金流、水电缴纳等所有与店铺运营相关的信息
蚂蚁金服 （支付宝）	支付宝实名注册信息、网购支出信息、生活缴费记录、通过支付宝的信用卡还款记录、保险理财信息等
社会公共事业单位	工商、税务、法院、公安、学历学籍等公共信息
外部合作机构	生活类消费记录、互联网金融类借贷记录、不良记录信息等

二、多措并举完善政府服务,构建有利于网络金融发展的政策环境

整体而言，网络金融行业还处于成长初期，行业发展不仅需要公平健全的市场环境，也离不开有力的政策支持。 构建有利于网络金融发展的政策环境，需要切实提高行政办事效率，提升政府服务质量，给予符合行业发展规律的财税、金融、人才等方面的政策扶持，鼓励网络金融产业集聚发展。 此外，还要重点关注网络金融企业国际化过程中遇到的瓶颈和困难，积极推进国际金融治理变革以及互联网全球治理体系变革，为我国网络金融发展创造有利的外部环境。

（一）加大政策扶持力度，推进网络金融产业集聚发展

集聚是产业发展中形成的规律性现象，产业集聚不仅可以提高公共基础设施利用效率、降低企业的要素搜寻成本，还有利于加速知识和技术外溢，形成规模经济优势。 为充分发挥网络金融产业的规模经济效应，可以鼓励条件成熟的地方结合自身产业定位，建设有特色的网络金融集聚区，完善各类配套服务设施，发挥政策导向和市场机制的共同作用，引导网络金融企业内生集聚、合理集聚。 推进网络金融基础设施和配套服务体系建设，支持网络与信息安全、大数据储存和宽带基础设施建设，鼓励配套服务机构拓展数据储存备份、云计算共享、大数据挖掘等相关服务，鼓励会计、审计、法律、咨询等中介服务机构为网络金融企业提供优质的专业服务。 要梳理和落实相关财税优惠政策。 结合金融业营业税改征增值税改革，统筹完善网络金融税收政策；对于业务规模较小、处于初创期的网络金融企业，符合政策规定的，享受小微企业税收优惠政策；支持网络金融企业进行软件企业、高新技术企业、技术先进型服务企业等方面认定，按照规定享受相关财税优惠政策。 要针对网络金融企业特点，丰富企业融资渠道。 要发挥好地方产业发展基金、创业投资引导基金等政策性基金的引领作用，探索政策性基金与境内外知名股权投资机构和金融机构合作，重点支持初创期、成长期网络金融企业发展；支持社会资本发起设立网络金融产业投资基金、并购基金，鼓励各类机构投资有发展潜力的网络金融企业；支持网络金融企业在境内外多层次资本市场上市（挂牌）。 要加大人才引进、子女教育、医疗保障等方面的政策扶持力度，吸引网络金融人才特别是高层次人才集聚，强化网络金融发展的人才保障和智力支持。 从表9-4对阿里集团办公地点的变迁可以看出阿里集团及网络金融产业集聚发展的情况。

表 9-4　从办公地点变迁看阿里集团及网络金融产业集聚发展

时间节点	办　公　地　点
1999 年	阿里巴巴创立于马云位于西湖区文一西路湖畔花园的家中

续　表

时间节点	办　公　地　点
2000 年	随着公司走上正轨,原有场地无法容纳迅速扩大的团队,阿里巴巴从湖畔花园搬进了位于文三路高新技术开发区的华星科技大厦。华星科技大厦作为一座以高新科技企业商务办公为主的专业写字楼,孕育了大批 IT 中小企业
2001—2008 年	随着公司发展壮大,创业大厦(阿里巴巴、淘宝网)、西湖国际科技大厦(淘宝网、聚划算、阿里云)、华星时代广场(阿里巴巴、天猫、支付宝)、华星现代产业园(一淘网)都留下了阿里巴巴人奋斗的足迹。这些办公楼密集布局在文三路、华星路、万塘路沿线方圆一公里之内,既便于集中管理,也方便公司各部门之间展开业务交流合作
2009 年	阿里巴巴 B2B 公司跨越钱塘江,搬迁到滨江园区。滨江园区占地面积约 5.9 万平方米,可容纳 10000 人同时办公,园区内餐厅、银行、书店、快递、洗车点、娱乐休闲设施等一应俱全。阿里巴巴滨江园区与早前的 UT 斯达康、网易等高新企业一道,使得滨江高新区高新产业的大格局渐趋成型,标志着滨江高新区中国电子商务之都全面建设吹响"集结号"
2011 年	支付宝搬入天目山路万塘路的黄龙时代广场。黄龙时代广场支付宝大楼共 21 层,建筑面积约 3 万平方米,可容纳 3500 人同时办公。这标志着支付宝在获得牌照后迎来新的快速发展
2013 年	淘宝网、天猫、阿里云、一淘网等"淘宝系"搬迁到余杭区未来科技城内的西溪园区("淘宝城")。西溪园区占地 450 亩,其中一期园区总建筑面积约 30 万平方米,可以容纳 1.2 万人。这次搬家意味着阿里巴巴"城西时代"画上句号,"西溪时代"从此开启。阿里巴巴西溪园区将与毗邻的西溪科技岛、海创园、恒生科技园、浙江理工大学、杭州师范大学等一起,把未来科技城打造成为科技资源充分聚集、体制机制充满活力、公共服务便利优质、创业创新高度活跃的人才特区和科技新城
2017 年 (预计)	2012 年 9 月,位于西溪路"西溪谷"的支付宝浙江总部大楼开工。这是支付宝首次自建工作园区,占地约 50 亩,建筑面积 8.5 万平方米,可容纳 8000 人左右办公。"西溪谷"参照美国硅谷模式建设,以"高新技术引擎、生态文化长廊、创新创意新地"的功能为定位,将集聚以支付宝、芝麻信用、网商银行、浙商创投、网金所等为代表的 300 余家互联网金融相关企业,打造杭州互联网金融集聚区

（二）积极参与国际金融与互联网治理,加速网络金融企业国际化经营步伐

以阿里金融为代表,越来越多的网络金融企业在投融资两端积极作

为，走国际化经营之路。 在融资端，依托境外资本市场首发上市并发行债券；在投资端，通过并购重组和海外合作深耕全球化战略。 但由于新兴市场国家在现有的全球金融体系和治理格局中的代表权和话语权远小于其对全球增长的贡献，国际金融体系的规则制定过程往往忽视了新兴市场国家的诉求，同时国际、国内金融治理规则缺乏完全对接性，这些都对企业国际化经营形成了很多制约。 为此，我国当前应积极参与国际金融治理改革，围绕"公平、共赢、利益"与风险共担的全球治理新理念，按照"全面性、均衡性、渐进性、实效性"的改革原则，推动建立公平、公正、包容、有序的国际金融治理体系，适时提出中国的主张和观点，进一步提升在国际金融体系和治理格局中的话语权与影响力。 同时，我国也应积极推动互联网全球治理体系变革，通过世界互联网大会等多边平台，共同推动互联网全球治理体系变革，促进国际互联网健康发展，为本土网络金融企业走出去营造有利环境。 近年来阿里集团的国际化经营之路如表 9-5 所示。

表 9-5　近年来阿里集团的国际化经营之路

时　　间	投　资　项　目
2013 年 6 月	阿里巴巴集团与新加坡淡马锡控股联合共同投资美国体育用品电商 Fanatics 1.7 亿美元
2013 年 10 月	向美国应用搜索引擎 Quixey 投资 5000 万美元；以 7000 万美元投资美国物流商家、亚马逊的竞争对手 ShopRunner
2014 年 1 月	以 1500 万美元投资美国高端奢侈品网站 1stdibs
2014 年 2 月	天猫国际上线，正式涉足海外代购业务
2014 年 3 月	以 2.15 亿美元投资美国著名的语音和视频通话应用提供商 Tango；进入内容分发网络（CDN）市场，开放日本、新加坡等海外节点
2014 年 4 月	入股全球最大拼车软件 Lyft
2014 年 5 月	以 2.49 亿美元入股新加坡邮政，获得新加坡邮政物流配送资源使用的优先权
2014 年 6 月	在美国上线电商网站 11main（"美版天猫"）
2014 年 7 月	投资 1.38 亿美元增持新加坡邮政股权
2014 年 8 月	以 1.2 亿美元投资美国手游开发商 Kabam

续　表

时　间	投　资　项　目
2015 年 1 月	向印度手机增值服务商 One97 Communication 旗下的在线支付及市场业务 Paytm 投资约 5.75 亿美元；投资 9 亿美元在韩国仁川建造规模达 100 万平方米的"阿里巴巴城"
2015 年 2 月	投资美国网络零售商 Jet.com
2015 年 3 月	向美国当红社交工具 Snapchat 投资 2 亿美元
2015 年 6 月	转让开业仅一年的美国网络卖场 11Main，国际化的第一个大手笔自建业务以失败告终，在欧美成熟市场挑战亚马逊、ebay 等巨头仍有难度
2015 年 7 月	宣布"全球合作伙伴计划"，计划投资 10 亿美元于全球性云计算产业，拟与美国英特尔、Equinix、香港电讯盈科、新加坡电信、迪拜 Meraas、法国 Linkbynet 等合作，提供本地化云服务
2015 年 8 月	向印度电子商务公司 Snapdeal 投资 2 亿美元；在新加坡开设国际化云业务总部
2015 年 10 月	在美国硅谷建立云计算数据中心，开始在北美扩展云服务业务
2016 年 2 月	领投增强现实（AR）领域最具想象力的公司之一 Magic Leap；披露截至 2015 年 12 月 31 日，已持有 3300 万股美国团购公司 Groupon
2016 年 4 月	投资 10 亿美元获得东南亚电商 Lazada 的控股权
2016 年 5 月	与日本软银组建合资企业 SB Cloud 以在日本提供云计算服务
2016 年 6 月	收购泰国金融服务供应商 Ascend Money 20% 的股份；陆续关闭在印度的 B2B 业务办事处，相关业务由经销商网络取代

（三）加快基础设施建设，提升网络金融发展后劲

阿里金融之所以强大，在于其具备了先进的互联网技术、拥有了国内最大的第三方支付机构、掌握了一定的信用风险控制的方法。我国在推进互联网金融发展时，也应当加强技术体系、支付体系、信用体系等基础设施建设。在技术体系方面，应当进一步研究大数据、云计算、人工智能等先进技术，加大对 ICT 基础设施的投入，提高网络连接的质量、稳定性和安全性，尤其要改善农村、偏远地区的网络质量。在支付体系方面，要进一步建立健全现代化支付清算体系，改善支付服务环境，支持第三方支付机构和传统金融机构开展互联网支付工具创新，研究探索符合远程开户

安全技术标准的技术和管理体系。在信用体系方面，加强市场化征信机构的培育力度，探索完善区域性公共信用信息服务平台建设，进一步整合相关部门数据，提高信息数据的质量和实效性。

三、科学构建监管体系，防范网络金融风险

网络金融的快速发展在大幅降低信息不对称程度和交易成本、拓展金融服务广度和深度的同时，也对我国现行的金融监管体系构成了极大挑战。我国的金融监管主要围绕传统金融行业和传统金融业务展开，鲜有涉及网络金融相关内容。监管缺位会导致网络金融行业的市场混乱和发展无序化，加强监管势在必行。为顺应新金融发展下监管方式的升级，蚂蚁金服于 2015 年 10 月推出了基于大数据的"备付金透明监管项目"，监管部门可在线实时监测支付宝备付金的资金运行情况、备付金管理规范的执行情况，并可抽取任一笔交易明细数据验证准确性和真实性，还可方便地查阅支付宝的内控制度等。本着"稳妥创新、拥抱监管、激活金融、服务实体"的十六字方针，蚂蚁金服致力于推动行业自律、消费者保护，让新金融的创新完全置于透明有效的监管之下。监管部门也应当切实转变监管理念、提升专业监管能力。尽管网络金融的本质还是金融，现行金融监管的基本思路和基本规则仍然适用，但网络金融具有一些不同于传统金融的鲜明特点，非常有必要做出更具有针对性的监管安排。需要在尊重网络金融行业自身发展规律的前提之下，修改完善现有监管法律，创新监管思路和监管方法，因地制宜、因时制宜，构建适应本国实际情况的网络金融监管框架，既葆有行业的创新活力，又守住风险底线，维护行业健康发展。

（一）坚持一致性原则，协调主体监管和行为监管

网络金融的发展模糊了金融机构和非金融机构之间的界限，应当创新监管思路，在一致性原则下实现主体监管和行为监管的有机协调。网络

金融的参与主体来自不同领域，既有传统金融机构也有互联网公司和众多创业公司，既有持牌机构也有非持牌机构，其从事的网络金融业务也相当多元化，要实行传统的主体监管难度较大，政策有效性也会大打折扣。为此可考虑逐步加大对于网络金融的行为监管。行为监管可在最大程度上减小风险盲区，同时避免监管套利，促使市场更加开放和有效，让市场主体平等地参与竞争。监管实践中，主体监管与行为监管密不可分，应遵循一致性原则处理好两者之间的关系：无论经营主体是持牌的传统金融机构还是非持牌的准金融机构或非金融机构，如果某种网络金融业态实现了与传统金融相似的功能，就应当接受与传统金融相同的监管；如果几种不同的网络金融业态实质上实现了相似的功能，产生了相同的风险，也应当受到相同的监管。此外，要根据网络金融各业态在本土化过程中出现的新特点和新风险做出适应性调整，核心原则是要根据业务和风险来实施监管。

（二）加强审慎监管，防范系统性金融风险

互联网与金融的结合会放大风险，即便是网络金融某一环节的小概率事件也有可能引发系统性金融风险，加强审慎监管、防范系统性风险应成为当务之急。网络金融准入门槛低、覆盖面广，比传统金融更具有涉众性风险；同时，网络金融的发展加速了金融子行业之间以及金融与其他行业之间的融合，网络金融企业与传统金融机构之间可能因业务关联、声誉风险等引起风险传染。监管部门需要保持对于风险的高度敏感性，不仅要关注单家机构的风险特征，更应密切关注网络金融创新活动的系统性影响，加强微观审慎监管和宏观审慎监管。应当加强监管部门之间的信息共享和监管协调配合，识别风险传染机制、追踪风险传染链条，建立健全风险监管指标体系和风险研判评估制度，做好系统性风险的检测预警，及时采取必要的监管行动，防范和化解系统性风险。除了进一步优化传统的由政府部门主导的行政型监管制度，还要大力发展完善市场型监管制度。市场型监管着力解决信息不对称、市场不公平竞争等问题，强化企业信息披露公开透明原则，鼓励并引导行业协会等民间组织充分发挥行业自

律作用。 正是市场的力量在网络金融发展过程中起到了决定性作用，因此对于阿里金融等网络金融领军企业而言，来自市场的约束可能比行政约束更为有效。

（三）创新金融监管方式，发展完善内外结合的监管体系

在外部监管上，应抓紧制定相关法律法规，在平衡创新与发展的基础上尽快解决互联网金融"无监管、无门槛、无规则"的状况；建立完善中央和地方的多层次监管协调机制，避免出现"三不管"地带；应利用大数据、云计算等现代信息技术提升监管的效率。 在内部监管上，应完善行业自律机制，推动形成统一的产品标准、行业服务标准以及数据统计标准，强化相关信息的披露。

（四）完善信息披露制度，建立综合性消费者保护机制

网络金融在为"长尾"人群创造投资机会的同时也使其暴露在高风险之下，只有切实保护金融消费者权益，才能维护网络金融的可持续发展。我国监管部门应当着力推进信息披露制度建设，尤其是对于平台型网络金融业态，不仅应当要求平台机构如实披露运营模式、业务数据等经营信息，还应当要求资金需求方如实披露财务报告、资金用途等关键信息。 监管部门应当敦促平台机构建立合格投资者制度，并遵循"小额分散"原则对投资者的投资额度做出适当限制。 此外还要加强宣传教育，提高消费者风险防范意识，特别是要纠正我国投资者长期以来的"刚性兑付"错误观念。 最后，还应当完善金融消费者投诉处理机制。 比如设立专门的消费者权益保护部门，作为金融消费者的代理人实施强制监管权力，更好地履行消费者保护职责。 目前，我国网络金融的主要监管机构"一行三会"也已成立金融消费者保护司局，这是一个良好的开端，后续还需加强协调配合，建立完善综合性的消费者保护机制。

（五）尊重市场规律，把握好监管与创新的平衡

网络金融健康发展离不开监管，创新具有方式随意性、路径不确定性

等特征，因此监管过度则会损害市场活力，抑制行业创新。 在传统金融系统金融抑制现象突出的背景下，各界对网络金融的普惠特性寄予厚望，正因如此，监管部门更应当把握好发展与监管之间的平衡，既要鼓励网络金融创新，充分发挥其资源配置功能；又要完善监管，切实防范和化解风险。 针对网络金融创新的风险特征，监管部门需要不断改进监管工具和监管手段，提高对于复杂金融创新产品的专业监管能力。 相比提升监管的专业水平，切实创新监管理念，转变监管思路，把握好监管的边界，可能更为重要和紧迫。 监管部门应当尊重市场规律，尽量减少对微观主体经济活动的直接干预，在防范系统性风险的前提下适当提高对于网络金融创新的包容度，留有适当的试错空间，在制度上给网络金融留下充分的发展空间。 特别是对于尚未完全掌握行业发展路径和发展规律的部分网络金融业态，相关监管更应谨慎。 此外，监管部门应当持续评估网络金融创新的发展态势，建立动态监管框架，根据实际情况及时调整监管策略。

参考文献 —

［1］ LEVINE R. Financial Development and Economic Growth：Views and Agenda［J］. Journal of Economic Literature，1997（2）.

［2］ MARTIN P，OTTAVIANO G I P. Growth and Agglomeration［J］. International Economic Review，2001（04）.

［3］ SCHUMPETER J A. The Theory of Economic Development［M］. Cambridge，MA：Harvard University Press，1934.

［4］ TEECE D J. Business Models，Business Strategy and Innovation［J］. Long Range Planning，2010 （02-03）.

［5］ 彼得·德鲁克，约瑟夫·马恰列洛.德鲁克日志［M］.蒋旭峰，王珊珊，译. 上海：上海译文出版社，2006.

［6］ 威廉·鲍莫尔.资本主义的增长奇迹——自由市场创新机器［M］.郭梅军，唐宁，彭敬，等译.北京：中信出版社，2004.

［7］ 陈宇.风吹江南之互联网金融［M］.北京：东方出版社，2014.

［8］ 谷来丰，陈颖，张云峰，等.互联网金融［M］.上海：上海交通大学出版社，2015.

［9］ 郭树清.不改善金融结构，中国经济将没有出路［J］.中小企业管理与科技（中旬刊），2012（8）.

［10］ 郭田勇.中国银行业"暴利"之争［N］.金融时报，2012-03-26.

[11] 胡滨，郑联盛.互联网金融不是颠覆者［N］.上海证券报，2014-07-04.

[12] 华民."阿里"：互联网金融创新是否创造真实的社会财富［J］.探索与争鸣，2014（12）.

[13] 捷楚.中国文化批判之三——投机文化［EB/OL］.（2014-2-28）http：//zhijie99. blogchina. com/2105473. html.

[14] 郎咸平.中华文化的两大顽症：投机与浮躁［J］.杂文月刊（文摘版），2009（6）.

[15] 雷璟.中国互联网金融领先世界［N］.参考消息，2015-12-30.

[16] 黎华联.蚂蚁金服启动'互联网推进器'计划［N］.新快报，2015-09-15.

[17] 李东荣，朱烨东.互联网金融蓝皮书：中国互联网金融发展报告（2015）［M］.北京：社会科学出版社，2015.

[18] 李强.打造"云上浙江""数据强省"［J］.今日浙江，2015（23）.

[19] 林毅夫.后发优势与后发劣势——与杨小凯教授商榷［J］.经济学季刊，2003（4）.

[20] 林毅夫，张鹏飞.后发优势、技术引进与落后国家的技术增长［J］.经济学季刊，2005（1）.

[21] 林毅夫.中国经济改革经验与反思［J］.财经界，2013（12）.

[22] 刘舫舸，郭俊杰.互联网金融助推实现"普惠金融"［J］.中国社会科学报，2015-01-23.

[23] 刘薇.蚂蚁金服国际化连下两城［N］.羊城晚报，2015-12-02.

[24] 刘夏.支付宝2015年度账单［N］.新京报，2016-01-13.

[25] 隆祥.蚂蚁金服与其"大猩猩"朋友［N］.金融时报，2016-03-14.

[26] 罗明雄，唐颖，刘勇.网络金融［M］.北京：中国财政经济出版社，2013.

[27] 吕新华.中小微企业税收贡献过半，解75％以上就业［EB/OL］.（2015-03-02）http://news. sohu. com/20150302/n409270238. shtml.

[28] 马云.金融行业需要搅局者［N］.人民日报，2013-06-21.

[29] 皮天雷，赵铁.互联网金融：范畴，革新与展望［J］.财经科学，2004（6）.

[30] 皮天雷，赵铁.互联网金融：逻辑、比较与机制［J］.中国经济问题，2014（4）.

[31] 钱水土，姚耀军.金融功能观视角下中国农村金融体系的设计与创新［J］.浙江工商大学学报，2011（3）.

[32] 芮晓武，刘烈宏.互联网金融蓝皮书：中国互联网金融发展报告（2014）［M］.北京：社会科学出版社，2014.

[33] 沈悦，郭品.互联网金融，技术溢出与商业银行全要素生产率［J］.金融研究，2015（3）.

[34] 双11蚂蚁花呗全天交易6048万笔成功率99.99％［EB/OL］.（2015-11-12）http://tech.sina.com.cn/i/2015-11-12/doc-ifxksqiu-1506578.shtml.

[35] 双11有232个国家地区用户用支付宝"刷"了3204万笔［EB/OL］.（2015-11-13）http://www.chinanews.com/fortune/2015/11-13/7621799.shtml.

[36] 斯科特·麦克凯恩.商业秀［M］.王楠崇，徐化，译.上海：中信出版社，2003.

[37] 唐玮婕.互联网金融：工具创新还是产业革命？［N］.文汇报，2015-07-13.

[38] 田国强.互联网金融创新与中国经济发展驱动切换［J］.探索与争鸣，2014（12）.

[39] 王国刚，张扬.互联网金融之辨析［J］.财贸经济，2015（1）.

[40] 王馨.互联网金融助解"长尾"小微企业融资难问题研究［J］.金融研究，2015（9）.

[41] 闻坤.网商银行计划投30亿扶持大学生回乡创业［N］.深圳特区报，2016-03-15.

[42] 吴敬琏.吴敬琏再谈股市赌场论：不要轻信牛市［EB/OL］.（2014-11-29）http://business.sohu.com/20141129/n406499617.

shtml.

[43] 吴黎华.GARP:中国迫切需要增强投资者风险意识[EB/OL].
（2015-11-12）http://jjckb.xinhuanet.com/2015-11/12/c_134806929.htm.

[44] 吴晓求.互联网金融:成长的逻辑[J].财贸经济,2015（2）.

[45] 吴晓求.互联网金融——逻辑与结构[M].北京:中国人民大学出版社,2015.

[46] 干在实处永无止境 走在前列要谋新篇[EB/OL].（2015-5-27）
http://www.xinhuanet.com/politics/2015-05/27/c_1115430266.htm.

[47] 习近平.推进浙江精神与时俱进 增强浙江发展强劲动力[J].今日浙江,2006（4）.

[48] 夏心愉.17家第三方支付获跨境外汇支付牌照[N].第一财经日报,2013-10-09.

[49] 向松祚.虚拟经济过剩,实体经济遭殃[N].人民日报,2013-02-26.

[50] 向松祚."三个两极分化"是世界经济动荡根源[N].人民日报,2015-10-25.

[51] 谢平,邹传伟,刘海二.互联网金融的基础理论[J].金融研究,2015（8）.

[52] 谢平,邹传伟,刘海二.网络金融手册[M].北京:中国人民大学出版社,2014.

[53] 谢平,邹传伟.互联网金融模式研究[J].金融研究,2012（12）.

[54] 杨涛.互联网金融:新的"金融神话"吗?[J].人民论坛,2014（12）.

[55] 姚文平.互联网金融——即将到来的新金融时代[M].北京:中信出版社,2015.

[56] 姚耀军,施丹燕.从"浙江现象"到"浙江经验"——浙江引领互联网金融发展的逻辑[J].浙江学刊,2016（3）.

[57] 易欢欢.互联网金融发展与IT技术支撑[J].银行家,2014（1）.

[58] 余额宝上线18天用户超250万 转入资金规模66亿[EB/OL].

（2013-07-02）http://finance. sina. com. cn/money/fund/20130701/104915973049. shtml.

[59] 战明华.浙商精神宜于支撑经济的长期增长么？[J].社会科学战线，2005（6）.

[60] 张晓朴，朱太辉.互联网金融推动理论创新 [J].新世纪周刊，2014（43）.

[61] 张鑫.互联网金融创新的三大争议 [J].探索与争鸣，2014（12）.

[62] 张扬.站上金融之巅——互联网金融的本质与创新 [M].北京：人民邮电出版社，2015.

[63] 张佑林.浙江传统文化与企业家阶层形成研究 [J].江南论坛，2004（11）.

[64] 招财宝成交破千亿　年内或上架 5000 亿资产 [EB/OL]. （2015-05-05）http://money. 163. com/15/0505/16/AOS6JE9C00254TFQ. html.

[65] 赵旭升.网络金融商业模式演进及商业银行的应对策略 [J].金融论坛，2014（10）.

[66] 郑联盛.中国互联网金融：模式，影响，本质与风险 [J].国际经济评论，2014（5）.

[67] 中国人民银行金融稳定分析小组.中国人民银行金融稳定报告 2014 [M].北京：中国金融出版社，2014.

[68] 中国人民银行金融研究所.新金融时代：权威解读互联网金融 [M].北京：中信出版社，2015.

[69] 周光友，施怡波.互联网金融发展，电子货币替代与预防性货币需求 [J].金融研究，2015（5）.